5급공채·국립외교원·입법고시

INTERNATIONAL

국제경제학 실전문제집

제4판

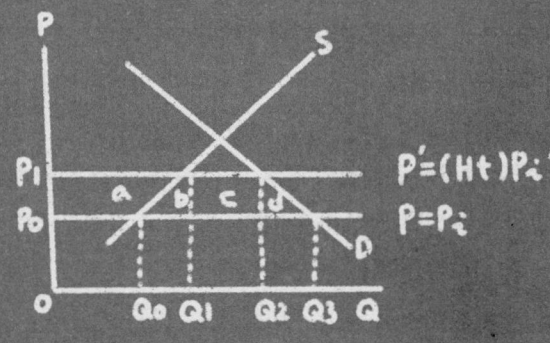

김진욱 편저

- 국제경제학의 핵심이론과 문제를 체계적으로 정리!
- 경제학 동영상강의
  www.passonpass.com

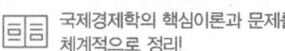

PREFACE

'어떤 나라도 무역으로 파멸하지 않았다
(No nation was ever ruined by trade).'

- 벤자민 프랭클린 -

1. 이 책은 5급공채(행정고시), 국립외교원(외무고시), 입법고시의 경제학과 국제경제학 공통영역을 다룹니다.

2. 2024년 이후 국제경제학 순환강의의 구성 및 교재는 아래와 같습니다.

   - 국제경제학 1순환 : 기본이론, 핵심문제   ⇒ 교재 : 국제경제학 실전문제집(필통북스)
   - 국제경제학 2~3순환 : 심화이론, 심화문제   ⇒ 교재 : 국제경제학 모의고사의 zip(북포레)

3. 최근 5급공채 및 입법고시 경제학에 출제되는 국제경제학의 범위 및 난이도가 국립외교원 시험과 큰 차이가 없어진 것으로 보입니다. 따라서 시험의 종류와 무관히 경제학 시험의 고득점을 위해서는 국제경제학을 일정한 수준까지 학습해야 합니다. 따라서 아래의 학습계획을 추천합니다.

   - 5급공채 국제통상직 준비생의 경우 1~3순환을 모두 수강해야 합니다.
   - 국립외교원 준비생의 경우 1~3순환을 모두 수강하기 추천합니다. 단 초시생의 경우 시간사정에 따라 2~3순환 중 하나를 선택할 수 있습니다.
   - 5급공채 일행직, 재경직 등의 준비생은 1순환을 반드시 수강해야 하며, 본인의 준비수준에 따라 2~3순환을 단계적으로 추가학습할 것을 추천합니다.

4. 이 책은 2023까지 국제경제학 2순환 교재로 사용하였으나 2024년부터 1순환 교재로 사용합니다. 이는 5급공채시험의 선택과목 폐지 및 이에 따른 학원일정변경에 따른 것입니다. 2024년 이후 강의횟수 및 일정이 유동적인 상황이므로 향후 변경사항이 있으면 강사 홈페이지를 통해 공지하겠습니다.

5. 이 책은 일부 내용에 공란을 포함하고 있습니다. 이는 첫째, 학생들이 보다 적극적으로 참여하도록 하기 위한 것입니다. 둘째, 경제학과 심리학의 실험적 연구에 의하면 소비자는 완성된 상품보다 약간이라도 자신의 노력이 더해진 상품을 더 가치 있게 생각한다고 합니다[참고 : IKEA 효과]. 이러한 이유들로 공란은 일부러 비워둔 것이므로 별도의 자료는 제공하지 않습니다. 단 사정상 본서를 독

학하시는 분들은 강사카페에 빈칸 완성을 위한 정리자료가 있으니 활용바랍니다.

강사카페 : http://cafe.naver.com/ecoin

6. 이 책에서는 중복을 피하기 위해 미시경제학에서 자세히 다루어지는 일부 문제를 생략하였습니다. 국제경제학만 별도로 공부하는 학생들은 미시경제학 실전문제집의 아래 부분을 반드시 보강하기 바랍니다.

- 크루그먼의 독점적 경쟁모형
- 전략적 무역정책
- 국제적 가격차별과 반덤핑관세

또한 2010년 이후 경제학에 출제된 국제경제학 문제는 경제학 기출문제집에 수록되어 있는 관계로 대부분 수록하지 않았으니 이 역시 반드시 보강하기 바랍니다.

7. 미시와 거시 실전문제집 2판이 출간될 때 이 책의 1판이 출간되었으므로 책 구입 시 판수에 차이가 있음에 주의하시기 바랍니다. 2024년부터 2026년까지의 1순환강의를 수강하실 분들은 미시와 거시 실전문제집은 5판을, 국제경제학 실전문제집은 4판을 구입하시면 됩니다.

8. 이 책의 개정주기는 3년이므로 5판 예정 개정시기는 2027년 10월 1순환 개강시점입니다. 단 시험과목 조정, 학원강의 횟수변경 등으로 교재의 범위 또는 난이도를 조정할 필요가 있는 경우 1년 앞당겨 개정할 수도 있으니 강사카페의 공지사항을 확인바랍니다.

9. 사랑하는 아내 지민에게 감사의 뜻을 전합니다.

2024년 9월 서림동 연구실에서
김진욱 올림

PART 1
국제무역론

PART 1 국제무역론

문제 560

자국은 100단위의 노동이 존재하는데 이를 이용해 X재화 및 Y재화를 생산할 수 있으며 X재화 및 Y재화 생산에 각각 1단위 및 1단위의 노동이 필요하다고 하자. 또한 외국은 200단위의 노동이 존재하는데 X재화 및 Y재화 생산에 각각 4단위 및 2단위의 노동이 필요하다고 하자.

(1) 세계생산가능곡선과 상대공급곡선을 도출하시오.
(2) 이제 외국의 총 노동량이 400단위로 증가했다고 하자. 이때 상대공급곡선을 도출하고 다음 명제를 평가해 보아라.
  "무역으로 인한 이익은 대국에 집중되고, 소국은 무역으로부터 이익을 얻을 것이 없다."

(1) 세계생산가능곡선과 상대공급곡선을 도출하시오.

1. 각국 생산가능곡선의 도출
 - 자국 생산가능곡선 : $a_X X + a_Y Y = \overline{L}$ ⇒
 - 외국 생산가능곡선 : $a_X^* X^* + a_Y^* Y^* = \overline{L^*}$ ⇒

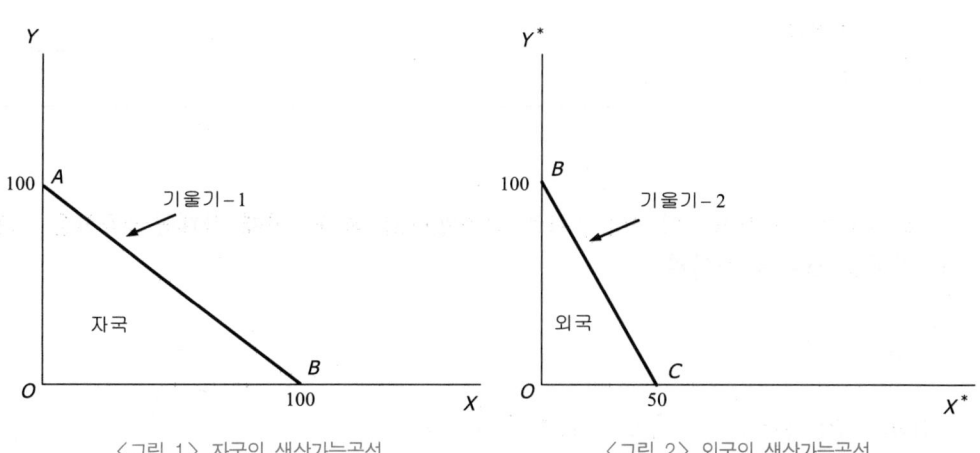

〈그림 1〉 자국의 생산가능곡선 〈그림 2〉 외국의 생산가능곡선

 - 자국은 두 산업에 모두 단위요소요구량이 작으므로 모든 산업에 절대우위(absolute advantage)를 가진다. 또한 자국은 X재 생산의 기회비용이 낮으므로 X재에 비교우위(relative advantage)를 가지며 외국은 Y재 생산의 기회비용이 낮으므로 Y재에 비교우위를 가진다. 무역이 개시되면 각 국은 각자의 비교우위재를 수출하게 된다.

2. 세계생산가능곡선 및 상대공급곡선의 도출

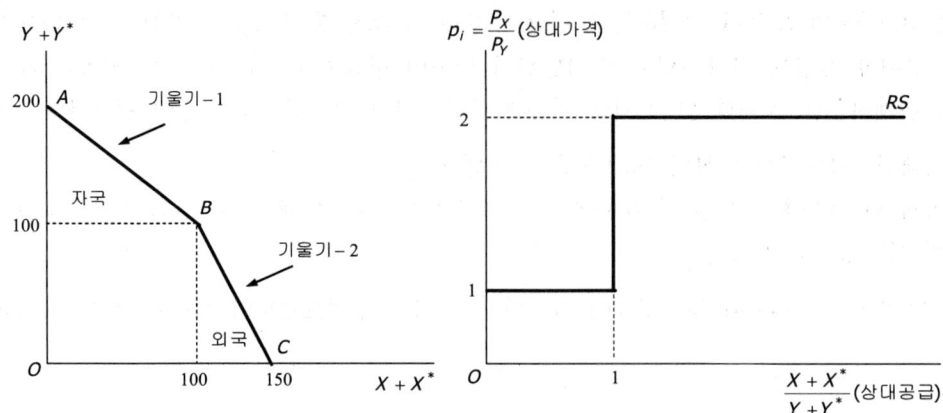

〈그림 3〉 세계생산가능곡선   〈그림 4〉 상대공급곡선

	X	Y	X^*	Y^*	RS
$p_i > 2$					
$p_i = 2$					
$1 < p_i < 2$					
$1 = p_i$					
$1 > p_i$					

(2) 이제 외국의 총 노동량이 400단위로 증가했다고 하자. 이때 상대공급곡선을 도출하고 다음 명제를 평가해 보아라.

1. 노동량 증가의 효과

- 외국의 생산가능곡선 : $a_X^* X^* + a_Y^* Y^* = \overline{L^*}$ ⇒

  외국의 생산가능곡선의 크기가 2배가 되었으며 자국에 비해 외국이 상대적으로 대국이 된 것으로 볼 수 있다.

2. 상대공급곡선의 도출

	X	Y	X^*	Y^*	RS
$p_i > 2$					
$p_i = 2$					
$1 < p_i < 2$					
$1 = p_i$					
$1 > p_i$					

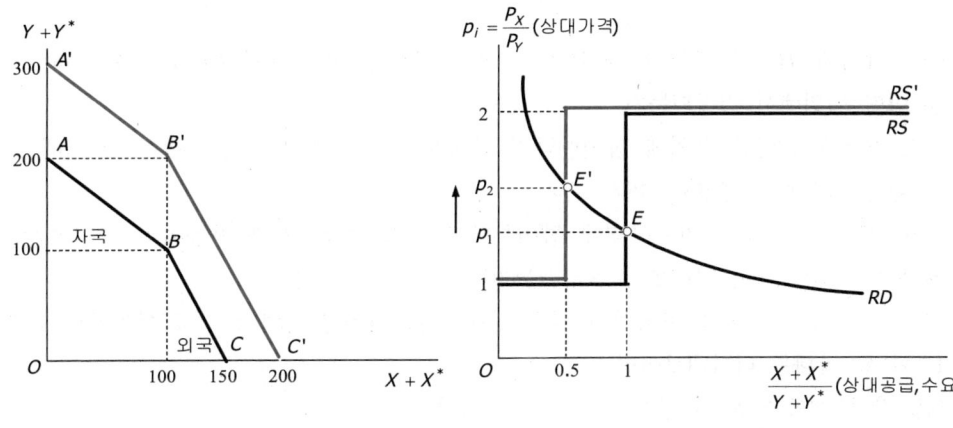

〈그림 5〉 외국 경제성장의 효과　　　〈그림 6〉 교역조건의 변화

3. 교역조건의 변화

- 〈그림 6〉 상대수요곡선이 RD와 같이 일반적인 형태로 주어졌다고 하자. 문항 (1)의 경우 균형은 E점이 되고 이때의 국제가격은 p_i가 된다. 문항 (2)의 경우 균형은 E'점이 되고 국제가격은 p_i'가 된다. 즉 외국의 성장으로 자국이 수출하는 X재화의 상대가격이 상승한다.
- 이러한 변화는 자국 교역조건이 개선에 해당하며 이로 인해 자국의 소비가능집합이 확대된다. 반대로 외국의 경우 교역조건이 악화된다.
- 이러한 결과는 외국의 성장이 자국의 무역의 이익을 증가시키며, 무역으로 인한 이익은 상대적으로 소국에 집중될 가능성이 크다는 것을 의미한다. 밀(J. S. Mill)은 무역의 이익이 대국에 집중될 것이라는 일반적인 예측과 달리 무역의 이익은 오히려 소국에 집중될 가능성이 크다고 하였는데, 이런 그의 예측을 '밀의 역설'이라고 한다.[1]

---

[1] 이상의 분석은 성장의 편향성(bias)이 없는 경우를 전제로 한다. 이러한 경우라면 리카도모형이 아닌 헥셔-오린모형에서도 밀의 역설을 증명할 수 있다.

문제 561

세 국가 A, B, C로 이루어진 세계경제에서 노동력이 유일한 생산요소인 리카도(Ricardo)모형을 가정하자. 밀(X)과 자동차(Y) 두 가지 재화만 존재하며, 각 재화 1단위를 생산하는 데에 소요되는 노동량은 다음 표와 같다.

	밀	자동차
A국	3	6
B국	2	5
C국	4	2

(1) 만약 A국과 B국만 무역에 참여한다면 각국은 어떤 재화를 수출하겠는가? 이때 교역조건은 어떤 범위에서 결정되는가?

(2) 만약 B국과 C국만 무역에 참여한다면 각국은 어떤 재화를 수출하겠는가? 이때 교역조건은 어떤 범위에서 결정되는가?

(3) 이제 세 국가가 모두 자유무역에 참여한다고 하자. 이때 밀과 자동차의 교역조건이 1:1이 된다면 각국은 어떤 재화를 수출하겠는가?

(4) 세 국가가 모두 무역에 참가하는 경우 상대공급곡선을 도출하고 밀과 자동차의 교역조건이 1:1이 된 상태를 나타내보아라.

[단, 각 국가의 노동공급량은 30으로 동일하다.]

---

(1) 만약 A국과 B국만 무역에 참여한다면 각국은 어떤 재화를 수출하겠는가? 이때 교역조건은 어떤 범위에서 결정되는가?

1. 리카도모형에서의 무역패턴의 결정
   - 리카도에 의하면 국가간 무역은 기술격차에서 비롯하는 비교우위(comparative advantage)에 의해 결정되며 비교우위는 생산에 있어서의 기회비용(opportunity cost)에 의해 결정된다.

2. 생산의 기회비용과 교역이전 상대가격

	밀	자동차	교역이전 상대가격
A국	3 ($\frac{1}{2}Y$)	6 ($2X$)	1/2
B국	2 ($\frac{2}{5}Y$)	5 ($\frac{5}{2}X$)	2/5
C국	4 ($2Y$)	2 ($\frac{1}{2}X$)	2

〈표 1〉 기회비용과 상대가격

- 위 표에서 괄호 안은 타 재화로 나타낸 기회비용을 의미하며, 상대가격은 Y재 단위로 나타낸 X재의 상대가격 즉 $\frac{P_X}{P_Y}$를 의미한다.

3. 무역패턴의 결정

- A국과 B국만이 무역에 참여한다면 A국은 자동차 생산에 기회비용이 낮으므로 비교우위가 있는 자동차에 특화해서 수출하게 된다. 반면 B국은 밀 생산에 기회비용이 낮으므로 비교우위가 있는 밀에 특화해서 수출하게 된다.

4. 교역조건의 결정

- 교역조건(terms of trade)이란 국가간 무역에서 결정된 상대가격을 의미하는 것으로서 수출품 한 단위와 교환되는 수입품의 양을 나타낸다. 교역조건이 주어졌을 때 각국은 교역조건과 생산의 기회비용을 비교하여 생산을 결정한다.

$$p_i(X재\ 상대가격) \gtrless MRT_{XY}(X재\ 생산의\ 기회비용) \Rightarrow \begin{cases} X \\ Y \end{cases} 생산,\ 수출$$

- 각국이 비교우위재를 수출할 수 있는 조건은 다음과 같다.

$$A국\ Y재\ 수출조건 : p_i \leq MRT_{XY}^A = \frac{1}{2}$$

$$B국\ X재\ 수출조건 : p_i \geq MRT_{XY}^B = \frac{2}{5}$$

- 위 두 조건을 모두 만족시키는 교역조건의 범위는 $\frac{2}{5} \leq p_i \leq \frac{1}{2}$이며 이 경우 무역을 통해 손해를 보는 국가는 없고 최소한 한 국가가 이익을 얻는다.[2][3]

(2) 만약 B국과 C국만 무역에 참여한다면 각국은 어떤 재화를 수출하겠는가? 이때 교역조건은 어떤 범위에서 결정되는가?

1. 무역패턴의 결정
   - B국과 C국만이 무역에 참여한다면 B국은 밀 생산에 기회비용이 낮으므로 비교우위가 있는 밀에 특화해서 수출하게 된다. 반면 C국은 자동차 생산에 기회비용이 낮으므로 비교우위가 있는 자동차에 특화해서 수출하게 된다.

2. 교역조건의 결정
   - 각국이 비교우위재를 수출할 수 있는 조건은 다음과 같다.

   B국 X재 수출조건 : $p_i \geq MRT_{XY}^B = \frac{2}{5}$

   C국 Y재 수출조건 : $p_i \leq MRT_{XY}^C = 2$

   - 위 두 조건을 모두 만족시키는 교역조건의 범위는 $\frac{2}{5} \leq p_i \leq 2$이며 이 경우 무역을 통해 손해를 보는 국가는 없고 최소한 한 국가가 이익을 얻는다.

(3) 이제 세 국가가 모두 자유무역에 참여한다고 하자. 이때 밀과 자동차의 교역조건이 1:1이 된다면 각국은 어떤 재화를 수출하겠는가?

1. A국의 경우
   - $p_i = 1 > MRT_{XY}^A = \frac{1}{2}$이므로 X재를 생산, 수출하고 Y재를 수입한다. A국의 생산점은 〈그림 1〉의 (a)에서 a점에 해당한다.

---

[2] 등호가 성립하는 경우에는 두 국가 중 한 국가만이 무역의 이익을 얻는다.
[3] 배점이 낮을 경우 양국이 모두 이익을 얻을 수 있는 교역조건의 범위로부터 바로 답을 도출할 수도 있다.

2. B국의 경우
- $p_i = 1 > MRT_{XY}^B = \dfrac{2}{5}$ 이므로 X재를 생산, 수출하고 Y재를 수입한다. B국의 생산점은 〈그림 1〉의 (b)에서 b점에 해당한다.

3. C국의 경우
- $p_i = 1 < MRT_{XY}^C = 2$ 이므로 성립하므로 Y재를 생산, 수출하고 X재를 수입한다. C국의 생산점은 〈그림 1〉의 (c)에서 c점에 해당한다.

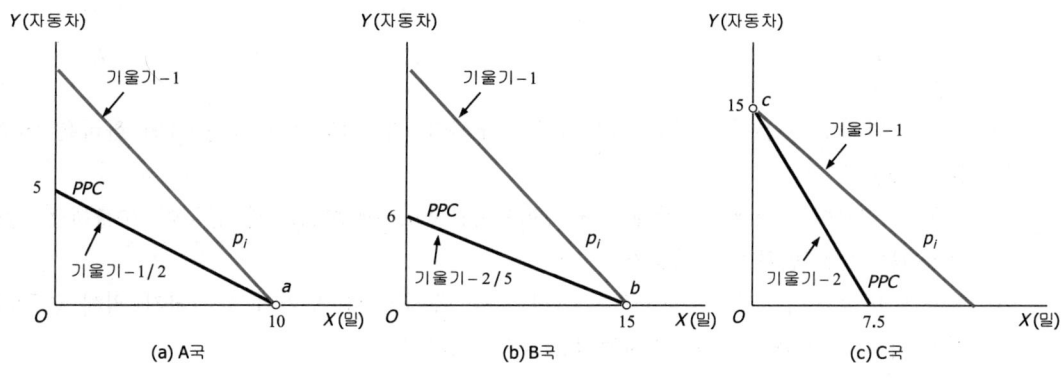

〈그림 1〉 국가별 생산패턴의 결정

(4) 세 국가가 모두 무역에 참가하는 경우 상대공급곡선을 도출하고 밀과 자동차의 교역조건이 1:1이 된 상태를 나타내보아라.

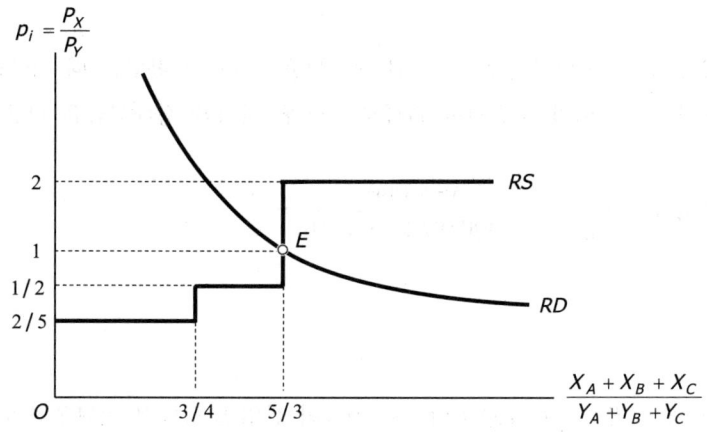

〈그림 2〉 상대공급곡선과 교역조건의 결정

문제 562

다음의 표는 한국과 미국에서 각 재화의 한 단위 생산에 투입되는 노동량(단위요소요구량)을 나타낸다. 편의상 각 재화의 생산에는 노동만이 사용된다고 가정하자. 또한 양국간의 환율, 임금, 생산비용은 다음과 같이 주어진다. (김신행 저 연습문제 응용)

- 환율 : 1,000₩/$
- 한국의 임금 : ₩5,000/시간
- 미국의 임금 : $10/시간

	섬유류(A)	스포츠용품(B)	가전제품(C)	자동차(D)	기계류(E)
미국	5/3	2	5/2	2	3/2
한국	2	3	4	5	6

(1) 동일한 화폐로 환산된 국가간 상대임금을 구하라. 두 나라가 무역을 하면 한국은 어떤 상품을 수출할까?

(2) 한국의 임금이 ₩5,000/시간에서 ₩7,500/시간으로 상승했을 때 한국이 수출하는 상품의 범위에는 어떤 변화가 생기는가?

(3) 환율과 미국의 임금이 일정하게 주어진 값을 유지할 때 무역이 유지되기 위해 한국의 임금이 가질 수 있는 상한값과 하한값은 각각 얼마인가?

(4) 다시 한국의 임금이 ₩5,000/시간이라고 할 때, 환율이 ₩1,000/$에서 ₩1,500/$으로 인상된 경우 한국이 수출하는 상품의 범위에는 어떤 변화가 생기는가?

---

(1) 동일한 화폐로 환산된 국가간 상대임금을 구하라. 두 나라가 무역을 하면 한국은 어떤 상품을 수출할까?

1. 국가간 상대임금

   - 한국의 임금을 w, 미국의 임금을 w^*, 원/달러환율을 e라고 하였을 때 미국의 임금을 원화로 환산하면 ew^*가 된다. 따라서 동일한 화폐로 환산된 국가간 상대임금은 다음과 같다.

   $$\text{국가간 상대임금} : \frac{w}{ew^*} = \frac{₩5,000}{1,000₩/\$ \times \$10} = \frac{1}{2}$$

2. 산업별 상대적 비교우위도

   - 단위요소요구량이 작을수록 효율적이므로 한국의 산업별 상대적 비교우위의 정도는 $\dfrac{a_i^*}{a_i}$로 정의할 수 있다.

	섬유류(A)	스포츠용품(B)	가전제품(C)	자동차(D)	기계류(E)
미국(a_i^*)	5/3	2	5/2	2	3/2
한국(a_i)	2	3	4	5	6
a_i^*/a_i	5/6	2/3	5/8	2/5	1/4

3. 수출이 이루어지는 범위

- 만약 한 산업에서 자국의 상대적 비교우위도 $\dfrac{a_i^*}{a_i}$ 가 상대임금 $\dfrac{w}{ew^*}$ 보다 크다면 다음 조건이 성립한다.

   수출이 이루어질 조건 : $\dfrac{a_i^*}{a_i} > \dfrac{w}{ew^*}$ 인 경우 $ew^* a_i^* > wa_i$

- 즉 위 조건이 만족될 때 외국상품에 비해 자국상품이 더 값싸게 생산되기 때문에 자국상품이 수출될 것이다.
- 설문에서 국가간 상대임금이 1/2이기 때문에 위 조건을 만족하는 섬유류(A), 스포츠용품(B), 가전제품(C)은 수출되고, 자동차(D)와 기계류(E)는 수입될 것이다.

(2) 한국의 임금이 ₩5,000/시간에서 ₩7,500/시간으로 상승했을 때 한국이 수출하는 상품의 범위에는 어떤 변화가 생기는가?

1. 국가간 상대임금의 변화

- 임금이 ₩7,500/시간으로 상승하면 국가간 상대임금이 상승한다.

   국가간 상대임금 : $\dfrac{w}{ew^*} = \dfrac{₩7,500}{1,000₩/\$ \times \$10} = \dfrac{3}{4}$

2. 수출범위의 변화

- 이제 새로운 상대임금하에서 수출이 이루어질 수 있는 상품은 섬유류(A)뿐이며, 그 외의 상품들은 모두 수입될 것이다. 이를 통해 전반적인 임금의 상승은 자국의 비용상 우위를 감소시켜 자국이 수출하는 상품의 범위를 축소시킨다는 것을 알 수 있다.

(3) 환율과 미국의 임금이 일정하게 주어진 값을 유지할 때 무역이 유지되기 위해 한국의 임금이 가질 수 있는 상한값과 하한값은 각각 얼마인가?

1. 임금의 상한
   - 설문의 재화 중 한국이 가장 강한 비교우위를 가진 상품은 섬유류(A)이다. 그런데 국가간 상대임금이 섬유류의 상대적 비교우위도보다 높아진다면 한국은 어떤 상품도 수출할 수 없게 된다. 따라서 무역이 유지되기 위해서는 다음의 조건이 만족되어야 한다.

   임금의 상한조건 : $\dfrac{w}{ew^*} = \dfrac{w}{1000\text{W}/\$ \times \$10} \leq \dfrac{a_A^*}{a_A} = \dfrac{5}{6}$

   - 정리하면 한국임금의 상한값은 $50,000/6 \fallingdotseq 8333.3(\text{W})$이 된다.[4]

2. 임금의 하한
   - 설문의 재화 중 한국이 가장 약한 비교우위를 가진 상품은 기계류(E)이다. 그런데 국가간 상대임금이 기계류의 상대적 비교우위도보다 낮아진다면 미국은 어떤 상품도 수출할 수 없게 된다. 따라서 무역이 유지되기 위해서는 다음의 조건이 만족되어야 한다.

   임금의 하한조건 : $\dfrac{w}{ew^*} = \dfrac{w}{1000\text{W}/\$ \times \$10} \geq \dfrac{a_E^*}{a_E} = \dfrac{1}{4}$

   - 정리하면 한국임금의 하한값은 $10,000/4 = 2,500(\text{W})$이 된다.[5]

(4) 다시 한국의 임금이 ₩5,000/시간이라고 할 때, 환율이 ₩1,000/\$에서 ₩1,500/\$으로 인상된 경우 한국이 수출하는 상품의 범위에는 어떤 변화가 생기는가?

1. 국가간 상대임금의 변화
   - 환율이 ₩1,500/\$으로 인상되면 국가간 상대임금이 하락한다.

   국가간 상대임금 : $\dfrac{w}{ew^*} = \dfrac{\text{W}5,000}{1500\text{W}/\$ \times \$10} = \dfrac{1}{3}$

---

[4] 등호가 성립하는 경우에는 한국이 섬유류를 수출하고 미국이 다른 모든 상품을 수출하는 무역이 이루어질 수 있다.
[5] 등호가 성립하는 경우에는 미국이 기계류를 수출하고 한국이 다른 모든 상품을 수출하는 무역이 이루어질 수 있다.

2. 수출범위의 변화

- 이제 새로운 상대임금하에서 수출이 이루어질 수 있는 상품은 섬유류(A), 스포츠용품(B), 가전제품(C), 자동차(D)는 수출되고, 기계류(E)는 수입될 것이다. 이를 통해 환율의 상승은 자국산업의 비용상 우위를 증가시켜 수출하는 상품의 범위를 확대시킨다는 것을 알 수 있다.

참고문항

(5) 한국에서 기술진보가 발생하여 모든 산업에서 한국의 단위요소요구량이 현재의 2/3로 감소했다고 하자. 이는 미국 노동자의 실질임금에 어떤 영향을 미치는가? 이상의 논의에 근거하여 중국의 빠른 생산성향상이 우리나라에 해로운 영향을 미칠 것이라는 주장을 평가하시오.

문제 563

본국과 외국의 2국이 X재와 Y재의 2재를 거래하는 경우를 가정하자. 각 산업별 단위요소요구량이 다음과 같이 나타낼 때 물음에 답하라. 이하 리카도모형의 기본가정이 성립한다고 가정한다.

- a_X, a_Y : 본국의 산업별 단위노동요구량
- a_X^*, a_Y^* : 외국의 산업별 단위노동요구량
- P_X, P_Y, w : 본국의 가격 및 임금
- P_X^*, P_Y^*, w^* : 외국의 가격 및 임금

(1) 모든 산업에 절대우위를 가지더라고 모든 산업에 비교우위를 가질 수는 없음을 보여라.
(2) 각국이 비교우위를 가지는 재화가 수출되기 위한 국제상대임금의 범위를 구하라.
(3) 각국이 비교우위를 가지는 재화가 수출되기 위한 국제상대가격의 범위를 구하라.
(4) 다음 명제를 평가하라.

> 리카도모형의 경우 어떤 국가에서도 무역으로 인해 실질임금이 감소하지 않는다.

---

(1) 모든 산업에 절대우위를 가지더라고 모든 산업에 비교우위를 가질 수는 없음을 보여라.

1. 절대우위의 조건
    - 절대우위(absolute advantage)란 산업의 우위를 생산성에 근거해 판단하는 것을 말한다. 단위요소요구량이 작을수록 생산성이 높으므로 다음 조건하에 본국이 모든 산업에 절대우위를 가진다.

    $a_X < a_X^*$ 이고 $a_Y < a_Y^*$

2. 비교우위의 조건
    - 비교우위(comparative advantage)란 산업의 우위를 기회비용에 근거해 판단하는 것을 의미한다. 각 국가의 생산가능곡선을 구하면 다음과 같다.

    본국의 생산가능곡선 : $a_X X + a_Y Y = L \Rightarrow (-)$ 기울기 : $\dfrac{a_X}{a_Y}$

외국의 생산가능곡선 : $a_X^* X^* + a_Y^* Y^* = L^*$ ⇒ (−) 기울기 : $\dfrac{a_X^*}{a_Y^*}$

- 생산가능곡선의 (−) 기울기는 Y단위로 나타낸 X재 생산의 기회비용을 나타낸다. 기회비용이 낮은 경우 비교우위를 가지므로 본국이 X재 생산에 비교우위를 가질 조건은 $\dfrac{a_X}{a_Y} < \dfrac{a_X^*}{a_Y^*}$ 이다. 그런데 이 경우 역수인 $\dfrac{a_Y}{a_X} > \dfrac{a_Y^*}{a_X^*}$ 이므로 본국이 Y재 생산에 기회비용이 높을 수밖에 없다. 따라서 한 국가가 모든 산업에 비교우위를 가질 수는 없다.

(2) 각국이 비교우위를 가지는 재화가 수출되기 위한 국제상대임금의 범위를 구하라.

- 완전경쟁을 가정할 경우 각국에서 해당재화를 생산하는 비용은 다음과 같다.

    본국의 경우 : $P_X = w \cdot a_X$, $P_Y = w \cdot a_Y$
    외국의 경우 : $P_Y = w \cdot a_Y$, $P_Y^* = w^* \cdot a_Y^*$

- 편의상 본국이 X재에 비교우위를 가진다고 하자. 이 경우 X재화가 수출되고 Y재화가 수입될 수 있는 조건은 다음과 같다.

    $P_X = w \cdot a_X \leq P_X^* = w^* \cdot a_X^*$
    $P_Y = w \cdot a_Y \geq P_Y^* = w^* \cdot a_Y^*$

- 위 조건을 정리하면 비교우위에 따라 무역이 이루어질 수 있는 조건은 다음과 같다.

    $\dfrac{a_X^*}{a_X} \geq \dfrac{w}{w^*} \geq \dfrac{a_Y^*}{a_Y}$

- 이는 해당 산업의 상대적 우위도가 상대임금보다 큰 경우 수출산업이 됨을 의미한다.

(3) 각국이 비교우위를 가지는 재화가 수출되기 위한 국제상대가격의 범위를 구하라.

- 각국은 상대가격과 생산의 기회비용을 비교하여 수출 또는 수입을 결정한다.

$$\text{본국 } X\text{재 수출조건}: p_i \geq MRT_{XY} = \frac{a_X}{a_Y}$$

$$\text{외국 } Y\text{재 수출조건}: p_i \leq MRT^*_{XY} = \frac{a^*_X}{a^*_Y}$$

- 위 두 조건을 정리하면 다음과 같다.

$$\frac{a_X}{a_Y} \leq p_i \leq \frac{a^*_X}{a^*_Y}$$

- 위 조건은 X재의 국제상대가격이 양국 X재 생산의 기회비용 사이에 위치해야 함을 의미한다. 이 경우 양국은 모두 소비가능집합이 확장되며 무역을 통해 이익을 얻게 되는데 이를 나타내면 〈그림 1〉 및 〈그림 2〉와 같다.

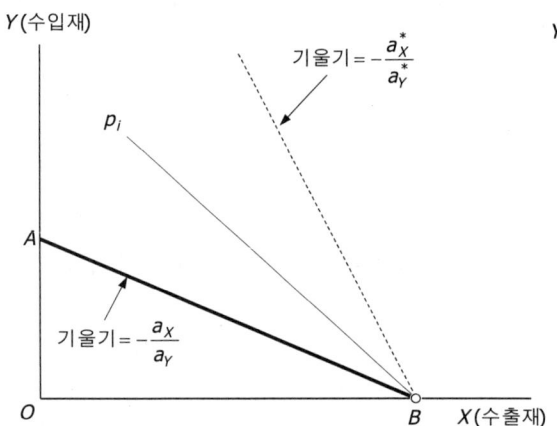

〈그림 1〉 본국의 소비가능집합

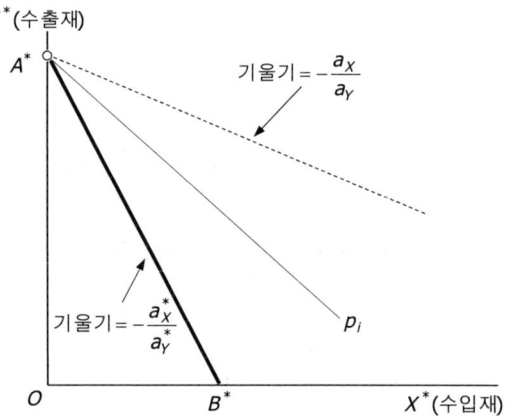

〈그림 2〉 외국의 소비가능집합

(4) 다음 명제를 평가하라.

1. X수출국의 경우
   - 무역이전 각국 노동자는 각자 자국의 상품을 소비한다.

     X단위로 측정한 실질임금 : $P_X = w \times a_X$에서 $\dfrac{w}{P_X} = \dfrac{1}{a_X}$

     Y단위로 측정한 실질임금 : $P_Y = w \times a_Y$에서 $\dfrac{w}{P_Y} = \dfrac{1}{a_Y}$

   - 무역이 이루어지면 양국 노동자는 각국의 비교우위재를 소비한다. 즉 양국 소비자는 모두 본국의 X재와 외국의 Y재를 소비한다.

     X단위로 측정한 실질임금 : $P_X = w \times a_X$에서 $\dfrac{w}{P_X} = \dfrac{1}{a_X}$

     Y단위로 측정한 실질임금 : $P_Y^* = w^* \times a_Y^*$에서 $\dfrac{w}{P_Y^*} = \dfrac{w}{w^*} \times \dfrac{1}{a_Y^*} > \dfrac{1}{a_Y}$

2. Y수출국의 경우
   - 무역이전 실질임금은 다음과 같다.

     X단위로 측정한 실질임금 : $P_X^* = w^* \times a_X^*$에서 $\dfrac{w^*}{P_X^*} = \dfrac{1}{a_X^*}$

     Y단위로 측정한 실질임금 : $P_Y^* = w^* \times a_Y^*$에서 $\dfrac{w^*}{P_Y^*} = \dfrac{1}{a_Y^*}$

   - 무역이후 실질임금은 다음과 같다.

     X단위로 측정한 실질임금 : $P_X = w \times a_X$에서 $\dfrac{w^*}{P_X} = \dfrac{w^*}{w} \times \dfrac{1}{a_X} > \dfrac{1}{a_X^*}$

     Y단위로 측정한 실질임금 : $P_Y^* = w^* \times a_Y^*$에서 $\dfrac{w^*}{P_Y^*} = \dfrac{1}{a_Y^*}$

3. 평가
   - 이상에 따르면 어느 국가에서나 무역은 수입재기준으로 실질임금을 상승시키는 반면 수출재 기준으로는 실질임금을 감소시키지 않는다. 따라서 주어진 명제는 타당하다.

문제 564

1789년 이후 오래 지속된 영국과 프랑스간의 전쟁으로 인해 영국의 식량가격은 매우 높게 유지되었다. 그러나 전쟁이 끝나면서 식량가격이 내려갈 것을 우려한 지주들의 요청에 의해 곡물의 수입에 일종의 관세를 부과하는 곡물법(Corn Laws)이 도입되었다. 이에 대해 당시 영국하원의 의원이었던 데이비드 리카도(D. Ricardo)는 '곡물법과 공채는 영국의 번영을 가로막는 2개의 해악'이라 주장하며 곡물법의 철폐를 강하게 주장하였다.

이제 분석의 편의를 위해 영국이 식량부문(X)과 공업부문(Y)만으로 이루어져 있으며, 식량부문에서는 토지가, 공업부문에서는 자본이 고정요소로 사용된다고 가정하자. 또한 노동은 두 부문에서 모두 사용되며 두 부문을 자유롭게 이동할 수 있지만 국가간 이동은 불가능하다. (P. Krugman 저 응용)

(1) 만약 리카도의 주장처럼 곡물법이 철폐되어 식량가격이 하락할 때 이것이 지주계층의 소득에 미치는 영향은 어떠한가?

(2) 당시에 곡물법의 철폐를 가장 강력하게 요청하였을 계층은 어느 계층일 것이라 예상하는가? 그 이유는 무엇인가?

(3) 리카도는 '지주들의 이해와 전 국민의 이해는 상충한다.'라고 주장하였다. 곡물법이 도입된 상태의 영국은 사실상 무역이 중단된 상태에 가까웠다는 점을 고려하여 그의 주장을 평가하라.

(1) 만약 리카도의 주장처럼 곡물법이 철폐되어 식량가격이 하락할 때 이것이 지주계층의 소득에 미치는 영향은 어떠한가?

1. 특정요소모형의 기본가정
    - X재와 Y재의 가격을 P_X, P_Y로 나타내고 노동(L), 토지(K_X), 자본(K_Y)의 가격을 w, r_X, r_Y로 나타낸다.
    - 각 부문의 생산함수는 규모수익불변을 만족하며, 완전고용, 완전경쟁을 가정한다.

2. 균형조건
    - 이 모형에서 균형은 유동요소인 노동에 대한 보수가 일치하여 더 이상 이동할 유인이 없을 때 성립한다. 이는 〈그림 1〉에서 두 부문의 한계생산물가치곡선(VMP_L)을 마주보게(face to face) 그릴 때 두 곡선이 만나는 0점에 해당한다. 이 경우 균형임금은 w_0이 된다.

    균형임금 : $w = P_X \times MP_L^X = P_Y \times MP_L^Y (= VMP_L^X = VMP_L^Y)$
    토지임대료 : $r_X = P_X \times MP_K^X (= VMP_K^X)$
    자본임대료 : $r_Y = P_Y \times MP_K^Y (= VMP_K^Y)$

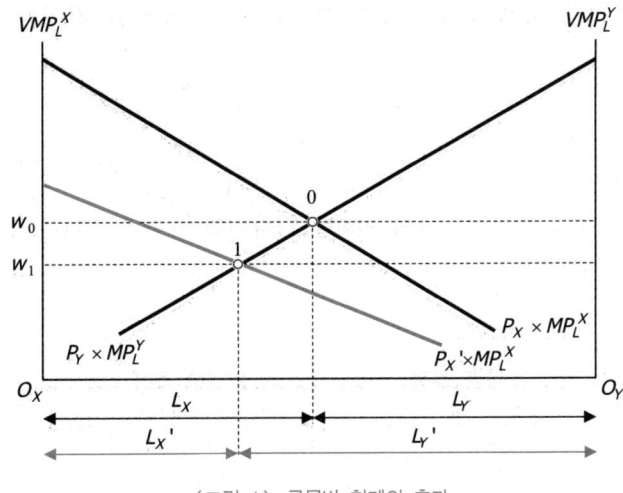

<그림 1> 곡물법 철폐의 효과

3. 곡물법 철폐의 효과

- 곡물법의 철폐로 외국의 농산물이 수입되면 P_X가 하락하고 이에 따라 <그림 1>에서 VMP_L^X곡선이 아래로 이동한다. 이는 X부문에서 노동자들이 수취하는 임금이 하락한 것이므로 노동자들은 X부문에서 Y부문으로 이동할 것이다. 새로운 균형은 두 부분에서 수취하는 임금이 동일해진 1점이 된다.
- 이러한 노동의 부문간 이동으로 X재생산은 감소하고 Y재생산은 증가한다. 또한 요소집약도 $\left(\frac{K}{L}\right)_X$가 상승하고 $\left(\frac{K}{L}\right)_Y$가 하락함에 따라 MP_L^X는 상승, MP_L^Y는 하락, MP_K^X는 하락, MP_K^Y는 상승한다. 이 경우 재화 및 요소가격의 변화율을 정리하면 다음과 같다.

$$\widehat{r_X} < \widehat{P_X} < \widehat{w} < \widehat{P_Y} < \widehat{r_Y} \quad : \quad \widehat{} \text{은 변화율을 의미} \qquad \text{------ 식 1}$$

4. 지주계층 소득에 미치는 영향

- 식 1에서 토지에 대한 보수(r_X)는 감소하며 그 감소비율은 P_X의 하락비율보다 크다. 따라서 곡물법이 철폐될 경우 지주의 소득은 어느 재화로 측정하는지와 무관히 하락한다.[6]

---

[6] 이러한 결론은 한 재화의 가격이 하락할 때 그 부문에 특화된 계층이 가장 큰 피해를 입는다고 일반화할 수 있다.

(2) 당시에 곡물법의 철폐를 가장 강력하게 요청하였을 계층은 어느 계층일 것이라 예상하는가? 그 이유는 무엇인가?

1. 곡물법 폐지로 인한 실질소득변화
  - 식 1에서의 결과를 정리하여 각 요소별 실질소득의 변화를 나타내면 다음과 같다(단 ↑는 증가, ↓는 감소를 의미).

	X재로 측정	Y재로 측정
L에 대한 보수	$\frac{w}{P_X}$ ↑	$\frac{w}{P_Y}$ ↓
K_X에 대한 보수	$\frac{r_X}{P_X}$ ↓	$\frac{r_X}{P_Y}$ ↓
K_Y에 대한 보수	$\frac{r_Y}{P_X}$ ↑	$\frac{r_Y}{P_Y}$ ↑

2. 계층별 곡물법에 대한 입장
  - 이상에서 노동자(L)에 대한 보수는 X재로 측정할 경우 상승하지만 Y재로 측정한 경우 하락한다. 따라서 곡물법 폐지로 인한 손익 여부는 명확하지 않다.
  - 반면 자본가(K_Y)에 대한 보수는 어느 재화로 측정하는지와 무관히 증가하며 지주(K_X)에 대한 보수는 어느 재화로 측정하는지와 무관히 감소한다.
  - 따라서 곡물법이 폐지될 경우 가장 큰 이득을 보는 계층은 자본가 계층이므로 곡물법의 폐지를 가장 강하게 주장하였을 계층은 자본가 계층일 것으로 판단된다.

(3) 리카도는 '지주들의 이해와 지주를 제외한 전 국민의 이해는 상충한다.'라고 주장하였다. 곡물법이 도입된 상태의 영국은 사실상 무역이 중단된 상태에 가까웠다는 점을 고려하여 그의 주장을 평가하라.

1. 자유무역의 개시가 사회후생에 미치는 영향
  - 〈그림 2〉에서 0점과 i_0는 곡물법으로 인해 무역이 제한된 경우의 생산과 후생을 나타낸다. 반면 1점과 i_1은 곡물법 철폐로 무역이 자유로워진 경우의 생산과 후생을 나타내는데 무역이 자유로운 경우가 더 높은 사회후생을 달성할 수 있는 잠재적 가능성을 가진다.

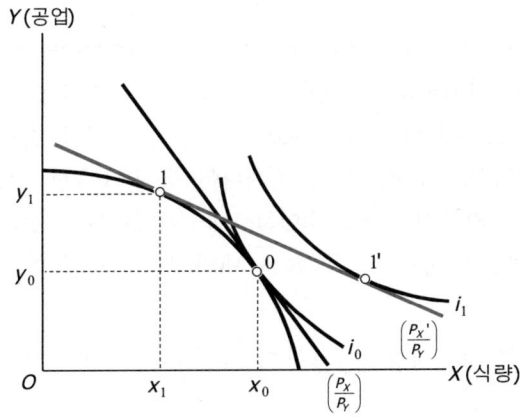

〈그림 2〉 무역의 개시와 사회후생의 변화

2. 평가

- 당시 영국에서 지주들의 이익을 위해서는 곡물법을 유지해야 한다. 그러나 사회전체적인 이익을 위해서는 곡물법을 폐지하고 자유무역을 실시하는 것이 바람직하다.
- 즉 당시 영국에서 지주들의 이익이 관철되는 것은 국가 전체의 입장에서 볼 때 바람직하지 못하다. 이러한 의미에서 리카도는 '지주들의 이해와 지주를 제외한 전 국민의 이해는 상충한다.'라는 표현을 하였던 것이다.[7]

---

[7] 원문의 표현은 다음과 같다. 'The interest of the landlord is always opposed to the interests of every other class in the community.'

문제 565

한국경제는 2개의 산업으로 구성되어 있다고 가정한다. 한 산업은 전통적인 제조업으로 세계시장에 수출하는 산업이고, 다음은 내수산업으로 비교역 제품이라고 가정한다. 여기서 전통산업은 노동과 자본을, 비교역 제품은 노동과 전문지식(변호사, 의사, 엔지니어 등이 소유한 전문기술)을 필요로 한다고 가정한다. 전통산업에서는 자본이 특정요소이고, 내수산업에서는 전문지식이 특정요소이며 노동은 유동요소이다. 다음 질문을 Specific Factors Model(특정요소모형)을 이용하여 설명하시오. (입법고시 국제경제학 기출문제 응용)

(1) 정부가 해외연수생을 허용한다고 가정할 때, 생산 및 생산요소별 소득분배에 어떻게 영향을 미치는지 설명하시오.

(2) 교육 및 훈련을 통해 전문지식의 축적이 이루어졌다고 할 때 생산 및 생산요소별 소득분배에 어떻게 영향을 미치는지 설명하시오.

---

(1) 정부가 해외연수생을 허용한다고 가정할 때, 생산 및 생산요소별 소득분배에 어떻게 영향을 미치는지 설명하시오.

1. 기본가정 및 균형조건

- 생략

2. 생산에 미치는 영향

- 〈그림 1〉에서 두 부문의 한계생산가치곡선을 등을 맞대어 그렸을 때 한계생산가치곡선사이의 수평간격이 유동요소의 양과 일치하는 E점과 E'점이 균형을 나타낸다. 해외연수생을 허용하는 것은 유동요소인 노동의 양이 증가하는 것이므로 새로운 균형은 두 부문의 노동고용량이 모두 증가한 F점과 F'점이 된다. 즉 두 부문의 생산량이 모두 증가한다. 〈그림 2〉에서 노동유입이전의 균형은 VV곡선상의 E점이며 노동유입이후의 균형은 $V'V'$곡선상의 F점이 된다.

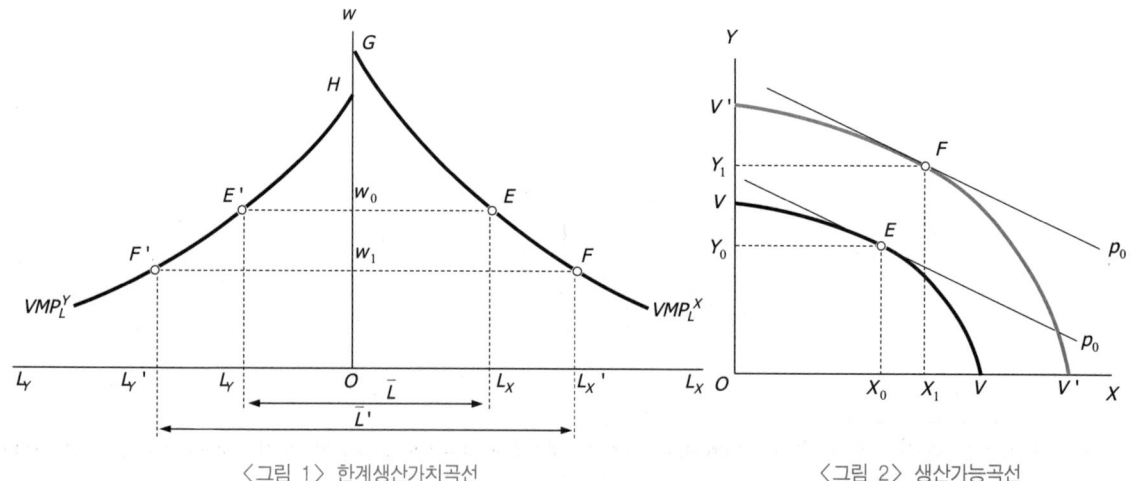

〈그림 1〉 한계생산가치곡선   〈그림 2〉 생산가능곡선

3. 소득분배에 미치는 영향

- 이러한 변화로 양 부문에서 요소집약도 $\left(\frac{K}{L}\right)_X$, $\left(\frac{K}{L}\right)_Y$는 모두 하락한다. 따라서 MP_L^X과 MP_L^Y는 하락, MP_K^X과 MP_K^Y는 상승한다.
- 이 경우 재화가격의 변화를 고려하지 않는다면 한계생산의 변화가 바로 각 요소 실질소득의 변화가 된다. 즉 노동의 소득은 분명히 감소한 반면 두 부문 자본의 실질소득은 반드시 증가한다.

(2) 교육 및 훈련을 통해 전문지식의 축적이 이루어졌다고 할 때 생산 및 생산요소별 소득분배에 어떻게 영향을 미치는지 설명하시오.

1. 생산에 미치는 영향

- 〈그림 3〉에서 두 부문의 한계생산가치곡선을 마주보게 그렸을 때 균형점이 E점이었다고 하자. 전문지식의 축적은 Y부문에서 노동의 한계생산을 상승시키므로 VMP_L^Y곡선이 상방으로 이동한다. 이로 인해 Y재 생산자가 노동에 지급하고자 하는 한계생산가치가 상승한다. 〈그림 3〉에서 VMP_L^Y가 상방이동하면 노동자들이 X부문에서 Y부문으로 이동하며 새로운 균형은 F점에서 달성된다. 따라서 이러한 과정에서 Y재 생산은 증가하고 X재 생산은 감소한다.
- 이러한 변화는 〈그림 4〉의 생산가능곡선상에서 E점에서 F점으로의 이동으로 나타내어진다. 이 중 E점에서 G점까지의 이동은 X재생산의 감소를 유발하지 않으므로 K_Y증가의 직접적 효과이다. 반면 G점에서 F점까지의 이동은 X의 감소를 수반하므로 노동의 이동이 반영된 효과이다.

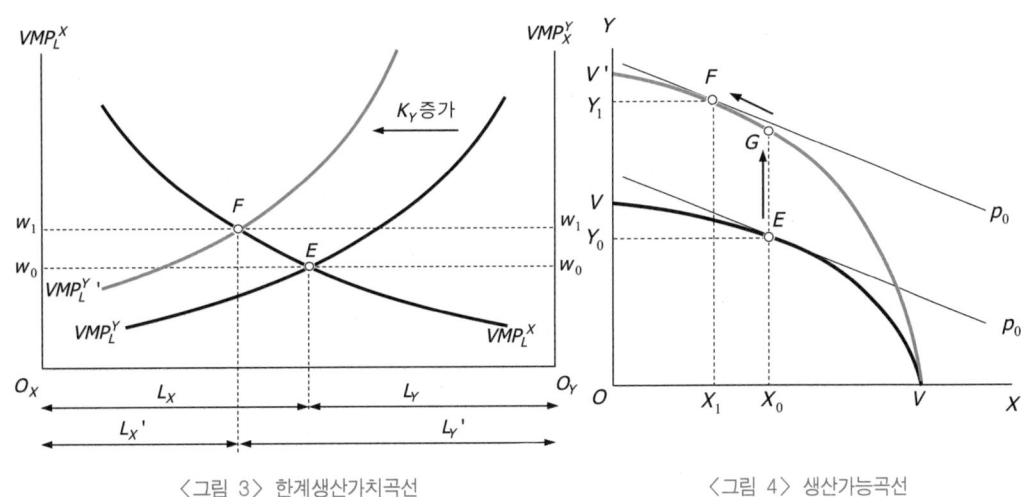

〈그림 3〉 한계생산가치곡선 　　〈그림 4〉 생산가능곡선

2. 소득분배에 미치는 영향

- 이러한 변화로 양 부문에서 요소집약도 $\left(\dfrac{K}{L}\right)_X$, $\left(\dfrac{K}{L}\right)_Y$ 는 모두 상승한다. 따라서 MP_L^X과 MP_L^Y는 상승, MP_K^X과 MP_K^Y는 하락한다.
- 이 경우 재화가격의 변화를 고려하지 않는다면 한계생산의 변화가 바로 각 요소 실질소득의 변화가 된다. 즉 노동의 소득은 분명히 증가한 반면 두 부문 자본의 실질소득은 반드시 감소한다.

PART 1 국제무역론

문제 566

현재의 요소가격에서 직물은 토지 1단위와 20시간의 노동을 사용하여 생산되고, 식품은 토지 1단위와 5시간의 노동을 사용하여 생산된다. (크루그먼 저 연습문제 일부수정)

(1) 그 경제의 총자원은 노동 600시간과 토지 60단위이다. 그림을 이용하여 자원배분을 결정하라.
(2) 이제 노동의 공급이 750, 900시간으로 점차 증가한다고 하자. 그림을 이용하여 자원배분의 변화를 나타내어 보아라.
(3) 노동공급이 훨씬 더 증가한다면 어떤 일이 일어나는가?

---

(1) 그 경제의 총자원은 노동 600시간과 토지 60단위이다. 그림을 이용하여 자원배분을 결정하라.

1. 가정
   - 재화 상대가격은 주어져 있으며 요소시장에서 완전고용이 이루어진다고 가정한다.
   - 직물을 X재, 식품을 Y재라고 하고 노동을 L, 토지를 K라고 하자.

2. 완전고용 조건의 도출
   - 각 재화 생산에 사용된 노동의 양을 L_X, L_Y, 각 재화 생산에 사용된 토지의 양을 K_X, K_Y로 나타내면 다음과 같은 제약식이 성립한다.

     노동의 완전고용 : $L_X + L_Y = 600 \Rightarrow 20X + 5Y = 600$
     토지의 완전고용 : $K_X + K_Y = 60 \Rightarrow X + Y = 60$

   - 위 식을 정리하면 $X_0 = 20$, $Y_0 = 40$이 되며 이는 〈그림 1〉 및 〈그림 2〉에서 A점으로 나타낸 점에 해당한다. 그림에서 알 수 있듯이 직물은 노동집약적인 재화이며 식품은 토지집약적인 재화가 된다.

(2) 이제 노동의 공급이 750, 900시간으로 점차 증가한다고 하자. 그림을 이용하여 자원배분의 변화를 나타내어 보아라.

1. 노동이 750 시간인 경우
   - 노동의 완전고용 : $20X + 5Y = 750$
     토지의 완전고용 : $X + Y = 60$
     $\Rightarrow$ 정리하면 $X_1 = 30$, $Y_1 = 30$(B점)

25

2. 노동이 900 시간인 경우

- 노동의 완전고용 : $20X + 5Y = 900$
  토지의 완전고용 : $X + Y = 60$
  $\Rightarrow$ 정리하면 $X_2 = 40$, $Y_2 = 20$ (C점)

3. 평가

- 이상의 분석에서 노동의 부존량이 증가할 때 노동을 집약적으로 사용하는 X재화의 생산은 절대적으로 증가하지만 그렇지 않은 Y재화의 생산량은 절대적으로 감소하는데 이를 립진스키정리 (Rybczynski theorem)라고 한다.

- 이처럼 한 부문의 성장이 다른 부문에 부정적 영향을 미친 것은 증가한 요소를 집약적으로 사용하는 부문의 생산이 증가하는 경우 더 많은 요소를 사용하게 됨에 따라 다른 부문의 생산을 감소시키기 때문이다.

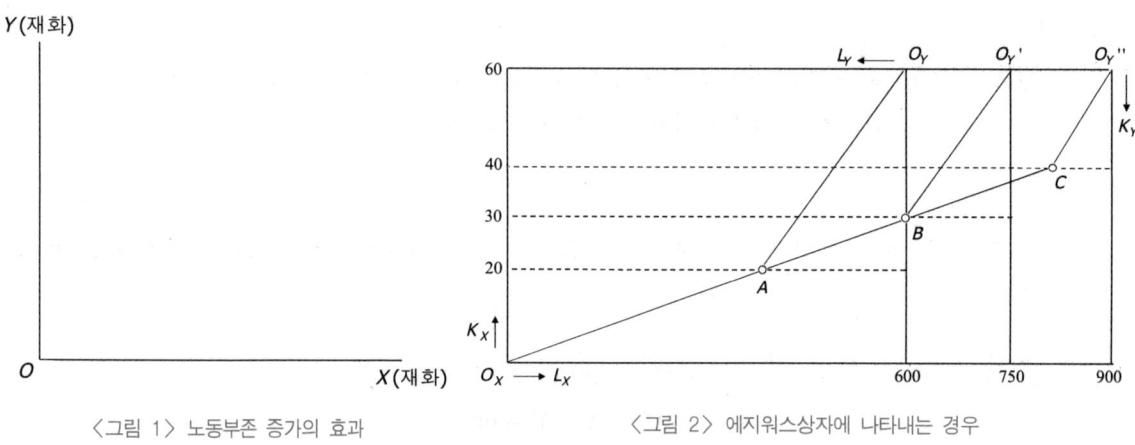

〈그림 1〉 노동부존 증가의 효과 〈그림 2〉 에지워스상자에 나타내는 경우

(3) **노동공급이 훨씬 더 증가한다면 어떤 일이 일어나는가?**

- (1)과 (2)의 분석에서 노동이 증가할수록 X재의 생산은 증가하지만 Y재의 생산은 감소함을 알 수 있는데 이때 노동이 1,200단위가 되면 완전고용이 이루어지기 위해 모든 요소가 X재화생산에만 사용되는 완전특화(perfect specialization)가 발생한다. 완전특화가 성립하게 되면 헥셔-오린 이론의 재화가격과 요소가격의 1:1의 상관관계가 더 이상 성립하지 않게 되며 국가간 요소가격균등화정리도 성립하지 않게 된다.

문제 567

Heckscher-Ohlin모형을 가정한다. 즉, 2국-2재화-2요소, 완전경쟁시장, 두 국가간 동일한 생산함수와 동일한 사회후생함수, 생산의 1차 동차성, 국가 간 생산요소의 불이동성 등을 가정한다. 다음에 답하라. (2011년 입법고시 기출문제 일부변형)

> 한국(A국)은 미국(B국)에 비해 노동이 풍부하며 한국과 미국의 요소부존도(K/L)는 다음과 같다. 한국에서 경제활동인구와 자본단위는 각각 1,500만 명과 150억 달러이며, 미국에서 경제인구와 자본단위는 각각 1억5천만 명과 3,000억 달러이다. 두 나라에서 임금은 한국이 시간당 20,000원, 미국은 40,000원이며 자본의 가격인 임대료(이자)는 단위 자본당 한국이 40,000원, 미국이 20,000원이었다. 두 나라는 모두 신발과 청바지를 생산, 소비하고 있다. 신발은 청바지에 비해 노동집약적이며 한국에서 신발가격은 한 켤레 10,000원, 청바지는 한 개에 20,000원이었다. 미국에서 신발가격은 한 켤레 20,000원, 청바지는 한 개에 10,000원이었다.

(1) 한국과 미국에서 상대요소부존도, 상대요소가격과 상대재화가격을 구하고 이들 변수간의 관계를 이론적으로 설명하시오.
(2) 한국과 미국이 무역을 하면 예상되는 무역패턴을 설명하고 그에 따르는 무역이익을 이론적으로 설명하시오.

(1) **한국과 미국에서 상대요소부존도, 상대요소가격과 상대재화가격을 구하고 이들 변수간의 관계를 이론적으로 설명하시오.**

- 노동집약적인 신발을 X, 자본집약적인 청바지를 Y라고 한다.
- 노동의 가격인 임금을 w, 자본의 가격인 임대료를 r이라 한다.
- 상대요소부존도 : $\left(\dfrac{K}{L}\right)_A = \dfrac{150}{1500} < \left(\dfrac{K}{L}\right)_B = \dfrac{3000}{15000}$ (단위 : 만 명, 억 달러)
- 상대요소가격 : $\left(\dfrac{w}{r}\right)_A = \dfrac{20000}{40000} < \left(\dfrac{w}{r}\right)_B = \dfrac{40000}{20000}$ (단위 : 원)
- 상대재화가격 : $p_A = \left(\dfrac{P_X}{P_Y}\right)_A = \dfrac{10000}{20000} < p_B = \left(\dfrac{P_X}{P_Y}\right)_B = \dfrac{20000}{10000}$ (단위 : 원)
- 헥셔-오린모형에서 A국과 같이 자본의 상대요소부존도가 낮으면, 즉 상대적으로 노동이 풍부한 국가는 노동의 상대요소가격이 낮고, 무역개시이전 노동집약재의 상대가격이 낮다.

(2) 한국과 미국이 무역을 하면 예상되는 무역패턴을 설명하고 그에 따르는 무역이익을 이론적으로 설명하시오.

1. 헥셔-오린정리와 무역패턴의 예상

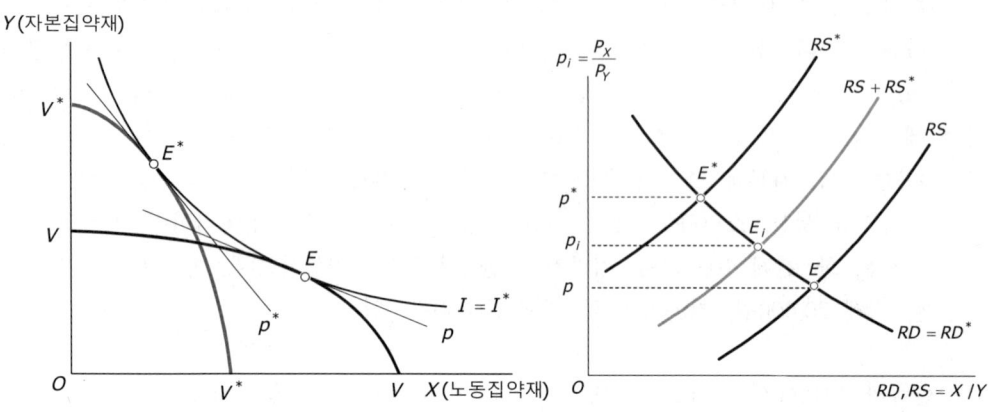

〈그림 1〉 상대요소부존도와 상대재화가격　　〈그림 2〉 무역전후 상대재화가격의 변화

- 〈그림 1〉에서 노동풍부국의 생산가능곡선은 VV로 나타낼 수 있으며 자본풍부국의 생산가능곡선은 V^*V^*로 나타낼 수 있다. 이때 〈그림 1〉에서 교역이전의 균형가격은 자국의 생산가능곡선과 사회무차별곡선이 접하는 점에서의 기울기로 나타낼 수 있는데 노동풍부국은 노동집약적인 재화인 X재화의 상대가격이 낮으며(p), 자본풍부국은 자본집약적인 재화인 Y재화의 상대가격이 낮음(p^*)을 알 수 있다.
- 즉 이를 통해 각국은 자국에 풍부하게 부존된 요소를 집약적으로 사용하는 산업에 비교우위(comparative advantage)를 가지게 됨을 알 수 있는데 이를 헥셔-오린정리라고 한다.
- 무역이전에 $p_A = \left(\dfrac{P_X}{P_Y}\right)_A < p_B = \left(\dfrac{P_X}{P_Y}\right)_B$ 가 성립하기 때문에 한국은 X를 수출하고 Y를 수입하게 될 것이며, 미국은 X를 수입하고 Y를 수출하게 될 것이다.

2. 국제균형가격(교역조건)의 결정
- 〈그림 2〉의 상대수요-상대공급모형에서 무역이 개시되면 교역조건(terms of trade)이 p_i로 결정된다.

3. 무역의 이익

가. 한국의 경우

- 한국의 경우 무역개시 이전 〈그림 3〉의 E점을 소비하지만 무역이 개시되면 더 높은 상대재화가격에 직면하기 때문에 생산이 A점으로 이동하며 소비는 B점으로 이동한다.
- 이 경우 I_0에서 I_2까지 후생이 개선되는데 이 중 I_0에서 I_1까지의 이익을 교환효과(교환의 이익)라고 하며 I_1에서 I_2까지의 이익을 생산효과(특화의 이익)라고 한다.

나. 미국의 경우

- 미국의 경우 무역개시 이전 〈그림 4〉의 E^*점을 소비하지만 무역이 개시되면 더 낮은 상대재화가격에 직면하기 때문에 결국 소비는 B^*점으로 이동하며 후생이 I_2^*까지 개선된다. 이 역시 교환효과와 생산효과로 구분해볼 수 있다.

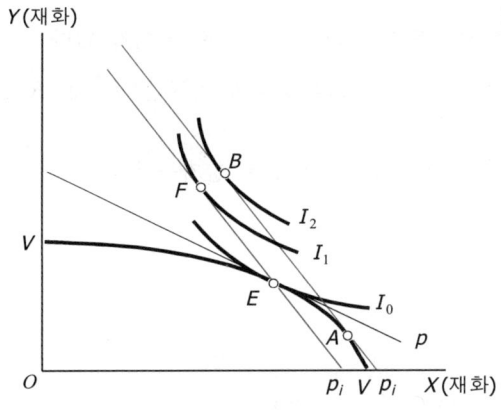

〈그림 3〉 무역의 이익 : A국의 경우

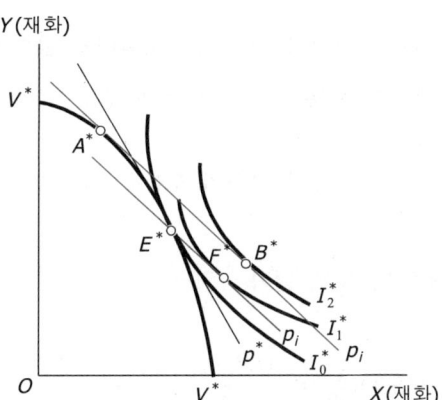

〈그림 4〉 무역의 이익 : B국의 경우

문제 568

노동(L)과 자본(K)이라는 생산요소를 모두 활용하여 두 재화 X와 Y를 생산하는 경제를 가정하자. 각 재화의 생산함수와 사회후생함수는 다음과 같다. (2018년 입법고시 경제학 기출문제 응용)

- 재화 X의 생산함수 : $X = L_X^{1/3} K_X^{2/3}$
- 재화 Y의 생산함수 : $Y = L_Y^{2/3} K_Y^{1/3}$
- 사회후생함수 : $U = X^{1/2} Y^{1/2}$

이 경제의 사회후생을 극대화하는 방안을 설명하시오. (단, 생산요소시장 및 생산물시장은 완전경쟁시장이며 완전개방경제로 재화의 국내·외 가격차이는 없다)

1. 기본가정
   - 세계는 본국과 외국으로 이루어져 있으며 요소부존도 외에는 아무런 차이가 없다.
   - 본국의 노동과 자본은 $\overline{L}$ 및 $\overline{K}$로 주어져 있으며 외국의 노동과 자본은 $\overline{L^*}$ 및 $\overline{K^*}$로 주어져 있다.
   - 각국의 노동과 자본의 부문간 이동은 자유롭지만 국가간 이동은 불가능하다.

2. 요소집약도의 평가
   - $MRTS_{LK}^X = \dfrac{MP_L^X}{MP_K^X} = \dfrac{\frac{1}{3} L_X^{-2/3} K_X^{2/3}}{\frac{2}{3} L_X^{1/3} K_X^{-1/3}} = \dfrac{K_X}{2L_X} = \dfrac{w}{r} \Rightarrow \dfrac{K_X}{L_X} = \dfrac{2w}{r}$

   - $MRTS_{LK}^Y = \dfrac{MP_L^Y}{MP_K^Y} = \dfrac{\frac{2}{3} L_Y^{-1/3} K_Y^{1/3}}{\frac{1}{3} L_Y^{2/3} K_Y^{-2/3}} = \dfrac{2K_Y}{L_Y} = \dfrac{w}{r} \Rightarrow \dfrac{K_Y}{L_Y} = \dfrac{w}{2r}$

   - 동일한 요소가격하에서 $\dfrac{K_X}{L_X} > \dfrac{K_Y}{L_Y}$ 이므로 X부문이 자본집약적 부문이며 Y부문이 노동집약적 부문이다.
   - 이를 그림으로 나타내면 〈그림 1〉과 같다. 〈그림 1〉에서 기울기 $-(w/r)_0$인 등비용선에서 X부문의 최적생산이 a점이고 이 점을 지나는 k_X의 기울기가 X재의 자본집약도가 된다. 같은 식으로 Y부문의 최적생산이 b점이며 이 점을 지나는 k_Y의 기울기가 Y재의 자본집약도가 되는데 $k_X > k_Y$이므로 X부문이 상대적으로 자본집약적인 부문이 된다.

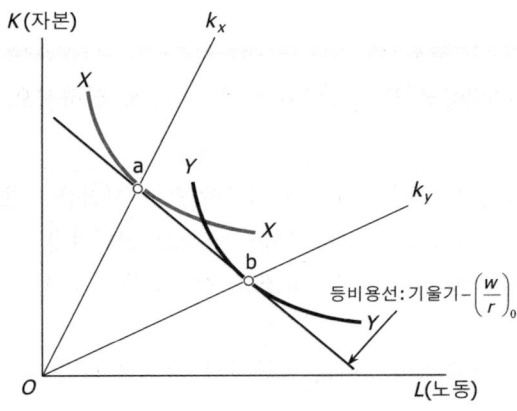
<그림 1> 자본집약도의 비교

3. 국제무역의 헥셔-오린정리
- 헥셔-오린정리(Heckscher-Ohlin theorem)는 산업간 무역에서 비교우위의 발생원인을 설명하는 대표적인 이론으로서 국가간 자원부존의 차이가 비교우위의 주요원인이 된다는 이론이다. 이에 의하면 각국은 자국에 풍부하게 부존된 요소를 집약적으로 사용하는 산업에 비교우위를 가지게 된다.

4. 사회후생극대화의 방안
- 만약 $\dfrac{\overline{K}}{\overline{L}} > \dfrac{\overline{K^*}}{\overline{L^*}}$ 인 경우라면 본국은 외국보다 자본이 풍부한 국가이므로 자본집약재인 X재에 비교우위를 갖게 된다. 따라서 이 경우 사회후생을 극대화하는 방안은 본국이 X생산에 특화하여 X재를 수출하고, 외국은 Y재생산에 특화하여 Y재를 수출하는 것이다.
- 만약 $\dfrac{\overline{K}}{\overline{L}} < \dfrac{\overline{K^*}}{\overline{L^*}}$ 인 경우라면 본국은 외국보다 노동이 풍부한 국가이므로 노동집약재인 Y재에 비교우위를 갖게 된다. 따라서 이 경우 사회후생을 극대화하는 방안은 본국이 Y생산에 특화하여 Y재를 수출하고, 외국은 X재생산에 특화하여 X재를 수출하는 것이다.

[답안에 추가할 그림은 문제 567 참고]

문제 569

국제무역을 설명하는 헥셔-오린(Heckscher-Ohlin)모형과 관련된 다음 물음에 답하시오. (외무고시 기출문제 응용)

(1) 과거 한국은 풍부한 노동력을 바탕으로 높은 수출증가율을 기록하였다. 이러한 수출증가가 국내임금과 자본임대료의 상대적 비율 및 요소집약도에 미치는 효과를 설명하라.
(2) (1)의 결과로부터 수출증대가 각 재화의 생산량 및 각 요소의 실질소득에 미치는 영향을 설명하라.
(3) 최근 국내에 외국인 노동자가 많이 이주하고 있다. 이들 노동자의 국내 유입이 국내생산과 소득분배에 미치는 효과를 설명하라.

---

(1) 과거 한국은 풍부한 노동력을 바탕으로 높은 수출증가율을 기록하였다. 이러한 수출증가가 국내임금과 자본임대료의 상대적 비율 및 요소집약도에 미치는 효과를 설명하라.

1. 헥셔-오린모형의 기본가정
   - 한국은 노동(L)과 자본(K)을 사용하여 노동집약재(X)와 자본집약재(Y)를 생산한다.
   - 각 요소의 부문간 이동은 자유롭지만 국가간 이동은 불가능하다.
   - 두 산업의 생산함수는 모두 1차 동차함수이며 각 시장에서는 완전경쟁 및 완전고용이 이루어진다.

2. 요소상대가격의 변화
   - 〈그림 1〉에서 무역이전 한국의 요소상대가격이 $\left(\frac{w}{r}\right)_0$이고 생산점이 a점과 b점이라고 하자. 이는 X재가 노동집약재이고 Y재가 자본집약재임을 반영한다. 이 경우 동일한 등비용선에 접하는 X_0와 Y_0는 동일한 비용에 생산된다. 완전경쟁을 가정할 경우 X_0와 Y_0는 동일한 가격에 거래될 것이므로 이들을 단위가치등량선(unit value isoquant)으로 두기로 하자.
   - 헥셔-오린정리에 의하면 자국에 풍부하게 부존된 요소를 집약적으로 사용하는 산업에 우위를 갖는다. 즉 과거 한국은 노동풍부국이었으므로 노동의 가격이 상대적으로 낮고 이를 집약적으로 사용하는 재화의 상대가격인 $\left(\frac{P_X}{P_Y}\right)$도 낮았을 것이다.
   - 한국이 국제무역에 참여함에 따라 X재를 더 높은 가격에 판매할 수 있게 되면서 $\left(\frac{P_X}{P_Y}\right)$가 상승할 것이다. X재의 가격이 상승한다면 더 적은 생산량으로도 동일한 가격을 받을 수 있게 되므로 X재의 단위가치등량선이 $X_0{'}$와 같이 안쪽으로 이동한다. 이 경우 완전경쟁과 완전이동성을 전제할 때 동일한 가격에 거래되는 상품은 동일한 비용에 생산되어야 하므로 $X_0{'}$와 Y_0의 공통접선의 기울기인 $\left(\frac{w}{r}\right)_1$이 새로운 균형요소가격이 된다. 이는 상대적으로 가격이 상승한 X재의 생산이 늘어나는 과정에서 노동을 더 많이 수요한다는 점에 영향받은 것이다.

- 이상의 결론은 무역 개시로 인해 수입재의 가격인 P_Y가 하락한 경우의 효과를 반영해도 동일하게 성립한다.

3. 요소집약도에 미치는 영향

- 요소상대가격변화이후 생산은 a''점 및 b'점에서 이루어진다. 이 경우 두 산업의 요소집약도(k_X, k_Y)는 모두 높아진다. 이는 요소상대가격 $\left(\dfrac{w}{r}\right)$이 상승함에 따라 상대적으로 비싸진 노동을 자본으로 대체하는 조정을 반영한 것이다.

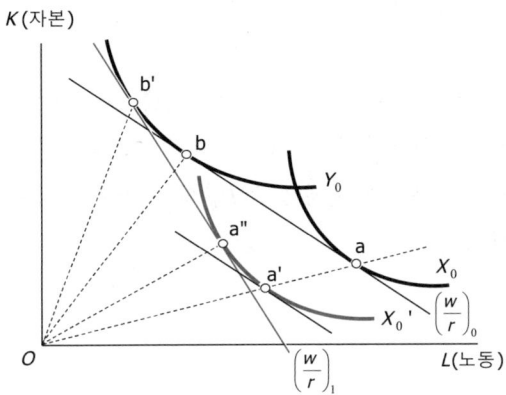

〈그림 1〉 무역과 요소상대가격

(2) (1)의 결과로부터 수출증대가 각 재화의 생산량 및 각 요소의 실질소득에 미치는 영향을 설명하라.

1. 생산패턴의 변화

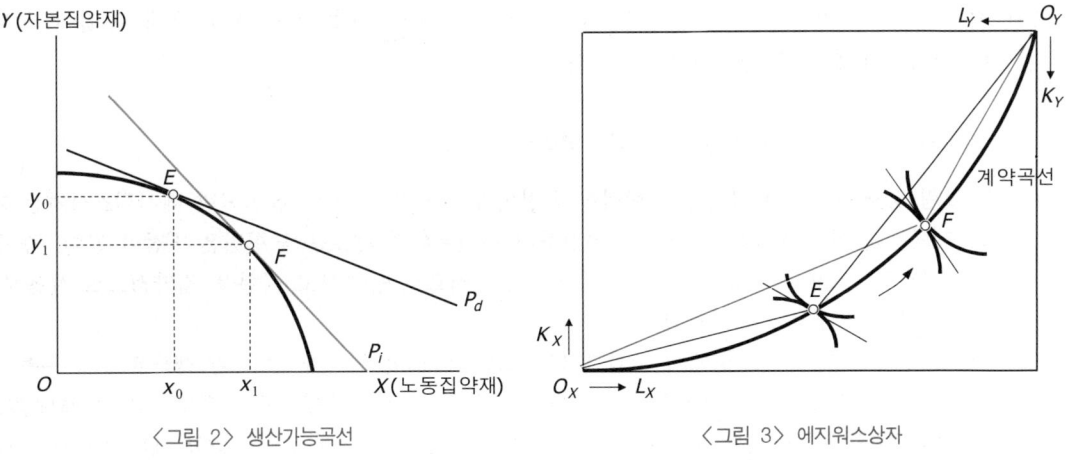

〈그림 2〉 생산가능곡선   〈그림 3〉 에지워스상자

- (1)에서 두 산업의 자본집약도가 모두 상승하였다. 이러한 변화는 〈그림 3〉의 에지워스상자에서 E점에서 F점으로 이동으로 나타낼 수 있다. 이러한 과정에서 X재의 생산은 증가하고 Y재의 생산은 감소한다.

2. 분배효과

- 각 요소의 부문간 이동이 자유로우므로 요소시장의 균형식은 다음과 같다.

    노동시장의 균형 : $w = P_X \times MP_L^X = P_Y \times MP_L^Y$
    자본시장의 균형 : $r = P_X \times MP_K^X = P_Y \times MP_K^Y$

- 1차 동차생산함수를 가정할 때 한계생산은 자본집약도에 의해서 결정된다. 자유무역이 개시되며 P_X가 상승하고 P_Y가 하락한 경우 두 산업에서 자본집약도인 k_X와 k_Y는 모두 상승하므로 노동의 한계생산 MP_L^X와 MP_L^Y는 상승하고 자본의 한계생산 MP_K^X와 MP_K^Y는 하락한다. 이에 따른 요소가격의 변화를 나타내면 다음과 같다.

    $\widehat{w} > \widehat{P_X} > \widehat{P_Y} > \widehat{r}$

- 이상에서 노동의 실질소득 $\dfrac{w}{P_X}$과 $\dfrac{w}{P_Y}$은 상승하고 자본의 실질소득 $\dfrac{r}{P_X}$과 $\dfrac{r}{P_Y}$은 하락한다. 즉 노동의 실질소득은 어느 재화로 측정하는지와 무관히 증가하고 자본의 실질소득은 어느 재화로 측정하는지와 무관히 감소한다. 이와 같이 헥셔-오린모형에서 상대가격이 상승한 재화의 생산에 집약적으로 사용되는 요소의 실질소득은 분명히 증가하며 그렇지 않은 요소의 실질소득은 분명히 감소하게 되는데 이를 스톨퍼-사무엘슨정리(Stolper-Samuelson theorem)라고 한다.

(3) 최근 국내에 외국인 노동자가 많이 이주하고 있다. 이들 노동자의 국내 유입이 국내생산과 소득분배에 미치는 효과를 설명하라.

1. 외국인 노동자이주가 생산에 미치는 영향

- 〈그림 4〉에서 노동유입이전 균형점이 E점이라고 하자. 노동이 유입되면 에지워스상자는 가로로 확장되는데 이 경우 자본집약도가 일정하게 유지된다면 새로운 균형점은 F점이 된다. 즉 증가한 노동을 집약적으로 사용하는 X재 생산은 절대적으로 증가하고 자본을 집약적으로 사용하는 Y재 생산은 절대적으로 감소한다.
- 이와 같이 헥셔-오린모형에서 재화가격과 요소집약도에 변화가 없고 한 생산요소의 부존량이 증가할 경우 그 요소를 집약적으로 사용하는 재화의 생산이 상대적으로 뿐만 아니라 절대적으로도 증가하고 타 요소를 집약적으로 이용하는 재화의 생산이 상대적으로 뿐만 아니라 절대적으로 감소하는데 이를 립진스키정리(Rybczynski theorem)라고 한다.

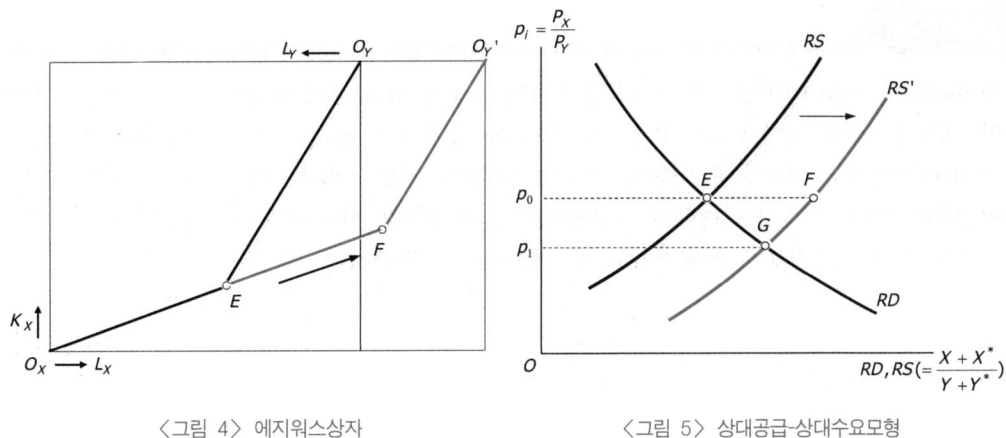

<그림 4> 에지워스상자 　　　　<그림 5> 상대공급-상대수요모형

2. 교역조건 및 소득분배에 미치는 효과

가. 소국의 경우

- 만약 우리나라가 국제가격에 영향을 미치지 못하는 소국(small country)인 경우라면 교역조건에 영향을 미치지 못하며 실질소득에도 변화가 없으므로 분배효과가 발생하지 않는다.

나. 대국의 경우

- <그림 5>에서 외국인 노동자의 유입은 주어진 가격하에서 국내생산 중 X재의 비율을 증가시켜 상대공급곡선(RS)을 우측으로 이동시킨다. 이는 국제가격 $p_i = \dfrac{P_X}{P_Y}$를 하락시키는데 이는 외국의 입장에서는 교역조건 개선이며 한국 입장에서는 교역조건의 악화가 된다.

- 교역조건이 악화되면 (1)~(2)에서의 분석과 반대의 과정이 나타난다. 즉 $\dfrac{P_X}{P_Y}$가 하락하면 $\dfrac{w}{r}$도 하락하며 각 산업의 자본집약도가 하락함에 따라 노동의 실질소득은 분명히 감소하고 자본의 실질소득은 분명히 증가할 것이다.

주의사항

- 문항 (3)에 대해 특정요소모형을 사용하는 것은 적당하지 않다. 특정요소모형은 일부요소가 부문 간 이동이 불가능하다고 가정하기 때문에 설문의 조건과 맞지 않다.

문제 570

우리나라는 1960-1970년대에는 노동집약적인 상품을 주로 수출하였으나 오늘날에는 자본집약적인 상품을 주로 수출하고 있다. 자유무역이 우리나라 노동자의 임금수준에 미치는 영향이 1960-1970년대와 오늘날에 어떻게 다르게 나타나는지를 설명하시오. 그리고 위의 결과에 비추어 1960-1970년대에 우리나라의 수출증대가 노동자들의 저임금이라는 희생위에서 이루어졌다는 주장에 대해 비판적으로 논술하시오. (2005년 입법고시 국제경제학)

1. 무역의 분배적 효과와 스톨퍼-사무엘슨정리

가. 생산의 변화

- 자국이 노동풍부국이어서 노동집약적인 재화인 X재를 수출하게 되는 경우를 고려해 보자. 이 경우 무역이 개시되면 자국은 무역이전에 비해 자국은 P_X를 더 비싼 가격에 외국에 팔 수 있게 되기 때문에 X재의 생산은 증가하고 Y재의 생산은 감소할 것이다. 이러한 변화는 〈그림 1〉과 〈그림 2〉의 E에서 F점으로의 이동으로 나타낼 수 있다.

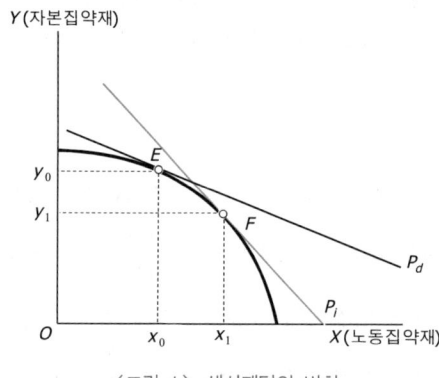

〈그림 1〉 생산패턴의 변화   〈그림 2〉 요소집약도의 변화

- 이러한 이동으로 인해 두 산업에서 자본집약도인 k_X와 k_Y는 모두 상승한다. 1차 동차생산함수를 가정할 때 한계생산은 자본집약도에 의해서 결정되므로 이 때 두 산업에서 노동의 한계생산 MP_L^X와 MP_L^Y는 모두 상승하며, 자본의 한계생산 MP_K^X와 MP_K^Y는 모두 하락할 것이다.

나. 분배효과

- 노동시장의 균형 : $w = P_X \times MP_L^X = P_Y \times MP_L^Y$

  자본시장의 균형 : $r = P_X \times MP_K^X = P_Y \times MP_K^Y$

- 이 식에서 임금은 P_X의 상승과 MP_L^X의 상승으로 분명히 상승하며 그 상승률은 P_X의 상승률보다 높을 것이다. 반면 임대료는 MP_K^Y의 하락으로 인해 분명히 하락한다. 이를 정리하면

$\hat{w} > \hat{P_X} > \hat{P_Y} > \hat{r}$ 이 되며 자본에 대한 보수는 어느 재화로 측정하는지와 무관히 감소하고 노동에 대한 보수는 어느 재화로 측정하는지와 무관히 증가한다.

다. 평가

- 이상의 분석에서처럼 헥셔-오린이론에 따르면 각국은 자국에 풍부하게 부존된 요소를 집약적으로 사용하는 산업에 비교우위를 가지게 되며 무역의 결과 자국에 풍부하게 부존된 요소에 대한 분배 몫이 증가하게 된다.
- 또한 스톨퍼-사무엘슨은 무역에 있어 상대가격이 상승한 재화의 생산에 집약적으로 사용되는 요소에 대한 분배 몫은 절대적으로 증가하지만 그렇지 않은 요소의 분배 몫은 절대적으로 감소한다는 사실을 증명했는데 이러한 결론을 스톨퍼-사무엘슨정리라고 한다.

2. 1960~1970년대의 무역의 분배적 효과에 대한 평가

- 헥셔-오린이론에 따르면 이 당시 우리나라는 노동집약적인 재화를 수출하였으므로 상대적으로 노동이 풍부한 국가이다. 따라서 무역이 이루어지는 과정에서 노동집약적인 재화의 생산이 증가하고 자본집약적인 재화의 생산을 감소시킬 때 상대적으로 노동에 대한 수요가 증가함에 따라 풍부하게 부존된 요소인 노동에 대한 소득이 상대적으로나 절대적으로나 상승시킨다.

3. 2000년대의 무역의 분배적 효과에 대한 평가

- 헥셔-오린이론에 따르면 현재 우리나라는 자본집약적인 재화를 수출하고 있으므로 상대적으로 자본이 풍부한 국가이다. 따라서 무역이 이루어지는 과정에서 자본집약적인 재화의 생산을 증가시키고 노동집약적인 재화의 생산을 감소시킬 때 상대적으로 노동에 대한 수요가 감소함에 따라 희소하게 부존된 요소인 노동에 대한 소득이 상대적으로나 절대적으로나 감소시킨다.

4. 평가

- 위 분석에 따르면 1960~1970년대의 수출증가는 당시 풍부하게 부존된 요소였던 노동자들의 낮은 임금으로 인한 비교우위로 인해 가능했음을 알 수 있다.
- 그러나 이러한 과정에서 무역개시이전 낮았던 노동자들의 임금이 무역의 개시와 함께 상승함으로써 노동자들은 후생의 증가를 얻게 되었을 것으로 판단된다.
- 따라서 이 당시의 수출이 노동자들의 낮은 임금에 기반하여 이루어 진 것은 사실이지만, 노동자들의 일방적인 희생위에서 이루어졌다는 주장은 타당하지 못하다고 평가된다.[8]

---

8) 일부에서는 개도국의 열악한 임금을 이유로 개도국에서 생산되는 제품을 수입해서는 안 된다는 주장을 하기도 하는데 이 문제는 그들의 주장에 대한 반론이 된다.

문제 571

다음 인용문을 읽고 아래 물음에 답하라. (2019년 시사문제, 김신행·김태기 저 등에서 응용)

> 도널드 트럼프 미국 대통령이 불법 이민 문제해결을 압박하며 멕시코에 부과하겠다고 위협한 관세가 세계경제의 시름을 더하고 있다. 트럼프 대통령은 멕시코가 미국으로 유입되는 불법 이민자 행렬을 막지 못하면 2019년 6월 10일부터 멕시코산 모든 제품에 5% 관세를 물리고 이를 차례로 올려 2019년 10월 1일부터는 25% 관세를 매기겠다고 말했다.

(1) 다음 명제의 의미 및 한계를 설명하라.

"국가간 재화이동이 자유롭다면 국가간 생산요소이동의 필요성은 사라진다."

(2) 트럼프의 관세부과는 미국-멕시코간 노동이동의 유인을 더욱 증가시킬 것인가 혹은 감소시킬 것인가?

(1) 다음 명제의 의미 및 한계를 설명하라.

1. 요소이동의 동기

   - 국가간 요소이동은 다양한 동기에 의해 이루어질 수 있다. 그 중 가장 중요한 동기는 국가간 요소가격의 차이로 인한 것이다. 만약 국가간 요소가격이 동일해 진다면 국가간 요소이동 동기가 사라질 수 있다.

2. 헥셔-올린모형의 기본가정

   - 각국은 노동(L)과 자본(K)을 사용하여 노동집약적인 재화 X와 자본집약적인 재화 Y를 생산한다.
   - 각 요소의 부문간 이동은 자유롭지만 국가간 이동은 불가능하다.
   - 두 산업의 생산함수는 모두 1차 동차함수이며 각 시장에서는 완전경쟁 및 완전고용이 이루어진다.

3. 균형조건

   - 각 요소의 부문간 이동이 자유로우므로 요소시장의 균형식은 다음과 같다.

     노동시장의 균형 : $w = P_X \times MP_L^X = P_Y \times MP_L^Y$

     자본시장의 균형 : $r = P_X \times MP_K^X = P_Y \times MP_K^Y$

4. 요소가격균등화의 성립

- 자유무역이 이루어진다면 양국의 재화가격이 일치할 것이다.

$$P_X = P_X^*, \ P_Y = P_Y^*, \ \left(\frac{P_X}{P_Y}\right) = \left(\frac{P_X}{P_Y}\right)^*$$

- 헥셔-올린모형에서 재화상대가격과 요소상대가격간의 1:1관계가 성립하므로 요소상대가격이 일치할 것이며 이에 따라 각 산업별 요소집약도도 일치하게 될 것이다.

$$\left(\frac{w}{r}\right) = \left(\frac{w}{r}\right)^*, \ k_X = k_X^*, \ k_Y = k_Y^*$$

- 1차동차생산함수를 가정할 때 한계생산은 요소집약도에 의해서만 결정되므로 각 산업의 한계생산도 일치한다.

$$MP_L^X = MP_L^{X*}, \ MP_K^X = MP_K^{X*}, \ MP_L^Y = MP_L^{Y*}, \ MP_K^Y = MP_K^{Y*}$$

- 결과적으로 요소시장균형을 나타내는 모든 항목이 일치하였으므로 양국의 요소가격이 절대적으로 일치한다.

$$[w = P_X \cdot MP_L^X = P_Y \cdot MP_L^Y] = [w^* = P_X^* \cdot MP_L^{X*} = P_Y^* \cdot MP_L^{Y*}]$$
$$[r = P_X \cdot MP_K^X = P_Y \cdot MP_K^Y] = [r^* = P_X^* \cdot MP_K^{X*} = P_Y^* \cdot MP_K^{Y*}]$$

5. 경제적 의미

- 이상에서 요소의 국제적 이동이 불가능하다 할지라도 재화의 국제적 이동이 완전히 자유롭다면, 재화의 국가간 교역은 요소의 이동을 대체하여 교역국의 요소가격을 상대적으로 뿐만 아니라 절대적으로도 균등화시킨다. 이를 요소가격균등화정리(factor price equalization)라고 한다.
- 이와 같이 양국의 요소가격이 완전히 동일해 진다면 국가간 요소이동의 필요성은 사라진다.

6. 한계점

- 첫째, 운송비, 비교역재, 국제적 가격차별 등의 이유로 현실적으로는 재화가격이 일치하기 어렵다.
- 둘째, 헥셔-올린모형의 가정과 달리 양국 기술이 동일하지 못하다면 국가간 요소가격 격차는 사라지지 않는다.
- 셋째, 완전특화가 발생하거나 요소집약도 역전이 발생하는 경우에도 요소가격이 일치하지 못한다.
- 넷째, 국가간 요소이동의 이유는 요소가격 격차뿐만 아니라 더 좋은 생활환경, 거주환경, 교육기회 등을 위해 이루어질 수 있다. 자유무역은 국가간 요소이동을 감소시키는 중요한 요인이 되지만 국제적 요소이동의 유인을 완전히 상쇄시키지 못한다.

  그 외 헥셔-오린의 다재화모형에서도 생산패턴에 따라 요소가격이 달라지는 일이 발생한다.

(2) 트럼프의 관세부과는 미국-멕시코간 노동이동의 유인을 더욱 증가시킬 것인가 혹은 감소시킬 것인가? : 간략한 답안

1. 미국의 변화
   - 스톨퍼-사무엘슨정리(Stolper-Samuelson theorem)에 의하면 관세가 부과되는 경우 노동의 실질소득 $\frac{w}{P_X}$ 과 $\frac{w}{P_Y}$ 은 상승하고 자본의 실질소득 $\frac{r}{P_X}$ 과 $\frac{r}{P_Y}$ 은 하락한다.

2. 멕시코의 변화
   - 멕시코에서는 미국과 반대의 변화가 발생해서 X재 생산은 감소하고 Y재 생산은 증가하며 노동의 실질소득 $\frac{w}{P_X}$ 과 $\frac{w}{P_Y}$ 은 하락하고 자본의 실질소득 $\frac{r}{P_X}$ 과 $\frac{r}{P_Y}$ 은 상승한다.

3. 관세부과에 대한 평가
   - 트럼프의 관세부과는 양국에서 노동의 실질소득간 격차를 증가시키므로 오히려 노동이동의 유인을 증가시킨다.
   - 즉 트럼프의 관세정책은 멕시코 정부를 압박하는 정치적 효과는 있을지 모르지만 경제적 유인의 측면에서는 오히려 불법이주를 증가시키는 불합리한 정책이다.

문제 572

헥셔-오린모형과 관련된 다음 두 가지 질문에 차례로 답하라. (기출문제 등에서 조합)

(1) 헥셔 - 오린모형과 리카도모형의 중요한 차이 중 하나는 리카도모형의 경우 일반적으로 국가간 무역이 개시될 때 완전특화가 나타날 것을 예상하게 된다는 것이다. 이러한 차이가 발생한 원인이 무엇인지 설명해 보아라.
(2) 헥셔 - 오린모형에서 나타나는 국가간 비교우위가 현실 세계에서의 무역현상을 잘 설명할 수 있는지 논하라.

(1) 헥셔 – 오린모형과 리카도모형의 중요한 차이 중 하나는 리카도모형의 경우 일반적으로 국가간 무역이 개시될 때 완전특화가 나타날 것을 예상하게 된다는 것이다. 이러한 차이가 발생한 원인이 무엇인지 설명해 보아라.

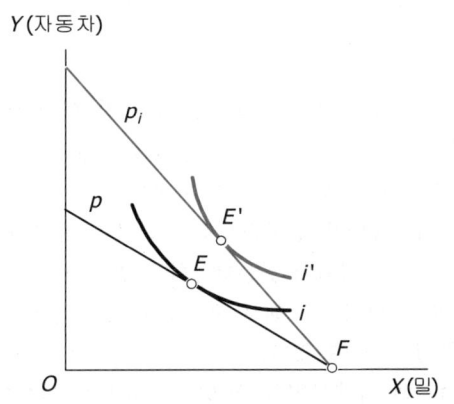
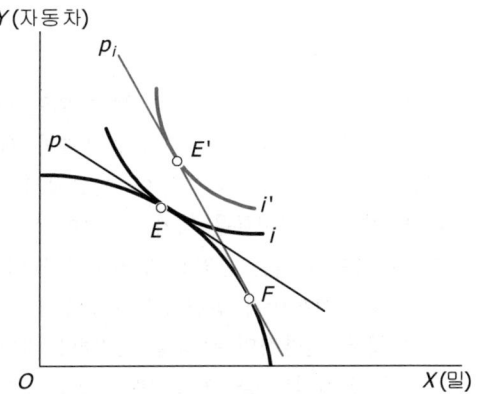

〈그림 1〉 리카도모형 : 완전특화   〈그림 2〉 헥셔-오린모형 : 불완전특화

- 리카도모형과 헥셔-오린모형의 특화에 있어서의 차이는 생산가능곡선의 형태 및 기회비용의 변화와 밀접한 관련이 있다.
- 헥셔-오린모형의 경우 기회비용이 체증하기 때문에 비교우위가 있는 분야로 특화가 이루어지는 경우 비교우위가 점차 감소한다. 따라서 무역의 유인이 점차 감소하여 일정수준에 이르면 비교우위가 소멸되어 더 이상 특화가 이루어지지 않는다.
- 반면 리카도모형의 경우 기회비용이 불변이기 때문에 비교우위가 있는 분야로 특화가 이루어지더라도 비교우위가 사라지지 않는다. 따라서 각국이 무역으로부터 가능한 많은 이익을 얻기 위해서는 완전한 특화가 이루어진다.
- 생산의 완전특화여부를 결정짓는 생산가능곡선의 형태는 설문에 언급된 요소의 수 외에도 규모수익의 유형(체증, 불변, 체감), 산업간 생산방식의 상이성, 생산요소의 이질성 등 다양한 요인에 영향을 받는다.

(2) 헥셔 - 오린모형에서 나타나는 국가간 비교우위가 현실 세계에서의 무역현상을 잘 설명할 수 있는지 논하라.

1. 헥셔 - 오린모형에 대한 이론적 검증 : 레온티에프의 역설
   - 헥셔 - 오린모형에 따르면 전 세계에서 자본이 가장 풍부한 미국의 경우에 자본집약적인 재화를 수출해야 한다. 그러나 레온티에프의 1953년 연구 및 후속연구에 따르면 미국의 수입산업에서의 자본집약도가 수출산업에서의 자본집약도보다 더 높았다. 이러한 결과는 헥셔-오린정리의 예상과 반대가 되는 현상이기 때문에 레온티에프의 역설(Leontief paradox)라고 한다.

2. 레온티에프의 역설에 대한 다양한 접근
   - 레온티에프는 이런 현상이 발생한 원인으로 생산요소의 이질성을 언급하였다. 그 외에도 인적자본의 존재, 미국의 천연자원부족, 수요편향, 요소집약도 역전 가능성 등 다양한 이론적 해명이 제시되었다.

3. 평가
   - 레온티에프의 역설에 따르면 헥셔-오린모형은 세계 전반적인 무역의 흐름을 잘 설명하지 못한다. 이처럼 헥셔-오린이론의 현실설명력이 제한되는 이유는 헥셔-오린이론자체에 문제가 있다기 보다는 헥셔-오린이론의 가정이 현실에서 항상 성립하는 것은 아니기 때문이다.
   - 첫째, 헥셔-오린이론은 리카도모형이 설명하는 기술요인을 명시적으로 고려하지 않고 있다. 둘째, 전세계적인 무역은 산업간 무역과 산업내 무역으로 구성되어 있는데, 최근 연구에 의하면 세계무역의 50% 가까이가 선진국간의 산업내 무역이라고 한다. 즉 헥셔-오린모형은 산업간 무역이론이기 때문에 전반적인 무역을 설명하는데는 서투를 수밖에 없다.
   - 이러한 한계에도 불구하고 헥셔-오린이론은 여전히 국제무역을 설명하는 유용한 이론이다. 최근의 연구에 따르면 헥셔-오린이론에 인적자본을 도입하는 경우 무역의 설명력이 상당한 정도로 높아진다고 한다. 또한 전반적인 무역이 아니라 산업간 무역으로 분석대상을 제한할 경우 헥셔-오린이론은 매우 좋은 설명력을 보인다고 한다.[9]

---

[9] 예를 들어 1970년대 이전의 한국과 미국의 무역과 같이 선-후진국간에 나타나는 이른바 남북무역은 헥셔-오린이론에 의해 매우 잘 설명된다고 한다.

문제 573

2007년 체결되어 2012년에 발효된 한미 FTA는 한국 경제에 많은 영향을 미쳤다. 한미간 전반적 무역확대는 소득분배효과를 유발하며 요소집단간 갈등을 유발하였다. 농산물을 X재, 자동차를 Y재라고 하고 한국은 노동집약재인 X재를 수입하고 자본집약재인 Y재를 수출한다고 하자. 또한 두 부문의 생산함수는 모두 규모수익불변(constant returns to scale)의 특징을 가지며 생산요소는 완전고용되고 시장은 완전경쟁적이라고 하자. FTA의 시행으로 한국 내 농산물가격이 하락할 때 이로 인해 손해 보는 계층은 어느 계층인지 단기와 장기로 구분하여 논하시오.
(2007년 입시, 2009년 외시 등에서 조합 응용)

1. 단기 소득분배효과 : 특정요소모형(specific factor model)

   - $\hat{r_X} < \hat{P_X} < \hat{w} < \hat{P_Y} < \hat{r_Y}$: $\hat{}$ 은 변화율을 의미

2. 장기 소득분배효과 : 헥셔-오린모형, 스톨퍼-사무엘슨정리

   - $\hat{w} < \hat{P_X} < \hat{P_Y} < \hat{r}$

	X재로 측정	Y재로 측정
L에 대한 보수	$\dfrac{w}{P_X}$	$\dfrac{w}{P_Y}$
K_X에 대한 보수	$\dfrac{r_X}{P_X}$	$\dfrac{r_X}{P_Y}$
K_Y에 대한 보수	$\dfrac{r_Y}{P_X}$	$\dfrac{r_Y}{P_Y}$

〈표 1〉 단기 분배효과

	X재로 측정	Y재로 측정
L에 대한 보수	$\dfrac{w}{P_X}$	$\dfrac{w}{P_Y}$
K에 대한 보수	$\dfrac{r}{P_X}$	$\dfrac{r}{P_Y}$

〈표 2〉 장기 분배효과

3. 평가

   - 단기적으로 가장 큰 손해를 보게 되는 계층은 농업 자본을 보유한 농민이다. 반면 장기적으로 볼 때 FTA 체결로 가장 큰 손해를 보게 되는 계층은 노동자 계층이다.[10]

---

10) 장기적으로 농민들은 노동자의 입장에서는 손해를 보게 되며 자본가의 입장에서는 이득을 보게 된다. 그러나 한국의 농업이 노동집약적인 성격이 강하다는 점을 고려하면 전반적으로는 손해를 보게 될 가능성이 크다고 평가된다.

문제 574

갑자기 한 자원이 증가하는 경우 그쪽 자원 관련 산업은 흥하지만 이로 인해 다른 산업이 쇠락하는 일이 생길 수 있다. 이처럼 한 산업에 유리한 변화가 다른 산업에 불리하게 작용하는 것을 '네덜란드 병(Dutch disease)'이라고 한다. 모든 요소의 부문간 이동이 자유로운 헥셔-오린모형에서 네덜란드 병을 설명하시오. 일부 요소의 부문간 이동이 제한된 경우에도 네덜란드 병을 설명할 수 있는지 답하시오.

1. 모든 요소의 부문간 이동이 자유로운 헥셔-오린모형

- 예를 들어 X부문이 자본집약적 산업이며 자본의 부존량이 증가한다고 하자. 헥셔-오린모형의 립진스키정리에 의하면 〈그림 1〉과 같이 자본집약재인 X재의 생산은 증가하고 다른 재화의 생산은 감소한다.
- 이처럼 한 부문의 성장이 다른 부문에 부정적 영향을 미친 것은 증가한 요소를 집약적으로 사용하는 부문의 생산이 증가하는 경우 더 많은 요소를 사용하게 됨에 따라 다른 부문의 생산을 감소시키기 때문이다.

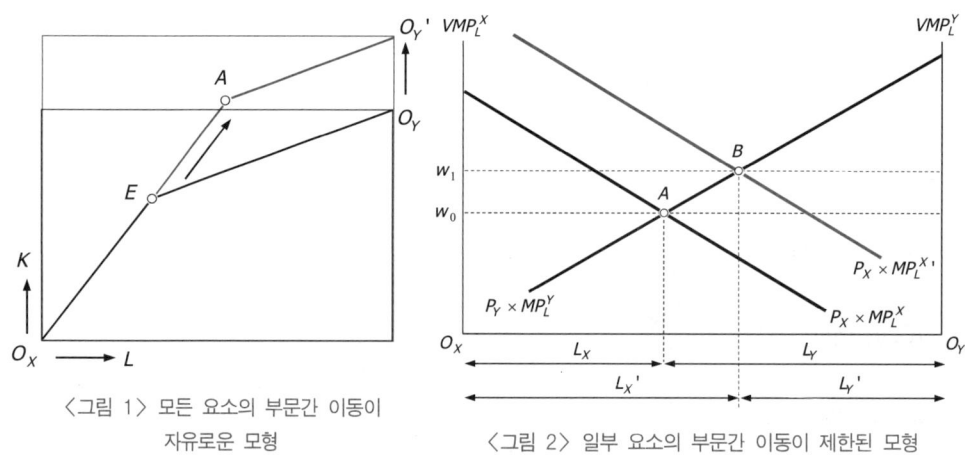

〈그림 1〉 모든 요소의 부문간 이동이 자유로운 모형

〈그림 2〉 일부 요소의 부문간 이동이 제한된 모형

2. 일부 요소의 부문간 이동이 제한된 특정요소모형(specific factor model)

- X부문의 특정요소인 K_X가 증가하는 경우를 고려해 보자. 특정요소모형에서의 균형은 두 부문에서 받을 수 있는 임금이 일치하는 것이므로 K_X증가이전의 균형은 A점이다. 이 경우 K_X가 증가하면 VMP_L^X가 상승하고 균형은 B점으로 이동하게 된다. 이러한 과정에서 X부문의 생산은 증가하지만 Y부문의 생산은 감소한다.
- 이러한 현상이 나타난 것은 X부문의 생산증가로 임금이 상승하면 이것이 부정적 요인으로 작용하여 Y부분의 생산을 감소시키기 때문이다.

문제 575

아시아의 주요 국가들은 수출주도형 전략을 통해 성장에 성공하였다. 이에 대해 선진국의 일부 인사들은 아시아의 수출주도형 성장전략으로 인해 선진국의 후생이 감소하였다고 주장하였는데 이러한 주장에 대해 평가하여라. 반대로 아시아 국가들이 만약 수입대체적 성장을 했다면 미국에 미치는 영향은 어떠했을까? (크루그먼 저 본문 응용)

1. 기본가정
   - 아시아 국가들을 A국, 선진국을 B국이라고 하자.
   - 아시아 국가들은 X재를 수출하고, 선진국은 Y재를 수출한다고 가정한다.

2. 아시아 국가들이 수출주도형 성장전략을 사용한 경우

   가. 생산패턴 및 교역조건의 변화

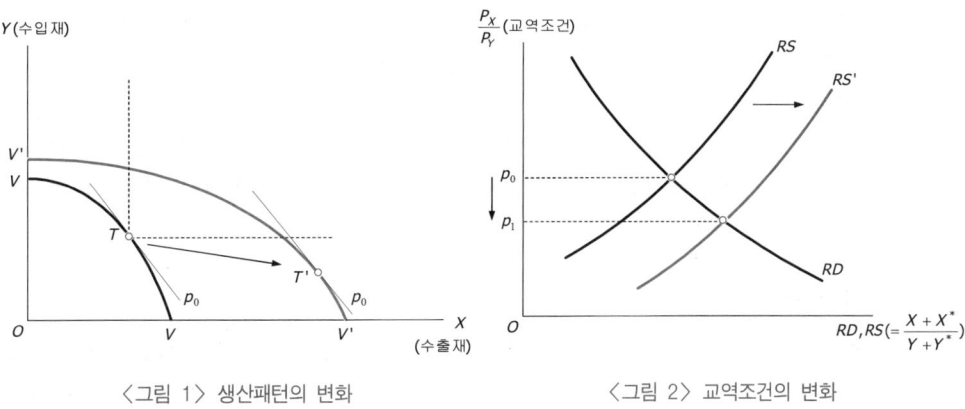

   〈그림 1〉 생산패턴의 변화   〈그림 2〉 교역조건의 변화

   - 아시아 국가들의 수출주도형 정책으로 인해 이들 국가의 생산가능곡선이 〈그림 1〉의 VV에서 $V'V'$로 확장되었다고 하자. 그리고 이때 생산은 X재에 편향적으로 이루어져 T에서 T'로 이동하게 된다.
   - 이 경우 X재에 대한 전 세계적인 상대공급이 증가하고 X재의 상대가격이 하락하게 된다. 이 결과 아시아 국가들의 교역조건(terms of trade)은 악화되고 선진국들의 교역조건은 개선된다.

   나. 후생효과
   - 이상의 분석에 따르면 수출주도형 정책을 추진한 국가의 경우에는 성장의 긍정적 효과가 교역조건악화에 의해 상쇄되므로 반드시 후생이 증가한다고 확신할 수 없다.
   - 하지만 선진국의 경우는 교역조건이 개선되는 효과로 인해 전반적인 후생은 오히려 개선될 것이라고 예상된다.

3. 아시아 국가들이 수입대체형 성장전략을 사용한 경우

    가. 생산패턴 및 교역조건의 변화

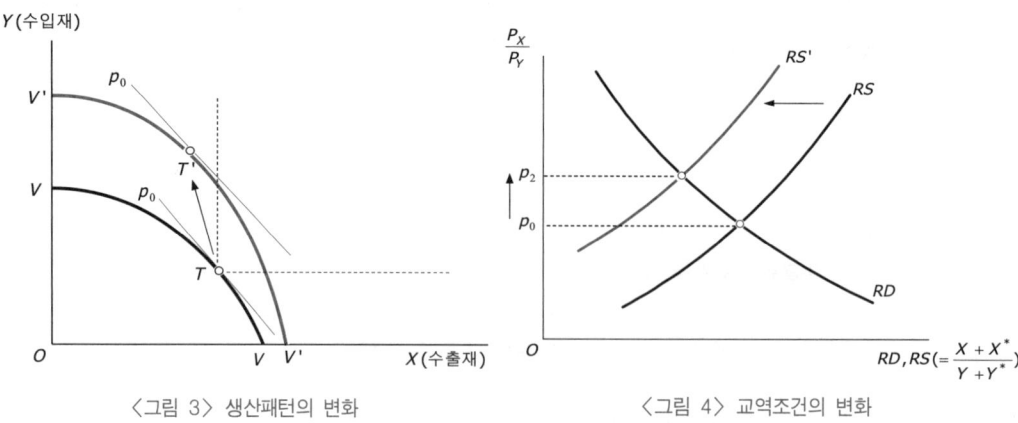

⟨그림 3⟩ 생산패턴의 변화   ⟨그림 4⟩ 교역조건의 변화

- 아시아 국가들의 수입대체적 성장정책으로 인해 이들 국가의 생산가능곡선이 ⟨그림 3⟩의 VV에서 $V''V''$로 확장되었다고 하자. 이때 생산은 Y재에 편향적으로 이루어져 T에서 T'로 이동하게 된다.
- 이 경우 X재에 대한 전 세계적인 상대공급이 감소하고 X재의 상대가격이 상승하게 된다. 이 결과 아시아 국가들의 교역조건(terms of trade)은 개선되고 선진국들의 교역조건은 악화된다.

    나. 후생효과

- 이상의 분석에 따르면 수입대체적 전략을 택한 국가가 성장에 성공한다면 성장의 긍정적 효과와 교역조건 개선이 함께 나타나므로 명백히 후생이 증가할 것으로 예상된다.
- 하지만 선진국의 경우는 교역조건이 악화되는 효과로 인해 전반적인 후생은 오히려 감소하게 될 것이라고 예상된다.

4. 평가

- 이상의 분석을 통해 해외국가의 성장이 자국의 후생에 미치는 효과는 일관되지 않으며, 해외 국가가 수출주도형 전략을 통해 성장하는 경우는 선진국에게 이익이 되지만 수입대체형 전략을 통해 성장하는 경우라면 선진국에게 손해가 될 수 있다.
- 따라서 아시아 국가들의 수출주도형 성장으로 인해 선진국 후생이 감소하였다는 설문의 주장은 타당하지 않다. 그러나 아시아 국가의 성장으로 인해 산업별로는 손해를 보는 산업이 있을 수 있으며, 단기적으로는 실업이 발생할 수도 있다. 일반적으로 설문과 같은 식의 논리는 피해가 발생하는 산업의 이해관계를 반영하는 사람들이 주장하는 경우가 많다.

문제 576

제1차 세계대전에서 패전한 독일은 승전국에 1320억 마르크(약 300조 원)라는 천문학적 규모의 전쟁배상금을 지불하게 되었는데 이는 당시 독일 국민총생산의 2년 치에 해당하는 엄청난 액수의 금액이었다. 그러나 케인즈는 독일이 짊어진 부담은 표면적으로 드러나는 것보다 훨씬 클 것이라 주장하였는데 이를 교역조건의 측면에서 설명하라.

1. 가정
   - 세계 경제는 독일과 기타국으로 이루어져 있으며 양국은 X재와 Y재를 소비한다.
   - 독일은 X재를 수출하고 기타국은 Y재를 수출한다.
   - 양국의 수요는 모두 자국편향(home bias)을 가진다. 즉 각국의 지출에서 외국상품에 대한 지출에 비해 자국상품에 대한 지출이 차지하는 비율이 크다.

2. 교역조건에 미치는 영향
   - 〈그림 1〉에서 배상금 지급이전 균형이 E점이라고 하자. 여기서 교역조건은 독일 수출품의 상대가격이다.
   - 독일이 배상금을 지급하는 경우 양국 상품에 대한 수요가 모두 줄어들지만 자국편향이 나타난다면 독일 상품에 대한 수요가 더 크게 감소한다. 이는 RD곡선을 좌측으로 이동시킨다.
   - 반면 기타국이 배상금을 받는 경우 양국 상품에 대한 수요가 모두 늘어나지만 자국편향이 나타난다면 기타국 상품에 대한 수요가 더 크게 증가한다. 이 역시 RD곡선을 좌측으로 이동시킨다.
   - 그 결과 배상금 지급이후 균형은 F점이 되고 독일의 교역조건이 악화된다. 케인즈는 이러한 이유로 독일이 지게 될 부담이 표면적인 배상금보다 훨씬 더 클 것이라 주장하였다.

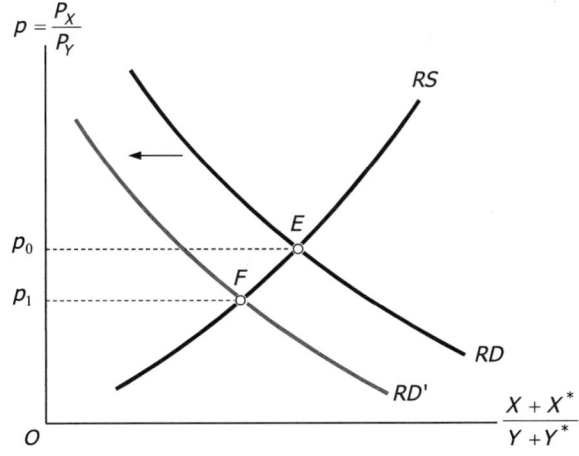

〈그림 1〉 독일의 교역조건 변화

문제 577

선진국과 후진국 간의 남북무역은 대체로 아래와 같이 나타난다. (김인준 연습문제 응용)

	선진국으로부터 후진국으로의 수출 (10억 달러)	후진국으로부터 선진국으로의 수출 (10억 달러)
음식류	60	74
원 유	18	130
화학제품	84	25
기계류	389	194
의 류	10	78

(1) 각 품목에 대해 산업내 무역의 비중을 계산하라. 산업내 무역의 비중이 가장 높은 품목은 어느 품목인가? (2006년 입시 2문 유사)

(2) 최근 자유무역협정이 활발하게 체결되고 있다. 산업내 무역의 비중이 크면 자유무역의 확대에 따른 구성원 사이의 갈등이 크지 않을 것이다. 그 이유를 설명하시오. (2007년 입시, 2001년 행시 유사)

(3) 국가간의 무역에 있어 산업내 무역이 지배적인 경우를 흔히 볼 수 있다. 국가간 거래에 있어 산업간 무역과 산업내 무역의 비율을 결정짓는 요인들은 무엇인가?

---

(1) 각 품목에 대해 산업내 무역의 비중을 계산하라. 산업내 무역의 비중이 가장 높은 품목은 어느 품목인가?

- 산업내 무역지수 : $I = 1 - \left| \dfrac{X - X^*}{X + X^*} \right|$ 단 X는 자국의 수출, X^*는 외국의 수출

    $|X - X^*|$은 순무역(=산업간 무역)

    음식류 : $I = 1 - \dfrac{14}{134} = \dfrac{120}{134}$ ✓

    원유 : $I = 1 - \dfrac{112}{148} = \dfrac{36}{148}$

    화학제품 : $I = 1 - \dfrac{59}{109} = \dfrac{50}{109}$

    기계류 : $I = 1 - \dfrac{195}{583} = \dfrac{388}{583}$

    의 류 : $I = 1 - \dfrac{68}{88} = \dfrac{20}{88}$

- 주어진 상품 중 산업내 무역의 비중이 가장 높은 산업은 음식류이다. 일반적으로 산업내 무역은

규모의 경제 또는 제품차별화의 이익을 얻기 위해 발생하는데 음식류의 경우 동일한 투입요소를 가지더라도 소비자들이 다양한 취향의 차이를 보이는 대표적인 재화이기 때문에 이런 현상이 발생하는 것으로 볼 수 있다.

(2) **최근 자유무역협정이 활발하게 체결되고 있다. 산업내 무역의 비중이 크면 자유무역의 확대에 따른 구성원 사이의 갈등이 크지 않을 것이다. 그 이유를 설명하시오.**

1. 실업 및 구조조정으로 인한 비용
- 산업간 무역의 경우에는 비교우위의 실현으로 인해 국가 전체적으로는 모든 계층이 혜택을 볼 수 있는 잠재적 이익이 발생하지만 구조조정 과정에서 반드시 손해 보는 계층이 발생하게 된다. 산업간 무역이 시작되면 비교우위산업과 비교열위산업사이에 구조조정이 발생하는데 이때 생산자의 업종조정 및 노동자들의 직종전환이 필요하며 이 과정에서 마찰적·구조적 실업이 발생한다. 이러한 구조조정은 서로 다른 기술 및 지식을 요구하는 서로 다른 산업간 조정이므로 조정과정이 장기화되고 적응과정에서 많은 비용을 유발한다. 또한 무역으로부터 이익을 보는 사람과 손해를 보는 사람이 서로 다른 산업에 있어 이해관계를 쉽게 조정하기 힘들다.
- 반면 산업내 무역의 경우에는 규모의 경제 및 제품차별화로 인한 이익을 얻을 수 있지만 산업구조조정으로 인해 크게 손해를 보는 사람이 나타나지 않는다. 즉 구조조정 및 직장이동에 상대적으로 적은 비용과 시간이 소요되며, 무역으로부터 이익을 보는 사람과 손해를 보는 사람이 동종 산업에 있어 보다 쉽게 이해관계를 조정할 수 있다.

2. 요소가격변화와 소득분배효과
- 산업간 무역은 집약도에 차이가 큰 산업간에 이루어지는 무역이므로 요소가격에 큰 영향을 미친다. 단기적인 관점에서 특정요소모형에 의하면 생산이 감소하는 부문의 특정요소의 소득은 분명히 감소하며, 생산이 증가하는 부문의 특정요소의 소득은 분명히 증가한다. 보다 장기적인 관점에서 헥셔-오린정리와 스톨퍼-사무엘슨정리에 따르면 산업간 무역이 개시될 때 각국이 특화하는 부문에 집약적으로 사용되는 요소의 보수는 절대적으로 상승하지만 다른 요소의 보수는 절대적으로 감소한다.
- 반면 산업내 무역의 경우에는 집약도에 큰 차이가 없는 동종, 유사산업 내에서 수출과 수입이 이루어지므로 요소가격에 큰 변화가 나타나지 않는다. 따라서 산업내 무역의 비중이 크면 무역이 개시되더라도 관련된 구성원 사이의 갈등이 크지 않을 것이다.

(3) 국가간의 무역에 있어 산업내 무역이 지배적인 경우를 흔히 볼 수 있다. 국가간 거래에 있어 산업간 무역과 산업내 무역의 비율을 결정짓는 요인들은 무엇인가?

1. 국가간 요소부존 및 생산기술의 유사성

- 산업내 무역과 산업간 무역의 상대적 비중을 결정짓는 가장 중요한 요인은 국가간 유사성이다. 예를 들어 자본-노동비율이 서로 아주 다르다면 자국과 외국이 각각 다른 산업에 매우 강하게 특화할 것이므로 비교우위로 인한 산업간 무역의 비중이 규모의 경제 등으로 인한 산업내 무역의 비율보다 높을 것이다.
- 반면 만일 자국과 외국이 자본-노동비율이 비슷하다면, 산업간 무역은 거의 없을 것이며 궁극적으로 규모의 경제에 입각한 산업내 무역이 지배적일 것이다. 같은 논리로 국가별로 산업간 기술 격차가 존재할 때에도 비교우위로 인한 산업간 무역이 지배적일 것으로 예상할 수 있다.

2. 규모의 경제의 중요성

- 만약 산업별로 규모의 경제가 발생하는 정도가 크다면 규모의 경제를 달성하기 위한 산업내 비율이 상대적으로 높아질 것이다.

3. 소비자 취향의 다양성

- 음식, 의류 등 소비자들의 취향이 중요한 상품이 주된 무역의 대상이 된다면 산업간 무역보다는 산업내 무역의 비율이 상대적으로 높아질 것이다.

4. 사회적 갈등 조정장치를 위한 여건

- 현실적으로 산업간 무역의 확대에는 많은 갈등이 뒤따른다. 따라서 무역의 확대로 인한 사회적 갈등을 조정할 수 있는 각종 여건이 마련되어 있는 국가에서는 산업간 무역을 쉽게 받아들여 산업간 무역의 비중이 높을 것이다.
- 그러나 각종 보상제등 여건이 마련되어 있지 못한 경우에는 산업간 무역은 쉽게 받아들여지지 못하므로 무역은 주로 산업 내 무역을 중심으로 이루어질 것으로 예상할 수 있다.[11]

---

[11] 과거 산업별로 상대국의 시장개방과 연계하여 자국의 시장을 개방하는 무역정책관행 등도 산업간무역에 비해 산업내무역의 비중을 높이는 역할을 했을 것으로 예상된다.

문제 578

농산품은 동질적인 노동집약재이고 공산품은 차별화된 자본집약재라고 하자. A국이 노동풍부국이고 B국은 자본풍부국이다. 두 국가간의 무역은 어떤 식으로 이루어질 것이라 예측하는가? (김신행-김태기 저 연습문제 응용)

1. 농산물부문의 무역
    - 농산물은 동질적이므로 비교우위를 가진 국가에서 그렇지 않은 국가로 일방향(one way) 무역이 이루어질 것이다. 헥셔-오린정리에 의하면 노동이 풍부한 국가인 A국이 노동집약적 재화인 A재의 생산에 비교우위를 가지고 수출을 맡게 될 것이다.

2. 공산물부문의 무역
    - 공산물은 차별화 되어 있으므로 독점적 경쟁시장이 된다고 하자. 이 경우 공산물 부문에서는 양방향(two way) 무역이 이루어질 것이다.
    - 만약 무역수지가 균형을 이룬다면 농산물부문에서 A국에서 B국으로 수출(X)은 공산물부문에서 B국에서 A국으로의 순수출($Y^* - Y$)의 크기와 일치하게 될 것이다.

〈그림 1〉 비교우위와 독점적 경쟁이 혼재하는 경우

3. 무역의 유형
    - 이상에서 농산물 부문에서의 무역은 전적으로 산업간 무역(inter-industry trade)의 성격을 가진다. 반면 공산물 부문의 무역은 산업내 무역(intra-industry trade)과 산업간 무역이 혼재한다.
    - 국가간 무역에서 산업간 무역과 산업내 무역중 어떤 것이 더 지배적인지는 1. 국가간 요소부존 및 생산기술의 유사성, 2. 규모의 경제의 중요성, 3. 소비자취향의 다양성, 4. 사회적 갈등조정을 위한 여건 등 다양한 요인의 영향을 받는다.

문제 579

제2차 세계대전 이후 국제무역이 급격히 팽창하면서 전통적인 리카도모형 및 헥셔-오린모형으로 설명하기 힘든 현상들이 나타났다. 이에 1970년대 후반부터 크루그먼(Paul Krugman), 헬프만(Elhanan Helpman), 딕시트(Avinash Dixit) 등 소장 경제학자들을 중심으로 새로운 무역이론들을 개발하였다. 이러한 새로운 이론들이 설명하고자 하는 새로운 무역의 특징들을 설명하라. (김인준-이영섭 저 본문응용)

- 첫째, 전통적 무역이론에 따르면 국제무역이 이루어지는 경우 새로운 국제가격은 국제무역 이전의 본국 국내가격과 외국 국내가격 사이에서 결정된다. 예를 들어 본국에서 옷 가격이 상대적으로 저렴했고 외국에서 비쌌다면, 무역이후에 본국에서는 옷 가격이 오르고 외국에서는 내리게 된다. 그러나 실제 무역 현황을 보면 무역이후의 국제가격이 무역이전의 국내가격들보다 더 낮은 수준에서 결정되는 경우가 상당히 많다.
- 둘째, 전통적 무역이론에 따르면 우수한 기술을 가진 기업이 세계시장을 지배하게 된다. 즉, 비효율적인 기업은 국제경쟁에서 살아남을 수 없다는 것이다. 그러나 과거 1980년대 비디오테이프 표준전쟁에서 소니(Sony)의 베타맥스 방식이 기술적으로 우월했음에도 불구하고 JVC의 VHS 방식이 시장에서 승리를 거두었다.
- 셋째, 전통적 이론에서는 비교우위에 따라 무역패턴이 결정되므로 국제무역은 서로 다른 산업에 속하는 제품들 간에 이루어진다. 그러나 실제적인 무역 통계를 보면 동일한 산업 내에서도 상당한 규모의 국제무역이 이루어지고 있다. 예를 들어, 미국과 멕시코 간의 무역을 보면 미국의 상위 3대 수출품이 멕시코의 상위 3대 수출품과 일치하고 있다. 또한 자동차 산업만 보더라도 우리나라도 외국에 많은 자동차를 수출하면서 동시에 독일, 일본, 미국 등에서 상당수의 자동차를 수입하고 있다.
- 넷째, 전통적 이론에 따르면 무역이후 동일한 품목의 가격은 본국과 외국에서 동일하게 수렴한다. 그러나 덤핑의 사례에서 보듯이 동일한 품목이 본국과 외국에서 다른 가격으로 판매되는 경우도 많다.

	전통적 무역이론	새로운 무역이론

무역동기	· 비교우위
	  - 리카도모형 : 노동생산성 차이
	  - 헥셔-오린모형 : 요소부존도 차이
		· 규모의 경제
		  - 외부적 규모의 경제
		  - 내부적 규모의 경제

시장구조	- 완전경쟁시장	- 완전경쟁시장, 불완전경쟁시장
무역패턴	- 산업간 무역	- 산업간 무역, 산업내 무역

무역이익	· 이익발생
	  - 리카도모형 : 모두 이익
	  - 헥셔-오린모형 : 승자와 패자가 있지만 총합 이익
		· 이익, 손실 발생가능
		  - 이익 확대 가능
		  - 총합 손실도 가능

문제 580

다음 물음에 답하시오. (2015년 국립외교원 기출문제 유사)
(1) 외부적 규모의 경제와 내부적 규모의 경제의 차이를 설명하시오.
(2) 외부적 규모의 경제가 발생하는 산업의 경우 국가간 비용조건 및 수요조건이 동일하여 비교우위가 없는 경우에도 무역의 이익이 발생할 수 있음을 설명하시오.
(3) 외부적 규모의 경제가 발생하는 산업의 경우 비교우위를 역행하는 무역이 지속될 수 있음을 설명하시오.

(1) 외부적 규모의 경제와 내부적 규모의 경제의 차이를 설명하시오.

- 내부적 규모의 경제(internal economies of scale)란 기업의 수준에서 규모의 경제가 발생하는 것을 말한다. 즉 개별기업이 생산을 증가시킬 때 평균비용이 하락하는 현상을 의미한다. 내부적 규모의 경제의 경우 자연독점의 경향이 나타난다.

$AC = AC(n, q)$에서 $\frac{dAC}{dq} < 0$인 경우

[단, q는 개별기업의 생산량, n은 기업의 수, $Q = n \times q$ 성립]

- 외부적 규모의 경제(external economies of scale)란 산업의 수준에서 규모의 경제가 발생하는 것을 말한다.. 즉 개별기업의 규모는 작아도 산업생산이 특정지역에 집중되어 기업의 수가 증가할 때 평균비용이 하락하는 현상을 의미한다. 마샬에 의하면 외부적 규모의 경제가 발생하는 원인으로는 전문화된 공급업자의 출현, 지식전파의 촉진, 공동노동시장의 형성 등이 있다. 외부적 규모의 경제의 경우 자연독점의 경향이 나타나지 않는다.

$AC = AC(n, q)$에서 $\frac{dAC}{dn} < 0$인 경우

(2) 외부적 규모의 경제가 발생하는 산업의 경우 국가간 비용조건 및 수요조건이 동일하여 비교우위가 없는 경우에도 무역의 이익이 발생할 수 있음을 설명하시오.

1. 균형조건

- 외부적 규모의 경제하에서는 시장규모의 증가가 모든 기업의 비용을 하락시키므로 개별기업은 독점력을 가지지 못한다. 이하 시장은 완전경쟁(perfect competition)의 구조가 된다고 가정한다. 이 경우 이윤이 0이 되는 수준까지 기업이 진입할 것이므로 시장가격은 평균비용과 일치하는 수준에서 결정될 것이며 우하향하는 시장의 평균비용곡선이 산업의 공급곡선이 된다.

외부적 규모의 경제가 존재할 때의 균형조건 : $P = AC$

2. 무역의 이익
- 〈그림 1〉에서 1국과 2국의 수요곡선이 $D_1 = D_2$로 동일하고 우하향하는 평균비용곡선도 $AC_1 = AC_2$로 동일하다고 하자. 무역이전 균형은 $E_1 = E_2$점으로 동일하다.
- 이제 무역이 개시되어 만약 1국이 생산하게 된다면 균형은 AC_1과 세계수요 D_{1+2}가 만나는 E_3점으로 이동하게 된다. 무역개시 이후 가격이 하락하고 수량은 2배 이상으로 증가한다. 따라서 양국이 모두 이익을 얻을 수 있다. 이러한 결과는 무역개시 이후 2국이 생산하게 되는 경우에도 동일하다.12)13)

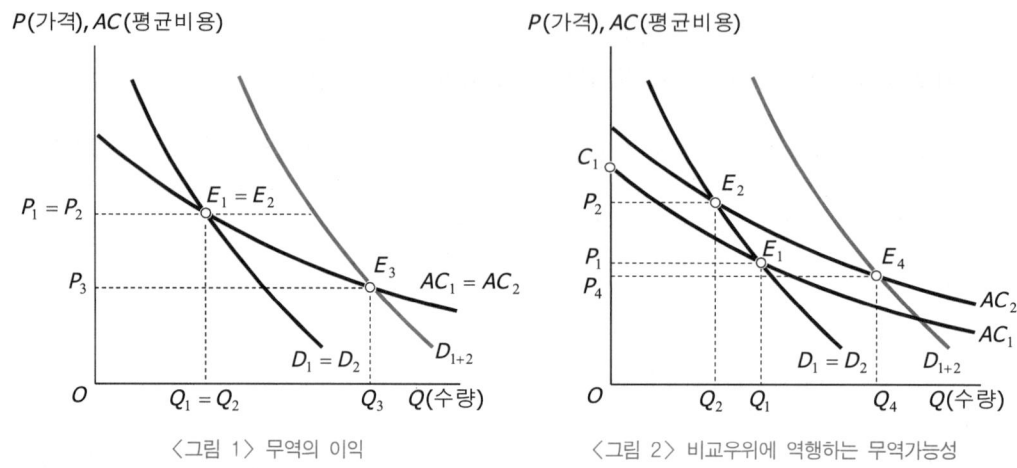

〈그림 1〉 무역의 이익　　〈그림 2〉 비교우위에 역행하는 무역가능성

(3) 외부적 규모의 경제가 발생하는 산업의 경우 비교우위를 역행하는 무역이 지속될 수 있음을 설명하시오.

- 이제 1국이 2국보다 우월한 비용조건을 가지고 있다고 하자. 〈그림 2〉에서는 이를 반영하여 AC_1을 AC_2보다 아래에 나타내었다.
- 이 경우 만약 2국 기업들이 먼저 생산을 개시해서 E_4점에서 세계시장의 균형이 성립했다고 하자. 이러한 경우 1국 기업들이 최초생산을 시작하려면 C_1의 평균비용이 드는데 이는 시장가격보다 높기 때문에 진입을 꺼리게 된다. 즉 비용상 열위를 규모의 경제가 상쇄하여 2국의 기존생산기업이 1국의 신규생산기업에 비해 더 낮은 비용으로 생산할 수 있게 되며 비교우위를 역행하는 생산이 지속될 수 있다.

---

12) 무역이후 어느 국가가 생산을 담당하게 될 지는 경제의 기초여건(fundamentals)의 차이가 아닌 역사적인 우연(historic accident)에 의해 영향을 받게 되는데 이러한 특성을 경로의존성(path dependence)라고 한다.
13) 어느 국가가 생산을 맡게 되는지에 따라 단기적인 고용의 측면에서는 차이가 발생할 수 있다. 그러나 장기균형의 관점에서는 무이윤이 성립하는 산업에서 누가 생산을 맡게 되는지는 유의미한 차이가 없다. 이는 문제에서 명시적으로 묻지 않는다면 굳이 답할 필요는 없다.

문제 581

상품의 국가간 이동은 요소가격의 국제적 격차를 줄이는 효과가 있다. 그러나 현실적인 한계로 인해 완전한 요소가격의 균등화는 이루어지지 못한다. 이러한 요소가격의 격차가 존재할 때 국가간 요소이동이 이루어질 수 있다. 이제 다음과 같은 모형으로 중국과 한국 간에 노동력이동의 효과를 분석해보도록 하자.

> ○ 중국 노동자의 한계생산가치 : $VMP_c = 80 - 2L_c$
> ○ 한국 노동자의 한계생산가치 : $VMP_k = 100 - L_k$
> ○ 노동력 이동이 허용되기 이전에 중국에는 30명의 노동력이, 한국에는 20명의 노동력이 존재한다.
> ○ 각국은 생산에 노동과 자본을 사용하며 자본은 국가간 이동이 불가능하며 노동만 이동이 가능하다고 가정한다.
> ○ 각국 노동력에 대해 한계생산가치와 일치하는 소득이 지급된다.
> ○ 총생산가치 중 노동력에 지급된 금액을 제외한 나머지가 자본의 소득이 된다.

(1) 국가간 노동력의 이동이 불가능할 때와 국가간 노동력의 이동이 가능해졌을 때 균형임금과 노동력의 배분을 설명하라.
(2) 요소소득을 소재지 기준으로 측정하는 경우 요소소득의 합은 GDP와 일치한다. 요소의 국가간 이동으로 각국 요소소득 및 GDP는 어떻게 변화하겠는가?
(3) 요소소득을 국적기준으로 측정하는 경우 요소소득의 합은 GNP와 일치한다. 요소의 국가간 이동으로 각국 요소소득 및 GNP는 어떻게 변화하겠는가?

(1) **국가간 노동력의 이동이 불가능할 때와 국가간 노동력의 이동이 가능해졌을 때 균형임금과 노동력의 배분을 설명하라.**

1. 국가간 노동력의 이동이 불가능할 때
   - 이 경우 각국은 주어진 노동을 그대로 사용하며 양국의 임금은 상이할 수 있다.

    중국의 임금 : $w_c = VMP_c = 80 - 2L_c = 20$
    한국의 임금 : $w_k = VMP_k = 100 - L_k = 80$

   - 이를 나타내면 각각 〈그림 1〉의 C점 및 K점에 해당한다.

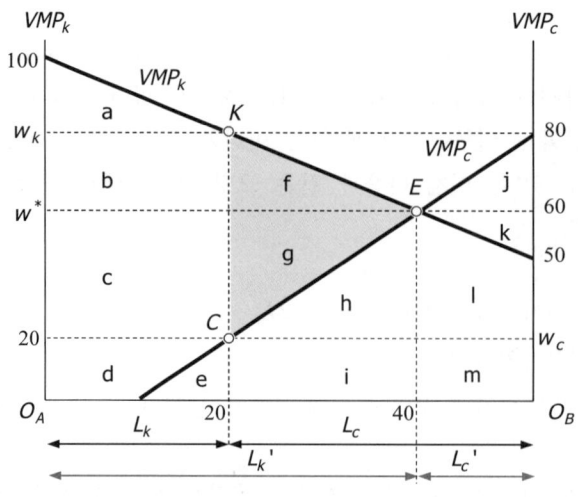

<그림 1> 국제적 노동이동의 효과

2. 국가간 노동력의 이동이 가능할 때

- 임금이 낮은 중국의 노동자들이 높은 임금을 지급하는 한국으로 이동하려 할 것이다. 이러한 이동은 양국에서 수취하는 임금이 일치할 때까지 계속된다.

    균형조건 : $VMP_c = VMP_k$ s.t. $L_c + L_k = 50$ ------ 식 1

- $VMP_c = 80 - 2L_c = VMP_k = 100 - L_K$ 에서 $2L_c - L_k = -20$ 이 된다. 이를 식 1에 대입하면 다음과 같다.

    균형상태 : $L_c^* = 10$, $L_k^* = 40$, $w^* = 60$

- 이를 나타내면 〈그림 1〉의 E점에 해당한다.

(2) 요소소득을 소재지 기준으로 측정하는 경우 요소소득의 합은 GDP와 일치한다. 요소의 국가간 이동으로 각국 요소소득 및 GDP는 어떻게 변화하겠는가?

1. 한국의 경우

	이동 이전	이동 이후	변화분
GDP	a+b+c+d+e		
노동소득	+b+c+d+e		
자본소득	+a		

2. 중국의 경우

	이동 이전	이동 이후	변화분
GDP	+h+i+j+k+l+m	+j+k+l+m	−h−i
노동소득	+i+m	+k+l+m	−i+k+l
자본소득	+h+j+k+l	+j	−h−k−l

(3) 요소소득을 국적기준으로 측정하는 경우 요소소득의 합은 GNP와 일치한다. 요소의 국가간 이동으로 각국 요소소득 및 GNP는 어떻게 변화하겠는가?

1. 한국의 경우

	이동 이전	이동 이후	변화분
GNP	a+b+c+d+e		
노동소득	+b+c+d+e		
자본소득	+a		

2. 중국의 경우

	이동 이전	이동 이후	변화분
GNP	+h+i+j+k+l+m	g+h+i+j+k+l+m	+g
노동소득	+i+m	g+h+i+k+l+m	+g+h+k+l
자본소득	+h+j+k+l	j	−h−k−l

3. 평가
- 이상에서 국가간 노동이동으로 전 세계적인 생산이 증가함을 알 수 있다.
- 그러나 이러한 과정에서 노동이동으로 중국(노동부국)의 노동과 한국(자본부국)의 자본은 이익을 얻지만 중국의 자본과 한국의 노동은 손해를 본다.
- 이는 국제적 요소이동이 모든 국가의 후생을 증가시킬 잠재적인 가능성을 가지고 있지만 모든 요소에게 동일하게 돌아가는 것은 아니라는 것을 의미한다.

참고문항

(4) 다음 각각의 변화가 미치는 영향을 예상해 보아라.
   a. 중국에서 자본이 증가함
   b. 한국에서 인구가 증가(또는 감소)함
   c. 한국정부가 고용에 대해 보조금을 지급함

문제 582

국가간 거래의 가장 전형적인 형태는 상품의 거래이다. 그러나 최근에는 교통, 통신의 발달 및 제도적 규제완화로 무역의 형태가 다양화되고 있다. 현재 국가간 거래는 상품거래뿐만 아니라 서비스거래, 요소의 국가간 이동, 해외직접투자(foreign direct investment), 생산공정의 일부를 해외에 맡기는 아웃소싱(outsourcing)등 다양한 형태로 이루어지고 있다.

(1) 국가간 직접투자에 영향을 미치는 대표적인 요인 2가지는 무엇인가?
(2) 국내언론들의 직접투자에 대한 기사들을 보면 일견 모순되는 점을 발견할 수 있다. 예를 들어 신문기사에 의하면 한국기업이 베트남에 직접투자하는 경우 국제수지악화가 걱정된다는 기사가 있는가 하면, 미국기업이 우리나라에 직접투자 하는 경우에도 국제수지악화가 우려된다는 기사를 찾을 수 있다. 만약 이러한 기사들이 모순이 아니라면 어떻게 설명할 수 있을까?

(1) 국가간 직접투자에 영향을 미치는 대표적인 요인 2가지는 무엇인가?

1. 입지상의 이익

- 직접투자에 대한 입지이론(location theory)에 의하면 다국적 기업이 자국생산이 아닌 해외생산을 선택하는 이유는 뛰어난 입지조건을 갖춘 곳에서 생산을 수행하는 것이 보다 유리하기 때문이다.
- 입지이론은 다시 2가지로 구분된다. 첫째는 자원지향적인 입지이론이다. 예를 들어 의류와 같은 노동집약재를 생산하는 기업은 한국보다 노동력이 풍부한 동남아시아나 중국 등에 자회사를 설립해서 생산하는 것이 유리하다. 반면 기술집약적인 기업들은 실리콘 벨리에 자회사를 설립해서 생산하는 것이 유리하다.[14]
- 둘째는 시장지향적인 입지이론이다. 이 이론은 '수송비', '무역장벽', '소비자와의 접근성'등을 강조한다. 예를 들어 한국이나 일본의 자동차회사들은 수송비와 관세 등을 피하기 위해 미국에 현지공장을 설립하여 생산한다. 반면 미국 자동차 회사들은 수송비를 절감하기 위해서 유럽에서 생산한다. 이에는 유럽과 미국의 소비자들의 취향이 다르다는 점도 중요하게 작용한다.
- 이처럼 입지이론의 본질은 무역이론과 동일하다.[15] 즉 실제 다국적 기업이 생산위치를 결정하는 요인들은 일반적으로 무역유형을 결정하는 요인들과 유사하다.

2. 내부화의 이익

- 직접투자에 대한 내부화이론(internalization theory)에 의하면 어떤 거래들은 기업간 거래보다 기업내부거래를 통해 더 큰 이윤을 낼 수 있기 때문에 다국적 기업이 존재한다.

---

[14] 기술에 대해서는 다양한 견해가 있다. 본문처럼 기술을 광의의 생산요소의 하나로 포함시키는 경우도 있고, 연구소, 대학 등에서 만들어지는 생산물의 하나로 접근하는 방법도 있다.
[15] Krugman은 사실상 '입지이론은 무역이론 그 자체이다.'라는 표현을 쓰고 있다.

- 기업내부거래는 기업간 거래에 비해 2가지 측면에서 유리할 수 있다. 첫째는 기술이전(technology transfer)의 내부화의 이점이다. 기술이란 특허를 통해 재산권을 인정받을 수 있으나, 광의의 기술들은 거래되기 힘든 면들이 있다. 때로는 기업의 핵심적인 기술들도 직원들에게 체화(embodied)되거나 기록되지 않은 채로 전해지며 가치를 측정하기도 어렵기 마련이다. 또한 어떤 기술들은 다른 나라에서 합법적으로 모방되는 경우도 많다. 이런 경우에는 기술을 판매하는 대신 다른 나라의 자회사를 설립하고 합법적으로 기술수수료(license fee)를 수수함으로써 이러한 문제를 감소시킬 수 있다.
- 둘째는 수직적 통합(vertical integration)의 내부화의 이점이다. 즉 중간재를 생산하는 기업과 중간재를 사용하는 기업간에는 다양한 문제[16]가 발생할 수 있는데 이를 해결하기 위한 좋은 방법이 수직적 통합이다. 이러한 이익을 국제적으로 확대시킨 것이 다국적 기업이란 것이다.

(2) 국내언론들의 직접투자에 대한 기사들을 보면 일견 모순되는 점을 발견할 수 있다. 예를 들어 신문기사에 의하면 한국기업이 베트남에 직접투자하는 경우 국제수지악화가 걱정된다는 기사가 있는가 하면, 미국기업이 우리나라에 직접투자 하는 경우에도 국제수지악화가 우려된다는 기사를 찾을 수 있다. 만약 이러한 기사들이 모순이 아니라면 어떻게 설명할 수 있을까?

1. 국내기업의 해외투자가 증가하는 경우
- 이 경우 당해연도 자본금융수지를 구성하는 한 요소인 직접투자수지에 적자가 나타난다. 반면 이후 연도에 있어 배당 등의 형태로 본원소득수지상의 흑자가 나타난다.

2. 외국기업의 국내투자가 증가하는 경우
- 이 경우 당해연도 자본금융수지를 구성하는 한 요소인 직접투자수지에 흑자가 나타난다. 반면 이후 연도에 있어 배당 등의 형태로 본원소득수지상의 적자가 나타난다.

3. 설문의 평가
- 만약 이러한 기사들이 모순이 없기 위해서는 국내기업의 해외투자가 증가하는 경우에는 당해연도 자본금융수지상의 적자를 의미하는 것으로, 해외기업의 국내투자가 증가하는 경우에는 이후 연도에 있어서 본원소득수지상의 적자를 의미하는 것으로 해석해야 한다.

---

16) 대표적인 것이 일방의 기회주의적 행동(opportunistic behavior)으로 인해 발생하는 지연문제(holdup problem)이다.

문제 583

최근 미국을 비롯한 주요 선진국의 소득분배상 중요한 특징은 숙련노동자와 비숙련노동자간의 임금격차가 점차 증가하고 있다는 점이다.

(1) 헥셔-오린 무역모형은 이러한 현상을 어떻게 설명할 수 있는가? 이러한 설명의 한계는 무엇인가?
(2) 상품무역 이외의 요인으로 이러한 임금격차를 설명할 수 있는 요인으로는 기술진보와 해외아웃소싱의 증가를 들 수 있다. 이러한 요인이 임금격차에 미치는 영향을 설명하라.

(1) 헥셔-오린 무역모형은 이러한 현상을 어떻게 설명할 수 있는가? 이러한 설명의 한계는 무엇인가?

- 헥셔-오린정리 및 스톨퍼-사뮤엘슨정리에 의하면 자유무역이 개시될 때 각국에 풍부하게 부존된 요소에 대한 분배 몫은 절대적으로 증가하며 그렇지 않은 요소에 대한 분배 몫은 절대적으로 감소한다.
- 선진국은 상대적으로 숙련노동이 풍부한 국가이므로 산업간 무역이 실시될 경우 숙련노동을 집약적으로 사용하는 산업에 비교우위를 가지며 이를 수출할 것이다 이 경우 숙련노동의 분배몫은 절대적으로 증가하지만 비숙련노동의 분배몫은 절대적으로 감소한다. 즉 헥셔-오린모형은 선진국에 있어 최근 숙련노동자와 비숙련노동자간의 소득격차가 확대되는 현상을 설명할 수 있다.
- 그러나 이러한 설명은 선진국의 경우 산업간 무역이 차지하는 비중이 그다지 크지 않다는 점에서 한계가 있다. 또한 헥셔-오린이론이 옳다면 개도국에서는 숙련노동자와 비숙련노동자간의 임금격차가 감소하고 있어야 한다. 그러나 실제로는 선진국과 개도국 모두 임금격차가 확대되고 있다는 점에서도 한계가 있다.

(2) 상품무역 이외의 요인으로 이러한 임금격차를 설명할 수 있는 요인으로는 기술진보와 해외아웃소싱의 증가를 들 수 있다. 이러한 요인이 임금격차에 미치는 영향을 설명하라.

1. 기술진보의 영향

- 기술진보를 강조하는 견해는 최근 숙련노동편향적인 기술진보(skilled-biased technical progress)가 숙련/비숙련 노동자의 임금격차를 확대한 원인이라고 한다. 즉 최근의 기술진보가 숙련노동자들의 생산성을 높이는 방향으로 발생하면서 이들에 대한 상대적 수요가 증가하여 숙련노동자의 임금이 상대적으로 높아졌다는 것이다. 반면 최근의 기술진보가 비숙련노동자들을 대체하고 있다는 점은 비숙련노동자의 상대임금을 하락시키는 요인으로 작용할 것이다. 이러한 기술진보는 어느 나라에서나 공통적으로 나타나고 있는 것이므로 모든 국가에서의 임금격차 확대를 설명할 수 있다.

2. 해외아웃소싱의 확대의 영향

- 한 상품의 생산단계의 순서는 연구개발, 부품생산, 조립, 마케팅 및 판매의 순인데, 이를 숙련/비숙련 노동 비율의 크기순으로 그림처럼 재구성하였다. 숙련노동자가 가장 많이 필요한 단계가 연구개발단계이고, 다음이 마케팅 및 판매활동, 부품생산, 조립 순이다. 〈그림 1〉의 가로축은 생산단계를 나타내고, 세로축은 각 생산단계에 필요한 숙련노동과 비숙련노동의 비율이다.
- 어떤 생산단계가 해외로 아웃소싱 될 것인가는 두 국가의 숙련노동 임금과 비숙련노동 임금의 차이에 의해 결정된다. 숙련노동이 많은 국가에서는 연구개발 단계를 담당하고, 비숙련 노동이 많은 국가는 조립단계를 담당하게 된다. 〈그림 1〉에서 A를 기준으로 좌측 생산단계는 선진국에서 수행된다고 하자.
- 이제 개도국에서 자본비용 또는 무역비용이 감소하였다고 하자. 이 경우 해외 아웃소싱이 증가하여 개도국으로 더 많은 생산단계가 이전된다면 분할선이 좌측으로 이동한다. 그 결과 분할선 A와 B 사이에 있는 생산단계가 선진국에서 개도국으로 이전된다.
- 그런데 A와 B사이의 생산단계는 선진국의 경우 자신이 수행하던 생산단계 중 가장 비숙련노동집약적 생산단계를 아웃소싱하는 것이므로 비숙련노동자에 대한 수요가 크게 감소하여 비숙련노동자의 상대임금이 하락한다. 반면 개도국의 경우 A와 B사이의 생산단계는 가장 숙련노동집약적인 단계이므로 숙련노동자에 대한 수요가 크게 증가하면서 비숙련노동자의 상대임금이 하락한다.
- 따라서 아웃소싱의 확대 역시 선진국과 개도국에서 동시에 나타나는 임금격차의 확대를 설명할 수 있다.

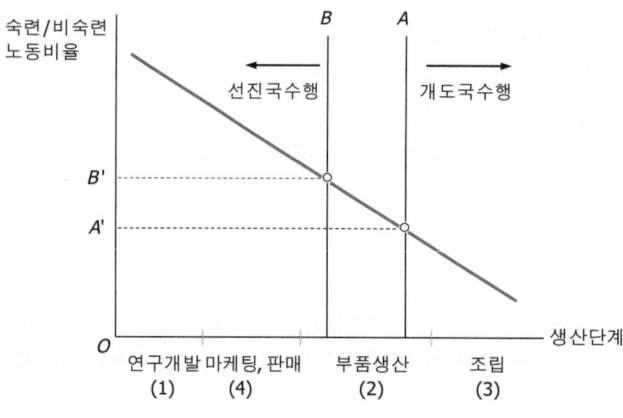

〈그림 1〉 해외아웃소싱확대의 영향

문제 584

한국은 세계 반도체 시장에서 상당한 점유율을 차지하여 대국의 지위를 차지하고 있다. 이때 한국의 반도체 산업에서 중립적인 기술진보가 발생했다고 하자.

(1) 반도체의 상대가격이 일정하게 주어졌다는 가정 하에 반도체(Y)과 기타산업(X)의 산출량의 변화를 설명하라. 단 반도체 산업은 타 산업들 보다 자본집약적이라고 가정한다.
(2) 무역패턴의 변화와 교역조건의 변화를 예측하라.
(3) 위의 결론들은 양적인 성장에도 불구하고 국민후생이 감소할 가능성이 있음을 시사하고 있는데 이를 그래프로 나타내어 보아라.
(4) 위의 결론에 근거하여 기업들이 신기술의 개발을 완료하고도 시장이 성숙하기 전까지 출시 시기를 늦추는 의사결정을 하는 경우가 어떤 이유에 의해서인지 예측해 보아라.

(1) 반도체의 상대가격이 일정하게 주어졌다는 가정 하에 반도체(Y)과 기타산업(X)의 산출량의 변화를 설명하라. 단 반도체 산업은 타 산업들 보다 자본집약적이라고 가정한다.

1. 기본가정
   - 한국의 산업을 반도체 산업(Y재)와 기타산업(X재)로 구분한다.
   - Y재는 X재에 비해 상대적으로 자본집약적이며 현재 우리나라는 Y재의 수출국이다.
   - 두 재화는 모두 정상재로서의 성격을 갖는다고 가정한다.

2. 중립적 기술진보의 의미
   - 중립적 기술진보란 주어진 요소가격하에서 기술진보이후에도 자본집약도($\frac{K}{L}$)에 아무런 변화가 없는 경우를 의미한다.

3. 자원배분과 산출량 변화의 분석
   - 〈그림 1〉에서 주어진 요소가격 하에서 Y재의 중립적 기술진보는 양 산업의 집약도($\frac{K}{L}$)를 변화시키지 않는다.($R \rightarrow R'$)
   - 기술진보로 인해 Y부문의 생산비용이 감소하고 수익률이 상승하면 Y부문에서의 요소고용이 증가하는데 이때 자본에 대한 수요가 더 크게 증가하기 때문에 노동의 상대가격($\frac{w}{r}$)이 하락한다.
   - 이로 인해 두 부문에서 요소의 집약도가 k_X, k_Y가 모두 하락한다. 즉 두 부문에서 모두 노동집약적인 방식으로 생산을 변화시킨다.($R' \rightarrow R'', Q \rightarrow Q''$)

- 이러한 변화는 〈그림 2〉에서 생산점을 $S \to S''$로 이동시키는데 이때 X재의 경우 기술진보 없이 요소투입량이 감소했으므로 생산량은 반드시 감소하고, Y재의 경우 기술진보의 효과와 요소투입량 증가효과가 더하여 생산량은 반드시 증가한다.

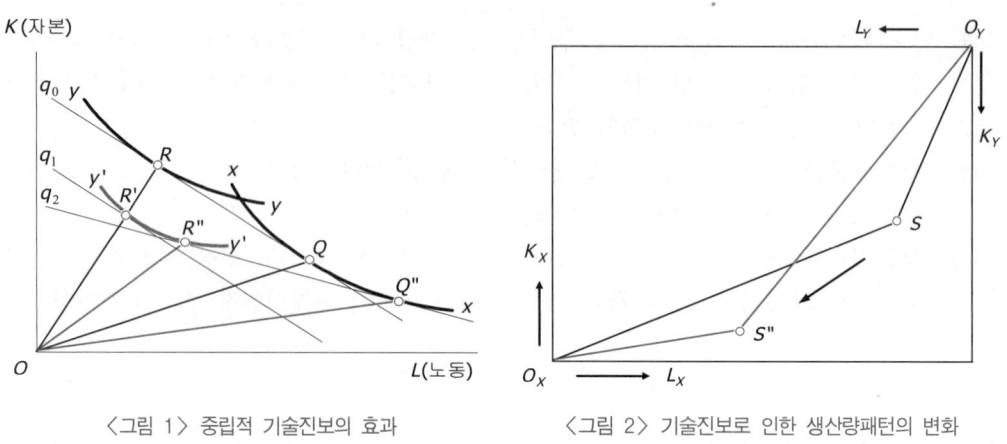

〈그림 1〉 중립적 기술진보의 효과   〈그림 2〉 기술진보로 인한 생산량패턴의 변화

(2) 무역패턴의 변화와 교역조건의 변화를 예측하라.

1. 무역패턴에 미치는 영향

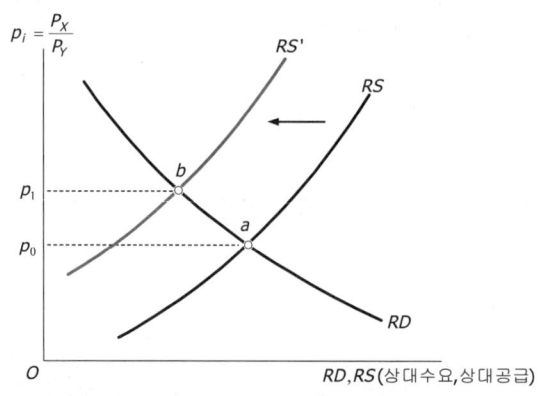

〈그림 3〉 무역패턴 및 교역조건의 전화

- 이상에서 주어진 가격 하에서 기술진보로 인해 수입재인 X재생산은 감소하고, 수출재인 Y재생산은 증가한다. 반면 정상재인 두 재화의 소비는 모두 증가할 것이다. 따라서 X재의 수입이 증가하는 반면 Y재의 수출이 증가할 것이다.[17] 따라서 〈그림 3〉에서 상대공급곡선(RS)이 좌측으로 이동한다.

---

17) 이처럼 무역을 증대시키는 성장형태를 '무역지향적 성장'이라고 한다. 또한 현재의 성장은 수출재 부문에서 발생하였으므로 '수출편향적 성장'이라고 부를 수도 있다.

2. 교역조건에 미치는 영향

- 설문의 경우 기술진보로 인해 상대공급곡선이 좌측으로 이동하며 $\frac{P_X}{P_Y}$는 결국 상승하게 되는데, 이는 이 국가에서 교역조건이 악화되었음을 의미한다. 이러한 교역조건의 악화는 우리나라의 후생에 부정적 영향을 미친다.

(3) 위의 결론들은 양적인 성장에도 불구하고 국민후생이 감소할 가능성이 있음을 시사하고 있는데 이를 그래프로 나타내어 보아라.

- 극단적으로 교역조건 악화효과가 양적 성장효과를 능가하여 오히려 성장이후의 후생이 감소하는 경우가 나타날 수 있다. 예를 들어 〈그림 4〉에서 기술진보로 인해 생산가능곡선이 VV에서 VV'로 확대되었다고 하자.
- 이 경우 국제가격인 p_i가 크게 상승(교역조건 악화)한다면 사회후생이 i_0에서 i_1으로 감소할 수도 있다. 이처럼 교역조건의 악화효과가 양적 성장효과를 능가하여 오히려 성장이후의 후생이 감소하는 경우를 궁핍화성장(immiserising growth)이라고 한다.
- 이러한 궁핍화성장이 발생하기 위해서는 해당 재화의 대국에서 수출재 부분에 편중된 성장의 발생하고, 이 재화에 대한 국제적 수요의 가격탄력성이 매우 낮으며 자국에서 수출재 산업(수출)이 차지하는 비중이 매우 높아야 한다.[18]

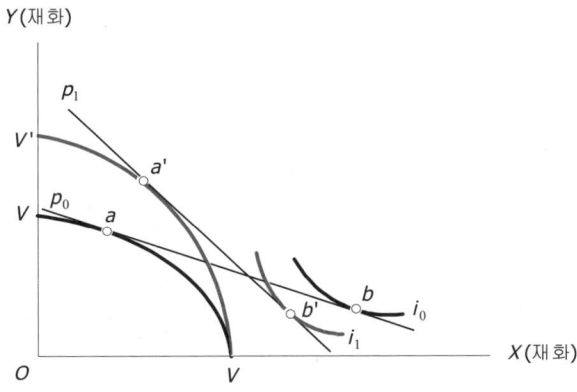

〈그림 4〉 기술진보와 궁핍화성장의 가능성

---

[18] 이상의 조건들을 고려할 때 반도체산업에서 궁핍화성장의 가능성을 배제할 수는 없지만, 현실적으로 기술진보가 사회후생을 감소시킬 가능성은 낮은 편일 것이라 생각된다.

(4) 위의 결론에 근거하여 기업들이 신기술의 개발을 완료하고도 시장이 성숙하기 전까지 출시시기를 늦추는 의사결정을 하는 경우가 어떤 이유에 의해서인지 예측해 보아라.

1. 제품개발초기의 특징

- 일반적으로 제품의 개발이 이루어지는 시기는 수요가 성숙되지 못하여 비탄력적 수요에 직면할 가능성이 크다. 따라서 수출물량이 증가할 경우 오히려 가격이 크게 하락하여 기술개발이전보다 기업의 이윤이 감소할 수도 있다. 더하여 교역조건의 악화가 매우 큰 경우 인해 사회후생도 감소할 수 있다.

2. 기업의 행동 설명

- 이러한 점을 고려하면 기업은 신기술을 개발하고도 이를 출시할 경우 오히려 매출액이 감소하고 이윤이 감소할 가능성이 존재하므로, 시장이 성숙할 때까지 출시시기를 늦추고 기다리는 경우가 있는데 이는 기업의 이윤극대화 원리상 합리적인 의사결정이라 판단된다.[19]

---

19) 단, 이러한 경우는 시장이 경쟁적인 경우에는 나타나기 힘들다.

문제 585

개방된 경제에서 소득분배에 영향을 미치는 대표적 두가지 요인은 산업간 무역과 기술진보이다. 이 중 어느 쪽이 소득분배에 더 큰 영향을 미치는지는 이론적으로 뿐만 아니라 실증적으로도 매우 논란이 된다. 아래 그림의 HH선과 LL선은 비숙련노동 대비 숙련노동의 실질임금(w_s/w_u)이 변화함에 따라 각각 고기술산업(H)과 저기술산업(L)의 숙련노동집약도(S/U)가 어떻게 변화하는지를 나타내는 산업별 요소집약도선이다.

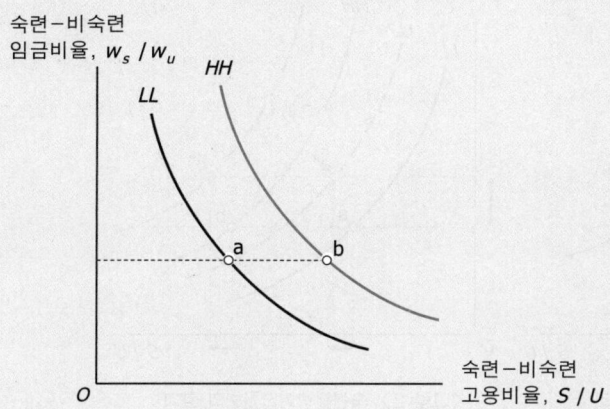

(1) HH곡선과 LL곡선의 형태를 설명하라.
(2) 숙련노동풍부국과 비숙련노동풍부국 사이에 산업간 무역의 효과를 그림 상에 나타내 보아라.[단, 그림은 본국이 숙련노동풍부국인 경우를 그릴 것]
(3) 모든 산업에 동시에 발생한 기술편향적(또는 숙련노동편향적) 기술진보의 효과를 그림 상에 나타내 보아라.
(4) 실증연구에 의하면 미국에서 모든 수준의 산업에서 비생산고용/생산고용 비율이 상승하였다. 이는 (2)와 (3)중 어느 쪽의 예상과 일치하는가?

(1) 〈그림 1〉에서 HH곡선과 LL곡선의 형태를 설명하라.

- 첫째, LL곡선과 HH곡선은 모두 우하향한다. 이는 다른 조건이 일정할 때 숙련노동의 상대가격이 상승할 때 숙련노동을 사용하는 비율을 감소시킴을 나타낸다.
- 둘째, a점보다 b점이 우측에 있다는 것은 L산업에 비해 H산업이 주어진 상대임금비율하에서 숙련노동을 고용하는 비율이 높음을 의미한다. 즉 L산업은 상대적으로 비숙련노동집약적 산업이며, H산업은 숙련노동집약적 산업이다.
- 산업별 요소집약도선은 생산의 등량곡선에서 도출되며 등량곡선의 형태를 변화시키는 편향적 기술진보가 발생할 경우 이동한다.

(2) 숙련노동풍부국과 비숙련노동풍부국 사이에 산업간 무역의 효과를 그림 상에 나타내 보아라. [단, 그림은 본국이 숙련노동풍부국인 경우를 그릴 것]

- 산업간 무역의 경우에는 HH곡선과 LL곡선은 이동하지 않는다. 헥셔-오린정리와 스톨퍼-사뮤엘슨정리에 의하면 숙련노동풍부국의 경우 무역이 개시된 후 숙련노동에 대한 상대가격이 상승하는데 이는 〈그림 1〉의 a점 및 b점에서 a'점 및 b'점으로의 이동으로 나타내어진다.

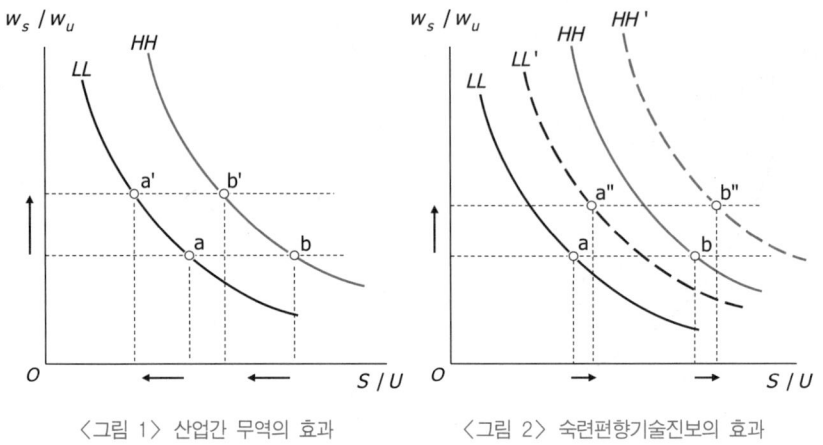

〈그림 1〉 산업간 무역의 효과   〈그림 2〉 숙련편향기술진보의 효과

(3) 모든 산업에 동시에 발생한 기술편향적(또는 숙련노동편향적) 기술진보의 효과를 그림상에 나타내 보아라.

- 숙련노동편향적 기술진보는 주어진 상대임금비율하에서 숙련노동을 사용하는 비율을 상승시키므로 HH곡선과 LL곡선을 모두 우측으로 이동시킨다. 이 경우 숙련노동에 대한 초과수요가 유발되며 숙련노동의 가격이 상승한다. 이는 〈그림 2〉의 a″점 및 b″점으로의 이동으로 나타내어진다.

(4) 실증연구에 의하면 미국에서 모든 수준의 산업에서 비생산고용/생산고용 비율이 상승하였다. 이는 (2)와 (3)중 어느 쪽의 예상과 일치하는가?

- 일반적으로 미국은 숙련노동풍부국으로 판단된다. 그리고 비생산고용/생산고용의 비율은 숙련-비숙련고용비율과 밀접한 관련이 있을 것이다.
- 이상의 분석에서 두 가지의 경우 모두 숙련-비숙련임금비율이 상승한다. 그러나 이것이 산업간 무역에 의한 것이었다면 모든 산업의 숙련-비숙련고용비율은 하락하고 있어야 한다. 반면 숙련노동편향적 기술진보에 의한 것이었다면 숙련-비숙련고용비율은 상승할 수 있다. 따라서 실증연구는 (3)의 예상과 가깝다. 즉 미국의 임금격차확대는 기술진보에서 비롯했을 가능성이 크다.

문제 586

자국의 밀 수요곡선은 $D = 100 - 20P$이고, 공급곡선은 $S = 20 + 20P$이다. 반면 외국의 수요곡선은 $D^* = 80 - 20P^*$이고, 공급곡선은 $S^* = 40 + 20P^*$이라 하자. (Krugman, 국제경제학 응용)

(1) 수송비가 없이 외국과 자국이 서로 무역을 한다고 하자. 자국과 외국에서 밀에 대한 수입수요함수 또는 수출공급함수를 도출하고 자유무역 하의 균형을 그림으로 나타내어라. 세계가격은 얼마인가? 무역량은 얼마인가?

(2) 이제 정부가 단위당 T만큼의 관세를 부과한다고 하자. 이때 사회후생을 극대화하는 최적관세율(optimum tariff rate)을 구하라.

(3) 최대수입관세율(maximum revenue tariff rate)과 금지관세율(prohibitive tariff rate)을 구하고 최적관세율, 최대수입관세율, 금지관세율의 크기를 비교하라.

(4) 최적관세와 동일한 수입제한 효과를 갖는 수입할당(import quota)을 비교하라. 현실적으로 관세보다 수입할당이 선호되는 이유는 무엇인가?

(1) 수송비가 없이 외국과 자국이 서로 무역을 한다고 하자. 자국과 외국에서 밀에 대한 수입수요함수 또는 수출공급함수를 도출하고 자유무역 하의 균형을 그림으로 나타내어라. 세계가격은 얼마인가? 무역량은 얼마인가?

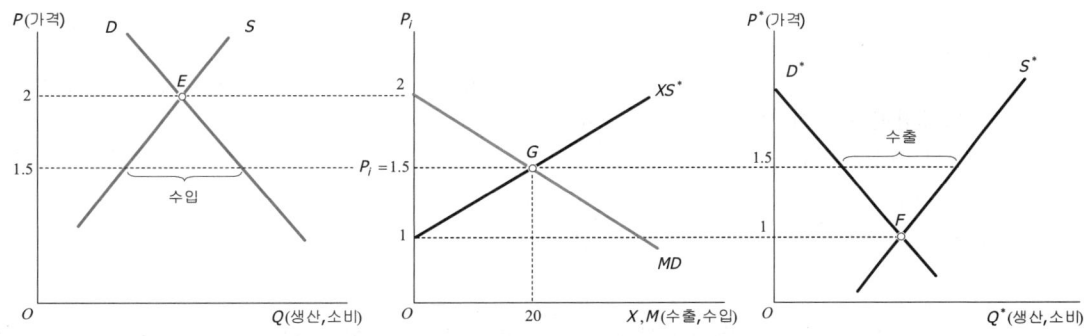

〈그림 1〉 관세부과이전 무역의 균형

(2) 이제 정부가 단위당 T만큼의 관세를 부과한다고 하자. 이때 사회후생을 극대화하는 최적 관세율(optimum tariff rate)을 구하라.

1. 관세부과의 효과
   - 관세는 각각의 국제가격에 대응되는 국내가격을 상승시킨다.

     관세부과의 효과 : $P = P_i + T,\ P^* = P_i$

   - 관세가 존재할 때 균형조건은 다음과 같다.

     균형조건 : $MD = 80 - 40(P_i + T) = XS^* = 40P_i - 40$
     $\Rightarrow P_i = 1.5 - \dfrac{1}{2}T,\ P = 1.5 + \dfrac{1}{2}T,\ MD = XS^* = 20 - 20T$

   - T의 관세가 부과된 경우의 시장의 균형을 나타내면 〈그림 2〉와 같다.

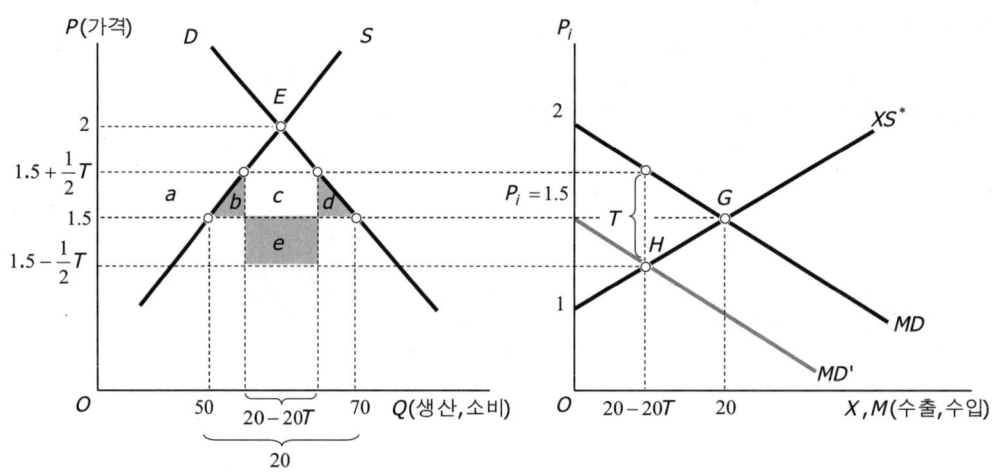

〈그림 2〉 관세부과이후 무역의 균형

2. 후생분석

   - 소비자잉여의 변화 : $-a-b-c-d$
     생산자잉여의 변화 : $+a$
     관세수입   : $+c\ \ \ +e$
     사회후생 변화분   : $-b\ \ \ -d\ +e$

   - 이때 $-b$와 $-d$는 각각 관세부과로 인해 발생한 생산 및 소비에서의 효율성 손실(efficiency loss)을 의미하며 $+e$는 관세부과로 발생한 교역조건 개선(terms of trade gain)을 반영한다.

3. 최적관세율의 도출

- 최적관세율이란 사회후생을 극대화하는 관세율을 의미한다. 이러한 세율은 관세로 인한 후생증가분(ΔSW)을 극대화함으로써 구할 수 있다.

$$\Delta SW = -2 \times (\frac{1}{2} \times 10T \times \frac{1}{2}T) + \frac{1}{2}T \times (20-20T) = 10T - 15T^2$$

$$\frac{d(\Delta SW)}{dT} = 10 - 30T = 0 \Rightarrow 최적관세율 : T^* = \frac{1}{3}$$

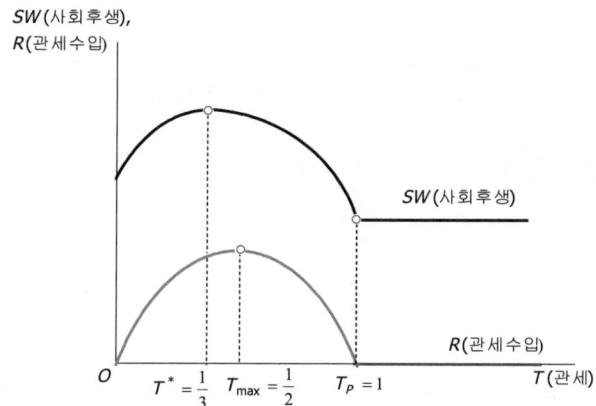

〈그림 3〉 최적관세율, 최대수입관세율, 금지관세율

(3) 최대수입관세율(maximum revenue tariff rate)과 금지관세율(prohibitive tariff rate)을 구하고 최적관세율, 최대수입관세율, 금지관세율의 크기를 비교하라.

1. 최대수입관세율의 도출

- 최대수입관세율이란 관세수입을 극대화시키는 관세율을 의미한다.

$$R = T \times (20 - 20T) = 20T - 20T^2 \Rightarrow \frac{dR}{dT} = 20 - 40T = 0$$

$$\Rightarrow 최대수입관세율 : T_{\max} = \frac{1}{2}$$

2. 금지관세율

- 금지관세율이란 관세율이 매우 높아 무역을 중단시키는 수준의 관세율을 의미한다.

$$MD = 20 - 20T = 0 \Rightarrow 금지관세율 : T_P = 1$$

- 이상에서 $T^* = \frac{1}{3}$, $T_{\max} = \frac{1}{2}$, $T_P = 1$이다. 이처럼 일반적으로 최적관세(T^*) < 최대수입관세($T_{\max} = \frac{1}{2}$) < 금지관세($T_P = 1$) 의 관계가 성립하는데 이를 나타내면 〈그림 3〉과 같다.

(4) 최적관세와 동일한 수입제한 효과를 갖는 수입할당(import quota)을 비교하라. 현실적으로 관세보다 수입할당이 선호되는 이유는 무엇인가?

1. 수입제한의 규모

- 최적관세가 $T^* = \frac{1}{3}$이므로 이와 같은 효과를 갖는 수입제한의 규모($\overline{MD}$)는
$\overline{MD} = 20 - 20T = 20 - 20 \times \frac{1}{3} = \frac{40}{3}$이 된다.

2. 수입할당이 관세보다 선호되는 이유

가. 확실한 보호효과
- 관세의 효과는 크게 교역조건 개선으로 인한 후생효과와 국내가격 상승으로 인한 보호효과로 구분할 수 있다. 이때 외국의 수출공급탄력성이 낮으면 관세부과는 교역조건을 크게 개선시킬 수 있으나 국내시장가격상승을 통한 수입재산업 보호효과를 거두기는 힘들다. 예외적으로 외국의 수출공급탄력성이 매우 낮은 경우 관세부과에도 불구하고 국내가격이 하락하는 메츨러의 역설(Metzler's paradox)이 발생할 수도 있다.
- 이와는 반대로 수입할당시에는 반드시 수입재 상대가격이 상승하게 되므로 확실한 보호효과를 기대할 수 있다.

나. 수입업자들의 로비
- 관세의 경우와 달리 수입할당의 경우에는 할당지대(quota rent)가 수입업자에게 귀속된다. 따라서 수입업자들은 독점수입권을 얻기 위해 로비를 하게 되고 정책결정자 역시 수입할당을 선호하게 된다.

다. 국내 산업이 독점인 경우
- 시장이 경쟁적인 경우에는 관세와 수입할당이 동일한 효과를 가지지만, 시장이 독점인 경우에는 수입할당의 경우에 국내기업이 설정하는 가격이 더 높고 이윤도 더 크다. 따라서 해당산업 생산자들의 입장에서도 관세보다 수입할당을 선호하게 된다.

문제 587

한 광물이 매우 경쟁적인 국제시장에서 온스당 9$에 거래되고 있다. 이 가격에는 미국은 원하는 양만큼을 수입할 수 있다. 미국 국내 공급곡선은 $Q^S = 2/3P$이고, 미국 국내 수요곡선은 $Q^D = 40 - 2P$ Q^S, Q^D의 단위는 백만 온스이고, P는 국내가격이다. 최근에는 이 광물을 생산하는 미국 국내산업이 온스당 3$의 수입관세에 의해 보호되고 있다. (핀다이크 저 연습문제 응용)

(1) 3$의 관세가 부과될 때 미국 국내의 이 광물의 가격은 얼마가 되는가? 수입관세로 인한 자중손실은 얼마인가?

(2) 외국 정부로부터의 압력으로 인해 미국 정부는 관세를 없애려는 계획을 갖고 있다. 이에 위협을 느낀 이 산업의 생산자들은 그 대신 미국 정부가 연간 수입량을 일정량으로 제한하도록 외국 정부의 자발적 수출제한을 협상하도록 요구하고 있다. (1)에서의 수입관세와 동일한 보호효과를 갖는 자발적 수출제한의 규모는 얼마인가? 이러한 수출자율규제를 실시한 것이 미국의 입장에서는 더 유리한가, 또는 더 불리한가? 그 이유는?

---

(1) 3$의 관세가 부과될 때 미국 국내의 이 광물의 가격은 얼마가 되는가? 수입관세로 인한 자중손실은 얼마인가?

1. 관세이전의 균형가격
   - 폐쇄경제의 경우 $Q^D = 40 - 2P = Q^S = 2/3P$에서 $P_0 = 15$, $Q_0 = 10$이 된다.
   - 개방경제의 경우 $P_1 = P_i = 9$이며 수입량 $MD = 40 - \frac{8}{3}P_1 = 16$이 된다.

2. 관세부과시 균형가격
   - 수입관세는 국내가격을 국제가격보다 관세만큼 높게 만든다. 수입수요곡선을 좌측으로 이동시킨다. 이 경우 균형점은 E'점이 된다.

   관세부과후 국내가격 : $P_2 = P_i + 3 = 12$ ⇒ 수입량 : $MD = 40 - \frac{8}{3}P_2 = 8$

3. 관세부과의 후생효과 : 〈그림 1〉
   - 소비자잉여의 변화 :
     생산자잉여의 변화 :
     조세수입   :
     ─────────────────────
     사회적 순손실   :

- 즉 관세로 인한 후생손실은 생산측면의 비효율을 반영하는 $-b$와 소비측면의 비효율을 반영하는 $-d$의 합이 된다.

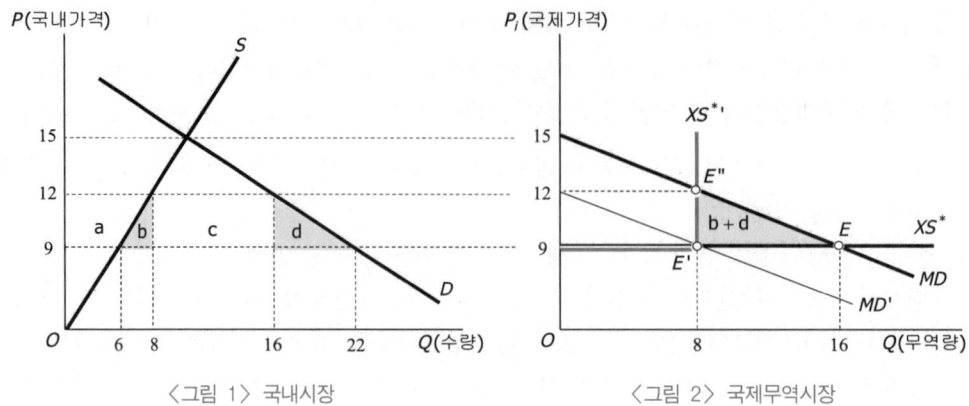

〈그림 1〉 국내시장   〈그림 2〉 국제무역시장

(2) 외국 정부로부터의 압력으로 인해 미국 정부는 관세를 없애려는 계획을 갖고 있다. 이에 위협을 느낀 이 산업의 생산자들은 그 대신 미국 정부가 연간 수입량을 일정량으로 제한하도록 외국 정부의 자발적 수출제한을 협상하도록 요구하고 있다. (1)에서의 수입관세와 동일한 보호효과를 갖는 자발적 수출제한의 규모는 얼마인가? 이러한 수출자율규제를 실시한 것이 미국의 입장에서는 더 유리한가, 또는 더 불리한가? 그 이유는?

1. 자발적 수출규제의 규모
   - (1)에서의 관세부과와 동일한 효과를 얻기 위해서는 동일한 규모의 자발적 수출규제가 이루어져야 한다. 즉 상대국의 수출을 800만 온스로 제한해야 한다. 이는 〈그림 2〉에 나타내어 졌으며, XS^*가 수평으로 가다가 수직으로 꺾어진 형태가 된다. 이 경우 새로운 균형점은 E''점이 된다.

2. 후생평가
   - 자율적 수출규제가 이루어진 경우 후생변화는 다음과 같다.

   소비자잉여의 변화   :
   생산자잉여의 변화   :
   외국 수출업자의 이득 :
   ────────────────────────
   사회적 순손실   :

   - 이 경우 후생은 관세시의 후생변화분보다 c만큼 낮다. 따라서 미국의 입장에서는 수출자율규제가 더 불리하다. 이는 수출자율규제가 실시될 경우 관세수입에 해당하는 부분이 외국 수출업자에게 돌아가게 되기 때문이다.

문제 588

각국 정부는 전염병의 확산초기에 백신을 확보하기 위해 수입에 보조금을 지급하기도 한다. 예를 들어 국내에 유행하고 있는 전염병의 백신에 대한 수요함수와 공급함수는 각각 $P = 50 - \frac{1}{2}Q_D$, $P = 5 + Q_S$라고 하자. 또한 백신의 국제가격이 30이라고 하자. (단, P는 가격, Q_D는 수요량, Q_S는 공급량)

(1) 현재 백신의 수입량은 얼마인가? 만약 백신의 수입량을 45로 증가시키기 위해서는 얼마의 수입보조금을 지급해야 하는가? [단, 수입품을 외국으로 반출하는 것은 금지되어 있다고 가정한다.]
(2) (1)에서 계산된 수입보조금 지급으로 인한 후생변화의 크기를 구하라.
(3) 만약 이 국가가 전염병 백신의 소비에 외부경제효과가 있다면 (2)에서 구한 후생변화의 크기는 더욱 커질 것인가 또는 작아질 것인가? 편의상 백신의 소비가 단위당 10의 외부경제성을 유발한다고 할 때 후생변화의 크기를 구해 보아라.

(1) 현재 백신의 수입량은 얼마인가? 만약 백신의 수입량을 45로 증가시키기 위해서는 얼마의 수입보조금을 지급해야 하는가?

1. 수입보조금 지급이전의 수입량
   - 보조금 지급이전 국제가격(P_i)과 국내가격(P)간의 관계는 다음과 같다.

   $$P = P_i = 30$$

   - 수요, 공급곡선을 정리하면 $Q_D = 100 - 2P$, $Q_S = -5 + P$이며 수입량은 다음과 같다.

   보조금 지급이전 수입량 : $MD = Q_D - Q_S = 105 - 3P_i = 15$

2. 수입보조금 지급이후의 수입량
   - 보조금(S) 지급이후 국제가격(P_i)과 국내가격(P)간의 관계는 다음과 같다.

   $$P = P_i - S = 30 - S$$

   - 보조금 지급이후 수입량 : $MD = Q_D - Q_S = 105 - 3(P_i - S) = 15 + 3S = 45$
   - 따라서 수입량을 45로 늘리기 위해서는 단위당 $S = 10$의 보조금을 지급하면 된다.

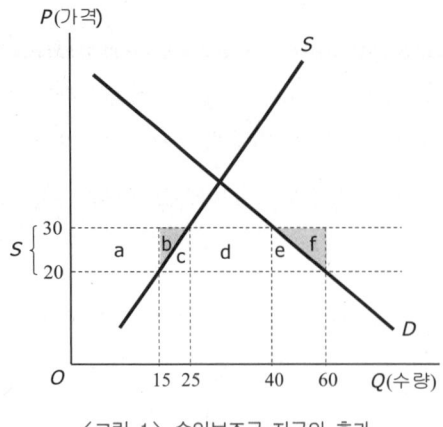

〈그림 1〉 수입보조금 지급의 효과

(2) (1)에서 계산된 수입보조금 지급으로 인한 후생변화의 크기를 구하라.

1. 후생변화의 측정
   - 〈그림 1〉에서 소비자 및 생산자의 후생변화와 보조금 지급액을 구하면 다음과 같다.

소비자잉여의 변화	:	$+a+b+c+d+e$
생산자잉여의 변화	:	$-a-b$
정부보조금지급액	:	$-b-c-d-e-f$
사회적 후생변화	:	$-b \qquad -f$

2. 후생변화의 규모
   - 이상에서 후생변화의 규모는 〈그림 1〉의 $-b-f$의 면적에 해당한다.

   $$\text{후생변화의 규모} = -b-f = -\left(\frac{1}{2} \times 10 \times 10\right) - \left(\frac{1}{2} \times 20 \times 10\right) = -150$$

   이러한 후생변화 중 b는 수입보조금으로 인한 생산측면의 왜곡을, f는 수입보조금 지급으로 인한 소비측면의 왜곡을 반영하고 있다.

(3) 만약 이 국가가 전염병 백신의 소비에 외부경제효과가 있다면 (2)에서 구한 후생변화의 크기는 더욱 커질 것인가 또는 작아질 것인가? 편의상 백신의 소비가 단위당 10의 외부경제성을 유발한다고 할 때 후생변화의 크기를 구해 보아라.

1. 소비의 외부경제성의 효과
   - 만약 소비에 외부경제성이 발생한다면 개인의 한계편익보다 사회의 한계편익이 더 크게 된다.

   소비의 외부경제성 : $SMC = PMC = P = PMB < SMB$

2. 후생변화의 측정
   - 〈그림 2〉에서 소비자 및 생산자의 후생변화와 보조금 지급액을 구하면 다음과 같다.

소비자잉여의 변화 :	$+a+b+c+d+e$
생산자잉여의 변화 :	$-a-b$
정부보조금지급액 :	$-b-c-d-e-f$
외부효과 :	$+f+g$
사회적 후생변화 :	$-b \quad +g$

3. 후생변화의 규모
   - 이상에서 후생변화의 규모는 〈그림 2〉의 $-b+g$의 면적에 해당한다.

   $$후생변화의\ 규모 = -b+g = -\left(\frac{1}{2} \times 10 \times 10\right) + \left(\frac{1}{2} \times 20 \times 10\right) = 50$$

   - 이상에서 소비의 외부경제성이 존재할 때 보조금을 지급하면 사회후생이 오히려 개선됨을 확인할 수 있다. 이는 소비의 외부경제성이 발생할 때 과소소비가 유발되는데, 수입보조금은 이러한 과소소비의 문제를 치유해주는 역할을 하기 때문이다.[20]

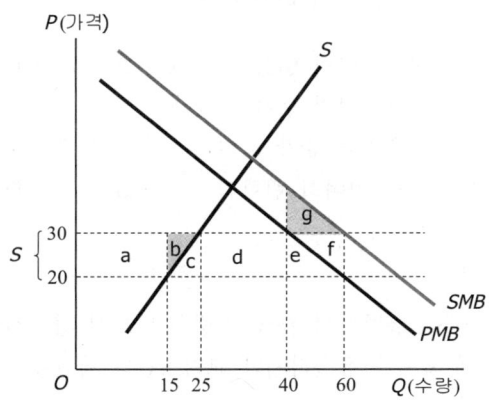

〈그림 2〉 소비에 외부경제성이 있는 경우

---

20) 주의사항 1. 이러한 결과는 차선의 이론(theory of the second best)에 근거해 평가할 수 있다. 즉 시장실패가 존재하는 상황이라면 정부가 개입하지 않는 것이 더 이상 차선이라는 보장이 없다는 것이다. 2. 이 문제의 경우 수입보조금이 후생을 개선시켰지만 수입보조금은 최선의 개입방식이 아니다. 최선의 개입방식은 외부성이 유발되는 소비에만 효과가 한정되는 소비보조금을 지급하는 것이다.

문제 589

무역정책의 효과는 이 국가가 세계경제에서 차지하는 비중에 따라 달라질 수 있다고 한다. 수요, 공급곡선을 사용해서 다음 문제에 답하여라.

(1) 한 국가가 수입에 관세를 부과할 때 자국의 후생에 미치는 효과를 소국의 경우와 대국의 경우로 나누어 비교하라.
(2) 한 국가가 수출에 보조금을 부과할 때 자국의 후생에 미치는 효과를 소국의 경우와 대국의 경우로 나누어 비교하라.

(1) 한 국가가 수입에 관세를 부과할 때 자국의 후생에 미치는 효과를 소국의 경우와 대국의 경우로 나누어 비교하라.

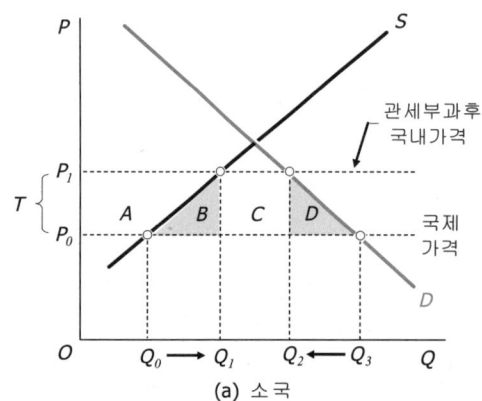
(a) 소국

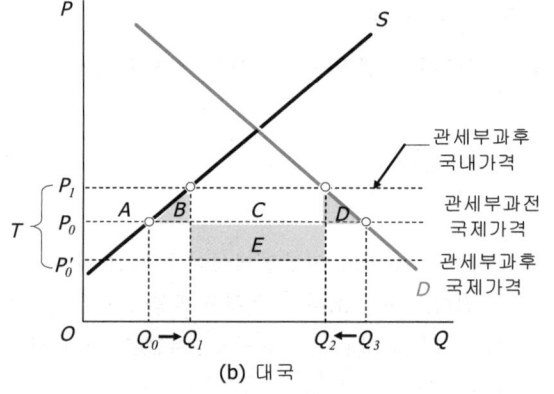
(b) 대국

소국		대국	
소비자잉여의 변화	: $-A-B-C-D$	소비자잉여의 변화	: $-A-B-C-D$
생산자잉여의 변화	: $+A$	생산자잉여의 변화	: $+A$
조세수입의 증가	: $+C$	조세수입의 증가	: $+C\ +E$
사회적 잉여의 변화	: $-B\ -D$	사회적 잉여의 변화	: $-B\ -D+E$

- 소국의 경우 관세부과는 소비와 생산에서 왜곡을 유발하여 자국 후생을 반드시 감소시킨다.
- 그러나 대국의 경우 관세부과는 소비와 생산의 왜곡을 유발하지만 교역조건의 개선을 통해 얻는 이익 때문에 오히려 자국후생이 증가할 수 있다.

(2) 한 국가가 수출에 보조금을 부과할 때 자국의 후생에 미치는 효과를 소국의 경우와 대국의 경우로 나누어 비교하라.

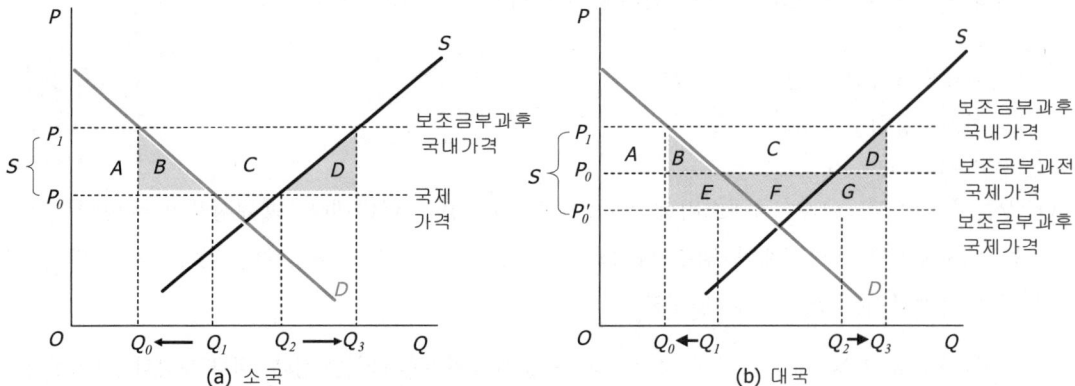

소비자잉여의 변화 : $-A\ -B$	소비자잉여의 변화 : $-A-B$
생산자잉여의 변화 : $+A\ +B+C$	생산자잉여의 변화 : $+A+B+C$
보조금 지급액 : $-B-C-D$	보조금 지급액 : $-B-C-D-E-F-G$
사회적 잉여의 변화 : $-B\ \ -D$	사회적 잉여의 변화 : $-B\ \ -D-E-F-G$

- 소국의 경우 보조금 지급은 소비와 생산에서 왜곡을 유발하여 자국 후생을 반드시 감소시킨다.
- 대국의 경우 보조금 지급은 소비와 생산의 왜곡을 유발하는데 더하여 교역조건의 악화를 유발하기 때문에 자국후생이 더욱 크게 하락한다.

문제 590

폐쇄경제의 경우 A국의 X재 시장은 독점기업에 의해 지배된다. 다음은 독점기업이 직면하는 국내수요곡선과 한계비용함수이다. 편의상 고정비용은 없다고 가정한다.

> ○ 국내수요곡선 : $Q_d = 12 - P$
> ○ 한계비용함수 : $MC = Q_s$

단 P는 국내가격, Q_d는 국내소비량, Q_s는 국내생산량을 나타낸다. 폐쇄경제의 균형에서 Q_d와 Q_s는 일치하지만 개방경제의 경우 양자의 차이가 수출량 또는 수입량이 된다. 이 시장이 개방될 경우 국제가격은 $P_i = 2$로 일정하다.

(1) 이 시장을 개방하는 동시에 $T = 3$의 종량관세가 부과되는 경우 국내가격과 수입량을 구하시오.
(2) (1)와 동일한 수입량에 해당하는 수입할당을 도입한 경우 국내가격과 소비량을 구하시오. 이 결과가 (1)과 상이한 이유는 무엇인가?

---

(1) 이 시장을 개방하는 동시에 $T = 3$의 종량관세가 부과되는 경우 국내가격과 수입량을 구하시오.

- 이 경우 기업은 가격수용자가 되어 $\overline{P} = P_i + T = 5$를 넘는 가격을 결정할 수 없으며 이는 기업의 한계수입이 된다.

   최적생산 : $P = MR = 5 = MC = Q_s \Rightarrow Q_s = 5$
   최적소비 : $Q_d = 12 - P = 7$
   수입량   : $MD = Q_d - Q_s = 2$

- 이 경우 생산점과 소비점은 각각 〈그림 1〉의 a점 및 b점에 대응된다.

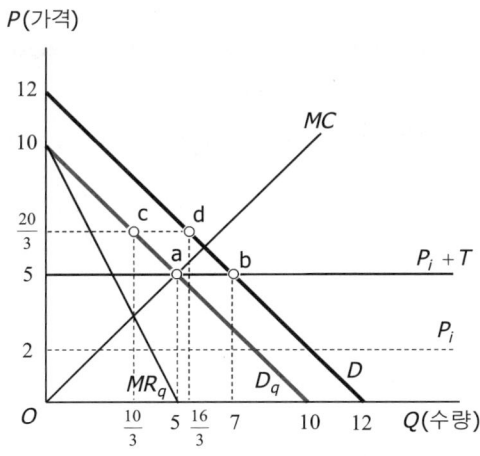

〈그림 1〉 국내기업이 하나인 경우

(2) (1)와 동일한 수입량에 해당하는 수입할당을 도입한 경우 국내가격과 소비량을 구하시오. 이 결과가 (1)과 상이한 이유는 무엇인가?

- 이 경우 할당량을 제외한 나머지 부분에 대해 독점력을 행사할 수 있다. 따라서 기업이 직면하는 수요곡선 및 균형조건은 다음과 같다. 단 Q_q 및 P_q는 수입할당 후 기업이 직면하는 수요량 및 기업이 설정하는 가격이다.

    기업이 직면하는 수요곡선 : $Q_q = (12 - P_q) - 2 = 10 - P_q$ 또는 $P_q = 10 - Q_q$
    최적생산조건   : $MR_q = 10 - 2Q_q = MC = Q_s$

- 균형에서 $Q_q = Q_s$가 성립해야 하므로 $Q_q = \frac{10}{3}$, $P_q = \frac{20}{3}$이 된다. 이는 〈그림 1〉의 c점에 대응된다. 또한 총소비량은 d점에 대응된다.
- 비교하면 동일한 수입제한 효과를 갖는 관세와 수입할당을 비교할 때 관세의 경우가 가격이 더 낮고 거래량이 더 많음을 알 수 있다. 즉 국내시장이 독점인 경우 관세와 수입할당의 동등성은 성립하지 않으며 관세의 경우가 수입할당보다 사회적으로 바람직하다.
- 이러한 결과는 두 정책의 성격상 차이에서 비롯한다. 즉 관세는 조세를 납부하는 경우 얼마든지 국내에 판매가 이루어질 수 있는 개방적이며 경쟁지향적인 성격의 정책인데 비하여 수입할당은 일정량 이상의 수입이 이루어질 수 없는 폐쇄적이며 경쟁제한적인 성격의 정책이기 때문이다.

문제 591

현재 동일한 수입제한효과를 갖는 관세와 수입쿼터를 비교해 보자. 이제 이 재화의 국내수요가 증가한 경우 관세와 쿼터 중 어느 경우의 후생손실이 더 큰가? 단 소국경제를 가정한다. (김신행-김태기 저 응용)

1. 관세와 수입쿼터의 차이점

- 관세(tariff)는 가격을 통한 간접적 규제로서 국내가격을 국제가격으로부터 관세의 크기만큼 상승시킨다.
- 반면 수입쿼터(quota)은 수량에 대한 직접적 규제로서 외국으로부터의 수입을 일정규모 이내로 제한한다.

2. 관세부과시

- 우선 T의 관세부과로 인해 $Q_1 - Q_2$로 수입이 제한된 경우에 후생상실분은 $A + B$의 면적이 된다.
- 관세는 가격에 대한 규제이므로 이때 수요가 증가하더라도 가격은 상승하지 않고 수요량과 수입량만 증가한다. 이때 후생상실분은 $A + B'$가 되는데 이는 원래의 후생상실분과 동일하다.

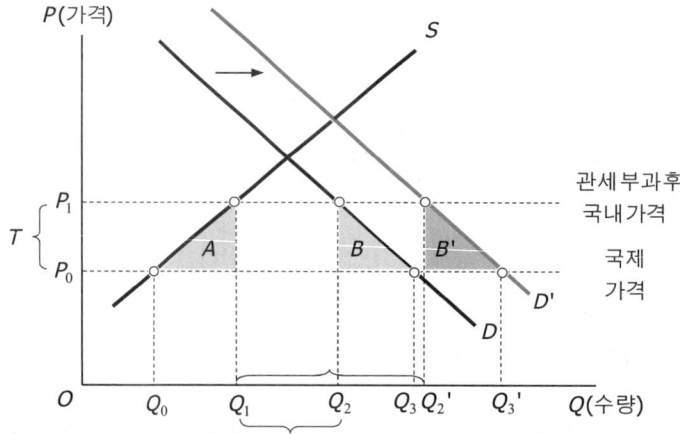

〈그림 1〉 수요증가의 효과 : 관세부과의 경우

3. 수입쿼터시

- 이제 관세와 동일한 $Q_1 - Q_2$의 수입물량을 수량쿼터로 설정한 경우를 고려해 보자. 이때도 수요증가이전의 후생상실분은 $A + B$의 면적이 되며 이는 관세의 경우와 동일하다.
- 그러나 수량쿼터의 경우에는 수요가 증가하더라도 수입량은 증가하지 않고 가격이 상승한다. 그 결과 후생상실분은 $A'' + B''$가 되는데 이는 원래의 후생상실분보다 증가한 것이다.

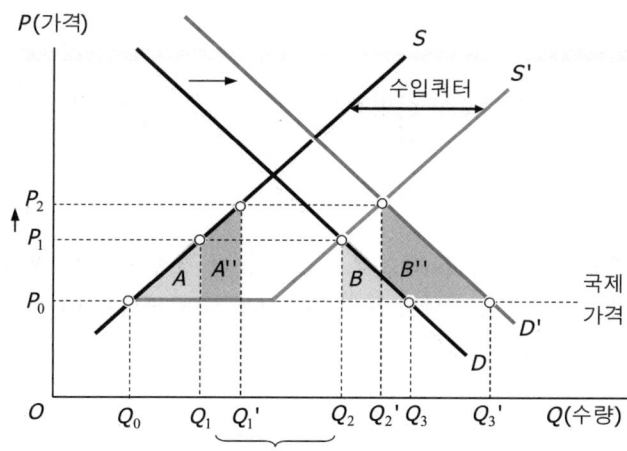

〈그림 2〉 수요증가의 효과 : 수입쿼터의 경우

4. 평가

- 동일한 물량제한효과를 갖는 관세와 수입쿼터가 실시된 상태에서 수요가 증가할 때 수입쿼터의 경우가 후생손실이 크고, 수요가 감소할 때는 관세가 후생손실이 크다. 이는 두 제도가 통제하는 변수가 다르기 때문에 발생한 현상이다.[21]

---

[21] 이 문제에서 자중손실이 크다고 이를 수입쿼터가 나쁜 정책이라고 판단하는 것은 섣부른 결론이다. 수요감소의 경우에는 반대의 결과가 나오기 때문이다.

문제 592

관세부과가 국내 상대가격에 미치는 영향에 대하여 설명하시오.

1. 소국의 경우
   - 〈그림 1〉에서 관세부과 시 균형은 E점에서 E'점으로 이동한다. 이 경우 교역조건은 불변이지만 관세를 포함한 수입재의 국내가격은 G점을 지나는 p'의 기울기가 되며 관세부과분만큼 상승한다.

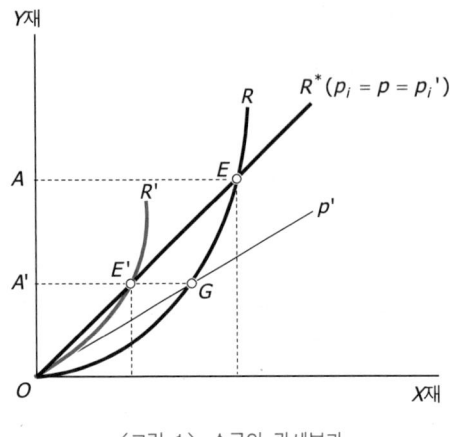

〈그림 1〉 소국의 관세부과

2. 대국의 경우

   가. 일반적인 경우
   - 〈그림 2〉에서 관세부과 시 균형은 E점에서 E'점으로 이동하여 교역조건은 p_i'가 된다. 이 경우 수입재의 국제가격은 하락한다. 그러나 관세를 포함한 수입재의 국내가격은 G점을 지나는 p'의 기울기가 되며 관세부과분 보다는 작은 폭이지만 여전히 상승한다.

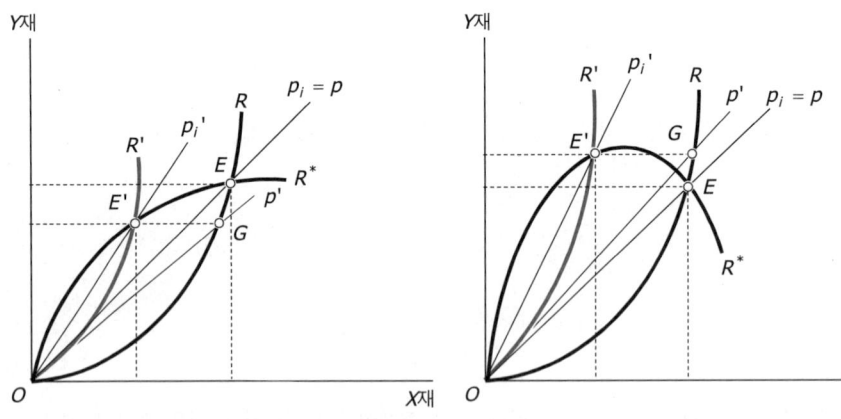

〈그림 2〉 대국의 관세부과 : 일반적인 경우   〈그림 3〉 대국의 관세부과 : 메츨러의 역설

나. 예외적인 경우 : 메츨러의 역설

- 〈그림 3〉에서 관세부과시 균형은 E점에서 E'점으로 이동하여 교역조건은 p_i'가 된다. 이 경우 수입재의 국제가격이 크게 하락한다. 그 결과 관세를 포함한 수입재의 국내가격은 G점을 지나는 p'의 기울기가 되어 국내가격 역시 하락한다.
- 이처럼 관세부과에도 불구하고 수입재화의 국내상대가격이 하락하여 관세의 보호효과를 얻을 수 없는 경우를 메츨러의 역설(Metzler paradox)이라고 한다.
- 이러한 현상은 관세가 부과되는 해당영역의 외국 오퍼곡선이 비탄력적인 특성을 가지고 있어 수입재 국제가격이 큰 폭으로 하락하기 때문에 나타난 현상이다.

문제 593

개발도상국이 수입품인 선진공업국의 공산품(Y재)에 대해 관세를 부과할 경우 관세부과가 개발도상국의 사회후생에 미치는 영향을 일반균형모형을 이용하여 설명하시오.

1. 관세가 교역조건에 미치는 영향
   - 개도국이 소국(small open country)인 경우라면 개도국이 인식하는 선진국의 오퍼곡선은 원점에서 출발하는 직선이 된다. 이 경우 관세를 부과하더라고 교역조건은 변하지 않는다.
   - 반면 개도국이 대국(large open country)인 경우라면 관세부과시에 자국의 오퍼곡선을 축소시킴에 따라 교역조건의 개선이 나타난다.

2. 개도국이 소국인 경우

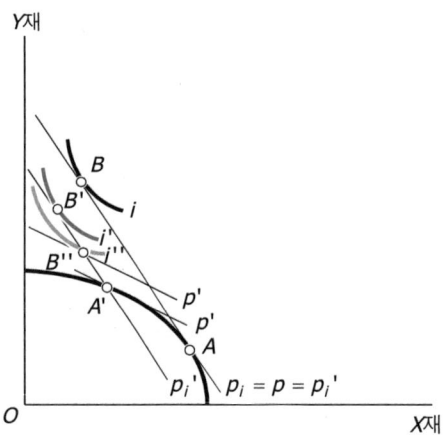

〈그림 1〉 소국의 관세부과

   - 〈그림 1〉에서 관세부과시 국내가격의 상승으로 인해 생산은 A점에서 A'점으로 이동하며 소비는 B점에서 B''점으로 이동한다. 이로 인해 개도국의 후생은 i에서 i''로 감소한다. 이러한 후생감소는 생산왜곡으로 인한 부분($i \to i'$)과 소비왜곡으로 인한 부분($i' \to i''$)으로 이루어진다.

3. 개도국이 대국인 경우

가. 교역조건의 개선이 큰 경우

- 〈그림 2〉에서 관세부과시 국내가격의 상승으로 인해 생산은 A점에서 A'점으로 이동하며 소비는 B점에서 B'점으로 이동한다. 이 경우 교역조건의 개선이 소비 및 생산의 왜곡을 상쇄할만큼 충분히 크다면 관세부과 후 후생이 오히려 증가한다.

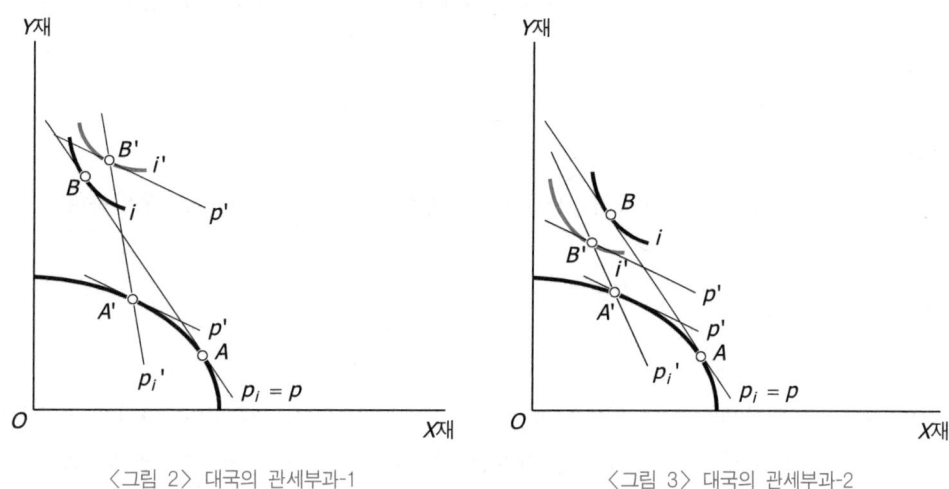

〈그림 2〉 대국의 관세부과-1   〈그림 3〉 대국의 관세부과-2

나. 교역조건의 개선이 작은 경우

- 〈그림 3〉에서 관세부과 시 국내가격의 상승으로 인해 생산은 A점에서 A'점으로 이동하며 소비는 B점에서 B'점으로 이동한다. 이 경우 교역조건의 개선이 크지 않다면 관세부과 후 후생이 감소한다.

문제 594

수입관세와 수출세의 대칭성(symmetry)을 증명하고 그 의미와 한계를 설명하시오.

1. 기호정의
   - P_X는 수출재 국내가격, P_{Xi}는 수출재 국제가격, P_Y는 수입재 국내가격, P_{Yi}는 수입재 국제가격을 의미한다.

2. 수입관세의 경우
   - 관세부과전의 경우 국내상대가격(p)과 국제상대가격 즉 교역조건(p_i)은 동일하다.

   조세부과 전 : $p_i = \dfrac{P_{Xi}}{P_{Yi}} = \dfrac{P_X}{P_Y} = p$

   - 수입재에 t의 종가세율로 관세가 부과되면 $P_Y' = (1+t)P_{Yi}'$가 된다. 따라서 관세부과후 국내상대가격(p')와 국제상대가격(p_i')의 관계는 다음과 같다.(단 $'$ 표시는 관세부과이후의 값임을 의미)

   $$\dfrac{p_i'}{(1+t)} = \dfrac{P_{Xi}'}{(1+t)P_{Yi}'} = \dfrac{P_X'}{P_Y'} = p' \quad \text{즉} \quad p_i' = (1+t)p' \qquad \text{------- 식 1}$$

3. 수출세의 경우
   - 수출재에 t의 종가세율로 관세가 부과되면 $P_{Xi}' = (1+t)P_X'$가 된다. 따라서 수출세부과후 국내상대가격(p')와 국제상대가격(p_i')의 관계는 다음과 같다.

   $$p_i' = \dfrac{P_{Xi}'}{P_{Yi}'} = \dfrac{(1+t)P_X'}{P_Y'} = (1+t)p' \quad \text{즉} \quad p_i' = (1+t)p' \qquad \text{------- 식 2}$$

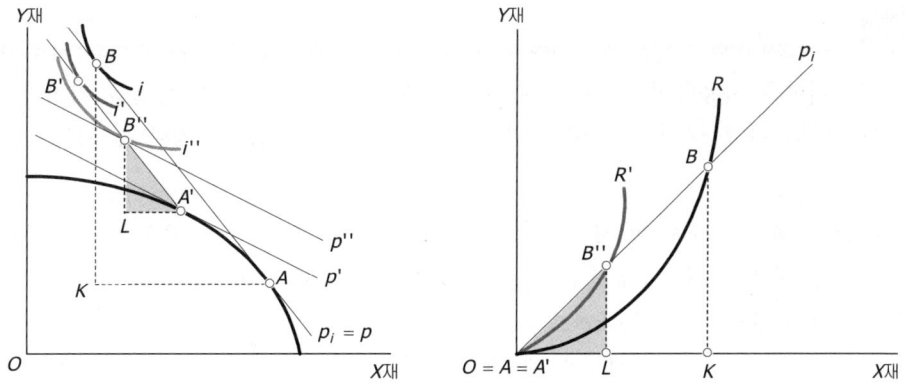

〈그림 1〉 관세부과 및 수출세부과의 효과

4. 평가

- 이상에서 식 1과 식 2가 동일함을 알 수 있다. 수출세는 수입재 대신에 수출재에 부과되며 수출재의 국제가격이 국내시장에서의 가격보다 t의 비율만큼 높아진다는 점이 관세와 다르지만 정태적인 장기균형이론의 입장에서 보면 수입관세와 동일한 결과를 가져오게 된다. 이를 수출세와 관세의 대칭성(Lerner symmetry theorem)이라고 한다. 〈그림 1〉은 수입관세와 수출세가 모두 자국의 오퍼곡선을 축소시키는 변화를 유발함을 나타내고 있다.
- 이러한 결과는 몇 가지 한계를 갖는다. 첫째, 이러한 대칭성은 재화가 2가지뿐이거나 모든 수입재 또는 모든 수출재에 동일한 세율로 과세된 경우에만 성립한다. 둘째, 실업이나 국제수지 불균형을 유발할 수 있는 단기의 경우 양자의 효과는 상이하다. 즉 관세는 수입경쟁산업의 실업의 감소 및 무역수지 개선효과가 있지만, 수출세의 경우는 수출산업의 실업증가 및 무역수지 악화를 유발한다.

문제 595

수입원료 $10어치만을 사용하여 $40짜리 완제품을 생산하는 수입경쟁재 산업을 가정하자. 편의상 수입원료시장 및 완제품시장에서 이 국가는 소규모 개방경제라고 가정한다. (크루그먼 저 연습문제 응용)

(1) 원료에 50%, 제품에 100%의 관세를 각각 부과 했을 때 실효보호관세율은 몇 %인가?
(2) 당해 산업에 한해 실제보호효과를 가능한 크게 하려면 중간재와 최종재 중 어느 쪽에 더 무거운 관세를 부과해야 하는가? 그 이유는?
(3) (2)에서 언급한 관세구조를 전제할 때 세전 부가가치가 작은 산업일수록 실효보호관세율이 더 높음을 보이고 경제적 의미를 설명하라.

---

(1) 원료에 50%, 제품에 100%의 관세를 각각 부과 했을 때 실효보호관세율은 몇 %인가?

1. 명목보호관세율과 실효보호관세율

 - 명목보호관세율(nominal rate of protection)은 관세부과시 국내가격의 변화율로 정의된다. 그러나 한 산업이 보호를 받았다고 느끼기 위해서는 그 부분의 부가가치가 증가해야 한다. 따라서 부가가치의 증가율로 산업에 대한 보호율을 측정하는 방식을 실효보호관세율(effective rate of protection)이라고 한다.

$$\text{명목보호관세율}: t_N = \frac{P' - P}{P}, \quad \text{실효보호관세율}: t_E = \frac{V' - V}{V}$$

2. 실효보호관세율의 도출

 - 관세부과전 부가가치 : $V = 40 - 10 = 30$
 관세부과후 부가가치 : $V' = 40(1+1) - 10(1+0.5) = 80 - 15 = 65$

$$\text{실효보호관세율}: t_E = \frac{V' - V}{V} = \frac{65 - 30}{30} = \frac{7}{6}$$

(2) 당해 산업에 한해 실제보호효과를 가능한 크게 하려면 중간재와 최종재 중 어느 쪽에 더 무거운 관세를 부과해야 하는가? 그 이유는?

1. 관세구조와 실효보호관세율

 - a는 최종재 한 단위 생산에 소요되는 수입중간재의 소요량, t는 최종재에 부과되는 관세율, τ는 중간재에 부과되는 관세율이라고 하자

관세부과 전 부가가치 : $V = P(1-a)$
관세부과 후 부가가치 : $V' = P[(1+t) - a(1+\tau)]$

$$t_E = \frac{V' - V}{V} = \frac{P[(1+t) - a(1+\tau)] - P(1-a)}{P(1-a)} = \frac{t - a\tau}{1-a} = t + \frac{a}{1-a}(t - \tau) \quad \text{---- 식 1}$$

2. 경사관세와 보호효과
- 식 1로부터 다음의 관계를 알 수 있다.

$$t \begin{matrix}>\\=\\<\end{matrix} \tau \text{ 이면 } t_E \begin{matrix}>\\=\\<\end{matrix} t \begin{matrix}>\\=\\<\end{matrix} \tau$$

- 즉 최종제품에 대한 명목관세율을 중간재에 대한 명목관세율보다 더 높게 유지함으로써 실효보호 관세율을 명목관세율보다 더 높게 유지할 수 있다. 다시 말하면 한 산업의 부가가치를 높이기 위해서는 가능한 완제품과 수입원자재의 가격의 차이가 커야 한다. 이러한 조건을 만족시키기 위해서 완제품에 대해서는 가능한 높은 관세율을, 원자재에 대해서는 가능한 낮은 관세율을 적용해야 한다.
- 이와 같이 원자재 수입에는 낮은 관세율을 적용하고 완제품에 가까워질수록 높은 관세를 부과하는 관세구조를 경사관세(tariff escalation)라고 하는데, 이는 관세의 상한이 정해진 GATT 체제하에서 관세상한을 피하면서도 실제적인 보호효과를 거두는 용도로 활용된다.

(3) (2)에서 언급한 관세구조를 전제할 때 세전 부가가치가 작은 산업일수록 실효보호관세율이 더 높음을 보이고 경제적 의미를 설명하라.

1. 세전 부가가치와 산업의 보호효과
- 세전 부가가치 $V = P(1-a)$에서 a가 클수록 가격대비 부가가치의 비율이 낮다. 그러나 경사관세를 전제할 때 $t_E = t + \frac{a}{1-a}(t-\tau)$에서 a값이 높을수록 실효보호율이 더 높다. 즉 부가가치율이 낮은 산업일수록 실효보호율이 더 높다.[22]

2. 경제적 의미
- 이러한 결과는 경사관세구조하에서 비효율적인 산업일수록 더 많은 보호를 받게 됨을 지적한다. 이는 관세보호가 자원배분의 비효율성을 가져올 수 있음을 다른 각도에서 보여주고 있다.

---

[22] 일부 교과서에서는 간략히 $t_E = \frac{V'-V}{V}$에서 V가 작을수록 t_E가 크다고 설명하기도 하는데 답에 짜맞춘 설명 같아서 다른 설명을 제시하였다.

문제 596

향후 성장잠재력이 높은 산업에 대해서는 관세로 보호해주는 것이 바람직하다는 주장을 비판적으로 평가하라.

1. 유치산업보호론의 의미
   - 미국의 해밀턴(A. Hamilton)과 독일의 리스트(F. List)등에 의해 제안된 유치산업보호론(infant industry argument)은 자유무역론에 대한 비판으로 제안되었다.
   - 이들에 의하면 성장잠재력이 있는 산업이라도 초기에는 어려운 점이 많기 때문에, 국제적으로 경쟁력을 가질 때까지는 정부가 지원을 해 주어야 한다고 한다.

2. 유치산업 선정기준의 문제

   가. 밀의 기준(Mill's test)
   - 밀은 정부가 보호받는 산업을 선정할 때 종국적으로 세계시장에서 비교우위를 가질 수 있는 산업을 선택해야 한다고 주장하였다.

   나. 바스타블의 기준(Bastable's test)
   - 바스타블은 종국적으로 세계시장에서 비교우위를 가질 산업이라고 하더라도 단기적으로는 보호로 인한 비용이 발생하므로, 장차 얻을 이익이 보호기간 중의 손실을 넘어설 정도로 충분히 큰 산업을 선택해야 한다는 조건을 추가하였다.

   다. 켐프의 기준(Kemp's test)
   - 켐프는 보호이후의 이익이 매우 크다면 민간기업들도 투자할 것이기 때문에 바스타블의 기준만으로는 충분하지 못하며, 보호대상이 받는 산업이 얻는 이익이 상당한 정도 긍정적 외부효과(positive externality)의 형태로 나타나야 한다는 조건을 추가하였다.[23]

   라. 소결
   - 설문에 있어 정부의 판단에 따르면 이 산업은 향후 세계시장에서 비교우위를 가질 수 있는 산업이므로 밀의 기준을 통과한다.
   - 그러나 바스타블의 기준에 의하면 보호기간에는 후생손실이 발생하기 때문에 보호기간이 그다지 길지 않고 혜택을 얻는 기간이 매우 길어 보호기간의 후생손실을 충분히 넘어설 수 있어야 한다.
   - 또한 켐프의 기준에 의하면 성장가능성이 매우 큰 산업이라 하더라도 성장의 혜택이 상당부분 다른 기업들에게 미칠 수 있어야 한다.

---

[23] 이러한 성질을 기술개발의 전용성(appropriability)의 문제라고도 한다.

3. 유치산업 보호방식의 문제

가. 관세부과의 효과

- 예를 들어 소국에서 한 산업의 생산과정에 긍정적 외부효과가 발생한다고 하자. 이 경우 다음의 조건이 만족된다.

생산측면의 긍정적 외부성 : $P = PMC > SMC$

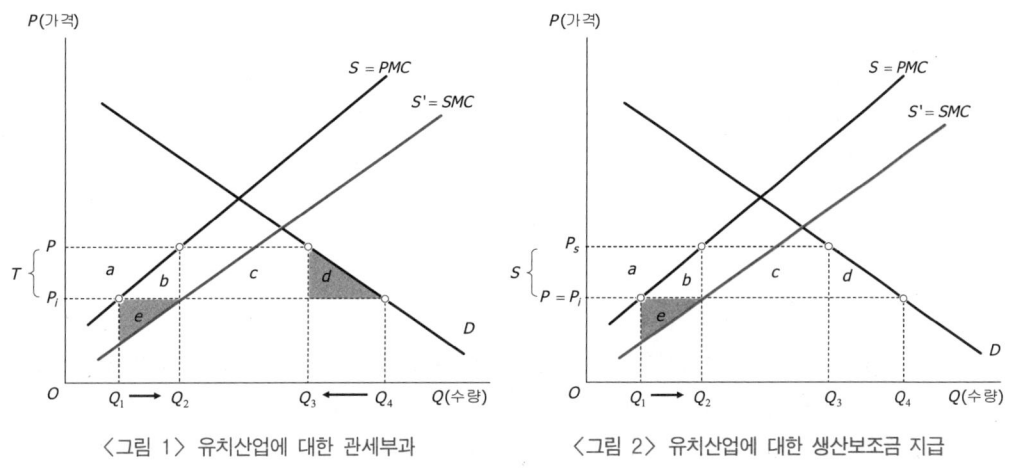

〈그림 1〉 유치산업에 대한 관세부과　　〈그림 2〉 유치산업에 대한 생산보조금 지급

- 이때 〈그림 1〉에서처럼 관세부과전 생산인 Q_1는 최적 생산인 Q_2보다 작다. 이 경우 관세부과는 해외가격에 비해 자국내에서 생산자와 소비자가 인식하는 가격을 모두 상승시킨다.

관세부과의 효과 : $P_d = P_s = P = P_i + T$ [24)]
　　　　　　(T는 단위당 관세, P_d는 소비자 지불가격, P_s는 생산자 수취가격)

따라서 관세를 부과하면 Q_1에서 Q_2까지 생산을 증가시킬 수 있지만 Q_4에서 Q_3까지 소비를 감소시킨다. 이 경우 후생변화는 다음과 같다.

소비자잉여 :
생산자잉여 :
관세(수입) :
외부효과　 : _____
총효과　　 :

---

24) $P = P_i(1+t)$의 형태로 나타낼 수도 있다.

나. 생산보조금의 효과

- 생산보조금을 지급하면 소비자가 지불하는 가격에 비해 생산자가 수취하는 가격이 보조금만큼 상승한다.

  생산보조금의 효과 : $P_s - S = P_d = P = P_i$ 또는 $P_s = P + S$[25] (S는 단위당 보조금)

- 이 경우 생산보조금은 Q_1에서 Q_2까지 생산을 증가시킬 수 있으며 소비에는 영향을 미치지 않는다. 이 경우 후생변화는 다음과 같다.

  소비자잉여 :
  생산자잉여 :
  보조금(손실) :
  외부효과   :
  ─────────────
  총효과   :

다. 소결

- 이상에서 관세부과시에는 후생이 증가할 수도 있고 감소할 수도 있지만 생산보조금의 경우에는 후생이 분명히 증가한다. 이는 생산보조금은 소비의 왜곡을 유발하지 않으면서 생산의 문제를 해결하기 때문에 관세에 비해 한정성 원칙(specification principle)의 원칙의 입장에서 우월하기 때문이다.

4. 설문의 평가

- 첫째, 정보와 미래예측력의 한계로 인해 정부가 미래에 어떤 산업이 성장할 수 있을지를 예측하는 것(picking the winner)은 사실상 매우 어렵다.
- 둘째, 바스타블의 검증조건과 켐프의 검증조건을 고려할 때 향후 성장잠재력이 높은 산업이라고 해서 모두 보호대상이 되는 것은 아니다.
- 셋째, 어떤 산업이 보호의 조건을 모두 만족하더라도 관세는 최적의 정책이 아니며 생산보조금과 같이 소비를 왜곡하지 않는 다른 방식으로 개입하는 것이 바람직하다.
- 넷째, 정부와 보호를 받는 기업 간에 유착으로 인해 한번 보호가 이루어진 산업에서 보호조치가 철회되기는 어렵다.
- 이상의 점들을 고려할 때 유치산업보호정책이 성공하기 위해서는 매우 신중하고 사려 깊은 고려가 필요함을 알 수 있다.[26]

---

[25] $P_s = P(1+s)$의 형태로 나타낼 수도 있다.
[26] 일부에서는 개도국의 경우 성장 잠재력이 높은 산업에 대해서도 재원조달이 어려울 수 있다는 점을 정부지원의 근거로 제시하기도 한다.

PART 1 국제무역론

문제 597

많은 경제학자들은 자유무역이 개도국의 경제성장을 위한 가장 바람직한 방법이라고 생각한다. 그러나 개도국의 경제성장과정에서 예상치 못한 부작용이 발생할 수 있다.
(1) 바그와티의 궁핍화성장론을 설명하고 그의 궁핍화성장이 현실에서 나타나기 힘든 이유를 설명하라.
(2) 프레비쉬 싱거가설을 설명하고 이 이론의 현실과 일치하지 않는 이유를 설명하라.

(1) 바그와티의 궁핍화성장론을 설명하고 그의 궁핍화성장이 현실에서 나타나기 힘든 이유를 설명하라.

1. 궁핍화성장의 의미

- 바그와티(Jadgish Bhagwati)는 경제성장이 교역조건을 악화시키거나 국내의 왜곡을 증폭시켜 국내후생을 감소시킬 수 있다는 점을 지적하였는데 이를 궁핍화성장론(immiserizing growth)이라고 한다.
- 〈그림 1〉에서 성장이 이루어지기 전의 생산가능곡선이 AB로 주어지고 이때 국제가격이 p_0로 주어져서 우리나라의 생산이 P에서 이루어지고 소비가 C점에서 이루어진다고 하자. 이때 우리나라는 X재에 대한 수출국이 되며 i_0의 후생을 누리게 된다.
- 이때 X산업에 큰 성장요인이 발행하여 생산가능곡선이 $A'B'$와 같이 수출재인 X재 쪽으로 크게 확장되었다고 하자. 이러한 경우 우리나라가 X산업에서 대국(large open economy)이라면 X의 가격이 하락할 것이다. 이처럼 성장이 교역조건의 악화를 유발한 결과 생산이 P'점에서 이루어지고 소비가 C'점에서 이루어져서 사회후생은 i_0에서 i_1으로 감소한다.

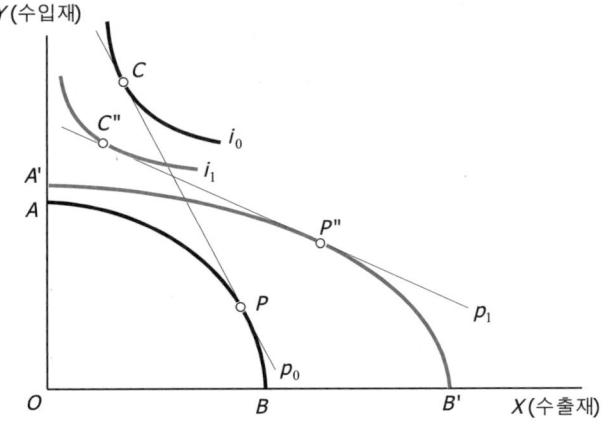

〈그림 1〉 궁핍화성장 : 대국의 수출산업 성장

95

2. 궁핍화성장론의 한계

- 위 경우에서 궁핍화성장의 발생여부는 수출재가격의 하락폭에 의해 결정된다. 즉, 수출재가격이 크게 하락할수록 궁핍화성장이 나타날 가능성이 커진다.
- 이를 위해서는 첫째 해당국가가 수출산업에서 대국이어야 하며, 둘째 수출재 부문에 편향된 성장이 발생해야하며, 셋째 수출재에 대한 국제적 수요의 가격탄력성이 매우 낮아야 한다.
- 이러한 조건이 동시에 성립되기 어렵기 때문에 궁핍화성장은 발생하지 않거나 발생하더라도 일시적으로 나타날 뿐이다.

(2) 프레비쉬 싱거가설을 설명하고 이 이론의 현실과 일치하지 않는 이유를 설명하라.

1. 가정

- 선진국은 공산품을 수출하고, 개도국은 농산품 등 1차상품을 수출한다.
- 공산품에 대한 수요는 소득탄력성이 높고, 농산품에 대한 수요는 소득탄력성이 낮다.

2. 프레비쉬 싱거가설의 의미

- 경제가 성장할 때 공산품의 수요가 빠르게 증가하고 농산품 수요가 느리게 증가한다면 공산품의 상대가격이 상승하여 농산품을 수출하는 개도국의 교역조건은 악화된다. 그 결과 개도국은 경제성장에도 불구하고 큰 이익을 얻지 못하는 일이 발생한다.

3. 프레비쉬 싱거가설의 한계

- 첫째, 선진국이 공산품을 수출하고 개도국이 농산품을 수출한다는 가정이 성립하지 않을 수 있다. 예를 들어 미국은 세계제일의 농산물 수출국이며, 중국이나 동남아 개도국들은 공산품을 수출하여 성장하고 있다.
- 둘째, 프레비쉬 싱거가설은 수요측 요인을 주로 고려하였으나, 실제 교역조건은 공급측 요인에 더 큰 영향을 받는다. 예를 들어 공산품 수요가 크게 늘어나더라도 공산품 공급이 더 크게 증가한다면 공산품 가격은 하락한다.

문제 598

자유무역은 참가국들에게 잠재적인 이익을 안겨줌에도 불구하고 각국의 일방적인 노력으로는 이루어지기 힘들다는 문제가 널리 알려져 있다. 이는 국제무역에 존재하는 국내 계층간 또는 국가간의 갈등이 현실적으로 매우 중요하기 때문이다.

(1) 일방적인 노력으로 자유무역이 이루어지기 힘든 이유를 국내정치적인 이유를 들어 설명하고, 이러한 문제에 대해 상호주의적인 국제협상(reciprocal negotiation)이 이러한 문제의 해결에 어떻게 도움이 되는지를 설명해 보시오.
(2) 국제협상은 또한 국가간의 무역전쟁(trade war)을 피할 수 있게 해 주기 때문에 자유무역을 위해 매우 유용하다. 이러한 예를 간단한 보수행렬을 통해 설명해 보아라.

---

(1) 일방적인 노력으로 자유무역이 이루어지기 힘든 이유를 국내정치적인 이유를 들어 설명하고, 이러한 문제에 대해 상호주의적인 국제협상(reciprocal negotiation)이 이러한 문제의 해결에 어떻게 도움이 되는지를 설명해 보시오.

1. 일방적인 자유무역의 한계
- 관세, 수출보조금 등 무역정책은 일반적으로 생산자잉여를 증가시키지만 소비자잉여를 크게 감소시키고 결과적으로 사회전체적인 후생을 감소시킨다.
- 현실적으로 정부의 정책은 '사회전체의 이익'보다는 '잘 조직화된 집단의 이익'에 의해 움직일 가능성이 크다. 이는 조직화가 잘된 집단일수록 선거에 있어 높은 투표율과 정치자금 등으로 보답을 할 수 있기 때문이다.
- 즉 자유무역을 실시하면 수입재부분의 소비자 계층은 큰 이익을 얻지만 이들은 다수이며 분산되어 있고 개개인에 돌아가는 이득이 그다지 크지 않아 조직화되지 않아 이들의 영향력은 오히려 약하다. 반면 수입재부분의 생산자 계층은 소수의 사람들이 집중적으로 손실을 보기 때문에 매우 잘 조직화 되어 있어 현실적으로 매우 강한 영향력을 미친다. 따라서 이들 생산자들의 저항으로 인해 일방적인 노력에 의해 시장의 개방이 이루어지기 힘들다.

2. 상호주의적 국제협상의 유용성
- 일방적인 자유무역의 실시가 어려운 이유는 잘 조직된 수입재부분의 생산자에게 조직화되지 않은 소비자들이 대응하지 못하기 때문이다.
- 이와 달리 양국이 쌍무적으로 시장을 개방하면 자국 수입재부분의 생산자들은 반대하지만 자국 수출재부문 생산자들은 이익을 보게 된다. 이러한 경우 잘 조직화된 수입재부문 생산자들의 반대를 역시 잘 조직화된 자국의 수출재부문 생산자들이 대응해 줄 것이기 때문에 자유무역을 효과적으로 실현시킬 수 있다.

(2) 국제협상은 또한 국가간의 무역전쟁(trade war)을 피할 수 있게 해 주기 때문에 자유무역을 위해 매우 유용하다. 이러한 예를 간단한 보수행렬을 통해 설명해 보아라.

1. 관세전쟁의 보수행렬

A \ B	자유무역	관세부과
자유무역	(10, 10)	(-5, 15)
관세부과	(15, -5)	(0, 0)

〈표 1〉

- 최적관세이론에 따르면 양국이 모두 자유무역을 실시하면 모두에게 바람직하지만 상대가 자유무역을 할 때 나는 관세를 부과하는 것이 더 이익이 되기 때문에 자유무역에서 이탈할 유인이 있다. 이 경우 더 이상 이탈의 유인이 없는 내쉬균형은 양국이 모두 관세를 부과하여 각국이 (0, 0)을 얻는 무역전쟁(trade war)의 상황이다.
- 이처럼 양국은 자유무역이 모두에게 이익임을 알면서도 서로 관세를 부과하는 무역전쟁의 상황은 게임이론에서의 용의자의 딜레마(prisoner's dilemma)의 상황과 유사하다.

2. 국제협상의 경제적 효과

A \ B	자유무역	관세부과
자유무역	(10, 10)	(-5, 6)
관세부과	(6, -5)	(-9, -9)

〈표 2〉

- 이제 양국이 관세를 부과하지 않기 위한 협상을 구체화하여서, 자유무역을 실시하기로 약속한 후 이를 위반한 국가에게 9의 과징금을 부과하기로 한다면 〈표-2〉가 구해진다.
- 이 경우에는 상대가 자유무역을 실시하는지 여부와 무관히 자신은 자유무역을 하는 것이 유리하다. 따라서 이 경우 두 국가는 자유무역을 우월전략균형으로 선택하게 되어 무역전쟁의 딜레마 상황을 벗어날 수 있다. 이러한 무역협상이 실효성있게 성립하기 위해서는 위반국에 대해 즉각적이고 강력한 타격을 미칠 수 있어야 한다.

문제 599

WTO로 대표되는 다자주의 국제협상이 지체됨에 따라 FTA로 대표되는 지역무역통합이 활발히 진행되고 있다.

(1) 무역통합의 유형을 설명하고 우회무역의 발생가능성과 이를 방지할 수 있는 무역조치에 대해 설명하시오.
(2) 무역통합의 경제적 효과를 분석하는 방법은 무엇이며 방법들 간의 차이는 무엇인가?

(1) 무역통합의 유형을 설명하고 우회무역의 발생가능성과 이를 방지할 수 있는 무역조치에 대해 설명하시오.

1. 무역통합의 유형

   가. 자유무역지대(free trade area)
   - 역내무관세를 실시하되 역외독립관세를 유지한다.

   나. 관세동맹(customs union)
   - 역내무관세를 실시하며 역외공동관세를 부과한다.

   다. 공동시장(common market)
   - 역내무관세, 역외공동관세에 더하여 자유로운 요소이동을 보장한다.

   라. 경제동맹(economic union)
   - 역내무관세, 역외공동관세, 요소의 자유로운 이동에 더하여, 재정금융정책에서의 상호협조가 이루어지는 형태이다.
   - 이 밖에도 위의 경우들보다 약한 형태로서 구속력은 없지만 가맹국 간에 주요현안들을 협의하는 경제협력(economic cooperation)을 들 수 있으며, 여러 개의 국가가 모든 경제정책을 통일하고 각국과 독립된 행정기관이 설치되어 완전히 하나의 경제권을 달성한 완전통합의 형태가 있다.

2. 자유무역협정의 한계 : 관세동맹과의 비교
   - 현재 도입되고 있는 자유무역협정(FTA : free trade agreement)은 대부분 위 분류 중 '자유무역지대'에 해당한다.

- 이러한 경우에는 역외 관세율들이 다르기 때문에 역외지역에서 역내지역으로 수출할 때 직접적으로 목적지를 대상으로 하는 것이 아니라 관세율이 낮은 국가로 수출한 후 최종 목적지로 재수출하는 이른바 우회수출(detour export)이 증가하게 된다.[27]

3. 해결책

가. 원산지 규정(rules of origin)의 적용

- 이러한 문제를 막기 위해서 FTA체결국들은 일반적으로 '원산지 규정'을 도입한다. 즉, 재화가 수입될 때 그 재화가 제3국에서 우회수출된 상품이 아니라는 서류를 제출한 경우에만 관세없이 수입을 허용하는 것이다. 그러나 이러한 규정들은 매우 까다롭고 비효율적인 행정절차들을 유발한다.

나. 역외공동관세의 도입 : 관세동맹의 체결

- 이처럼 자유무역지역은 내재적으로 불완전하고 불편한 특징을 가지고 있다. 이러한 문제를 해결하는 보다 근원적이고 효율적인 방법은 역외공동관세를 도입하여 관세동맹의 형태로 발전하는 것이다.
- 실제로 관세동맹을 체결하는 것은 자유무역지역의 체결보다 정치적으로 복잡한 이해관계를 발생시킨다. 하지만 일단 공동관세율이 체결되고 나면 원산지 규정을 적용해야 하는 복잡하고 까다로운 행정절차를 피할 수 있다. 이러한 특징들로 인해 일반적으로 '자유무역지대는 정치적으로는 단순하지만 행정적으로는 골치 아픈 반면, 관세동맹은 정치적으로는 골치 아프지만, 행정적으로는 단순한 방식이라고 평가한다.'

(2) 무역통합의 경제적 효과를 분석하는 방법은 무엇이며 방법들 간의 차이는 무엇인가?

1. 정태적 접근방법

가. 국가간 대체효과만 고려하는 방법 : 바이너의 접근

- 바이너(J. Viner)는 특혜무역협정의 효과를 크게 무역창출효과와 무역전환효과로 구분하였다. 무역창출(trade creation)이란 무역통합으로 인해 비효율적인 공급원이 효율적인 공급원으로 전환되는 것을 의미한다. 반면 무역전환(trade diversion)이란 무역통합으로 인해 효율적인 공급원이 비효율적인 공급원으로 전환되는 것을 의미한다.
- 바이너는 무역창출의 경우 사회후생이 증가하지만, 무역전환의 경우 후생이 악화된다고 보았다.

---

27) 이러한 문제를 '무역의 굴절현상'이라고 부르기도 한다.

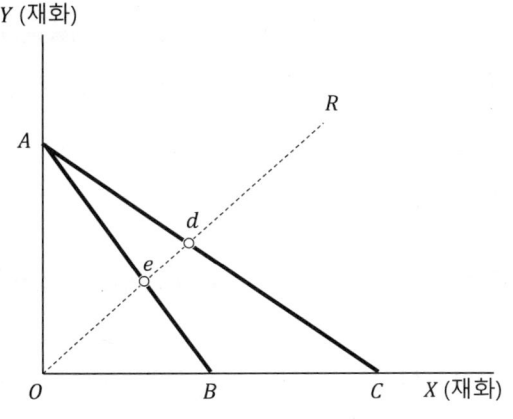 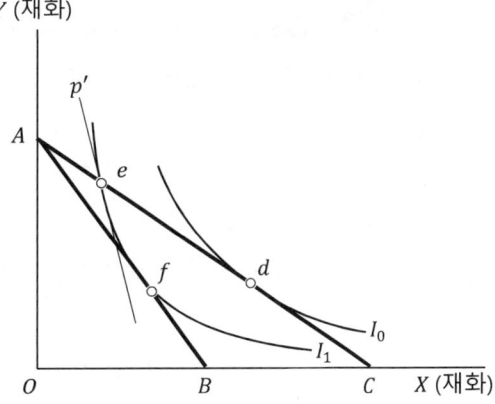

〈그림 1〉 국가간 대체효과만 고려하는 경우   〈그림 2〉 재화간 대체효과까지 고려하는 경우

나. 재화간 대체효과까지 고려하는 방법 : 립시의 접근

- 립시(R. Lipsey)는 국가간 대체효과뿐만 아니라 재화간 대체효과까지 고려할 경우 비록 무역전환효과가 나타나는 경우라 하더라도 순후생이 증가할 수 있다고 주장하였다.
- 바이너의 분석을 나타내면 〈그림 1〉과 같다. 이 그림에서 재화간 대체가 이루어지지 않는 경우를 가정하여 소비가 OR선상에서 이루어진다고 하자. A국이 자유무역협정을 체결한 B국이 효율적인 국가여서 무역창출이 발생하는 경우에는 A국의 소비가능집합이 확대되고 후생은 개선된다. 반면 B국이 비효율적인 국가여서 무역전환이 발생하는 경우에는 A국의 소비가능집합이 축소되며 후생이 악화된다.
- 그러나 만약 재화간의 대체가 가능하다면 비록 무역전환이라 하더라도 반드시 후생이 감소하는 것은 아니다. 〈그림 2〉에서 e점은 무역전환이전에 효율적인 비가맹국에서 소비가 이루어지는 상태이다. 반면 f점은 무역전환이후 비효율적인 가맹국에서 관세없이 소비가 이루어지는 상태이다. 이 그림은 두 경우의 후생이 동일한 경우를 나타내고 있다. 실제로는 후생이 증가하는 경우도 있을 수 있다.

2. 동태적 접근방법

- 무역창출효과와 무역전환효과는 무역협정의 체결 당시 관세의 철폐가 자원배분의 효율성을 높이는가 또는 낮추는가만을 분석하는 정태적 접근이다. 그런데 경제통합에는 시간이 흐름에 따라 나타나는 동태적 효과도 있다.
- 이러한 동태적 효과로는 규모의 경제, 경쟁의 심화, 외부경제의 발생, 기술 및 아이디어의 전파, 불확실성의 감소 등을 들 수 있으며 이러한 효과는 경제의 성장을 촉진한다.

문제 600

어느 특정상품의 단위당 생산비가 다음과 같이 주어져 있다고 하자. (방통대 국제무역론 교재에서 인용)

	A국	B국	C국
생산비	35	25	20

단, A국에서의 생산비는 폐쇄경제시의 균형가격이며 B국과 C국에서의 생산비는 수입규모와 무관히 일정하다.

(1) 먼저 관세동맹이 결성되기 이전의 상태에서 A국이 이 상품의 수입 시에 100%의 무차별관세를 부과하고 있었다고 하자. 이때 A국과 B국 사이에 관세동맹이 체결되었다고 할 때 A국 후생의 변화는 어떠한가?

(2) 이번에는 관세동맹이 결성되기 이전의 상태에서 A국이 이 상품의 수입 시에 50%의 무차별관세를 부과하고 있었다고 하자. 이때 A국과 B국 사이에 관세동맹이 체결되었다고 할 때 A국 후생의 변화는 어떠한가?

(3) 다음 주장을 평가하시오.

"가맹국의 후생수준을 높이기 위해서는 공산품에 비교우위가 있는 국가는 농업에 비교우위가 있는 국가와 같이 산업구조가 서로 보완적인 국가와 FTA를 맺는 것이 바람직하다."

(1) 먼저 관세동맹이 결성되기 이전의 상태에서 A국이 이 상품의 수입 시에 100%의 무차별관세를 부과하고 있었다고 하자. 이때 A국과 B국 사이에 관세동맹이 체결되었다고 할 때 A국 후생의 변화는 어떠한가?

1. 공급가격의 비교

	A국	B국	C국
생산비	35	25	20
관세부과 시	35*	50	40
관세동맹 시	35	25*	40

단, *는 각 상황에서 소비자의 선택을 의미

2. 무역창출의 발생

- 설문에서 생산비용을 고려할 때 C국이 가장 효율적인 공급원이며, B국, A국 순으로 점차 비효율적인 공급원이라 할 수 있다.
- 100% 관세부과시 소비자는 A국의 상품을 소비한다. 그러나 관세동맹이 체결되면 소비자는 B국에서 상품을 수입한다. 이는 상대적으로 비효율적인 공급원으로부터 효율적인 공급원으로 공급원이 전환되었음을 의미하는데 이를 바이너(J. Viner)는 무역창출(trade creation)이라고 하였다.

3. 무역창출의 후생효과

- 〈그림 1〉에서 관세동맹 이전 A국은 35의 가격에 Q_0만큼을 생산, 소비한다. 이때 관세동맹이 체결되면 25의 가격에 B국에서 상품을 수입할 수 있게 되는데 이때 후생효과는 다음과 같다.

소비자잉여	: $+a+b+c$
생산자잉여	: $-a$
총효과	: $+b+c$

4. 평가

- 이상에서 무역창출이 이루어지는 경우 해당국의 후생은 반드시 증가함을 알 수 있다.

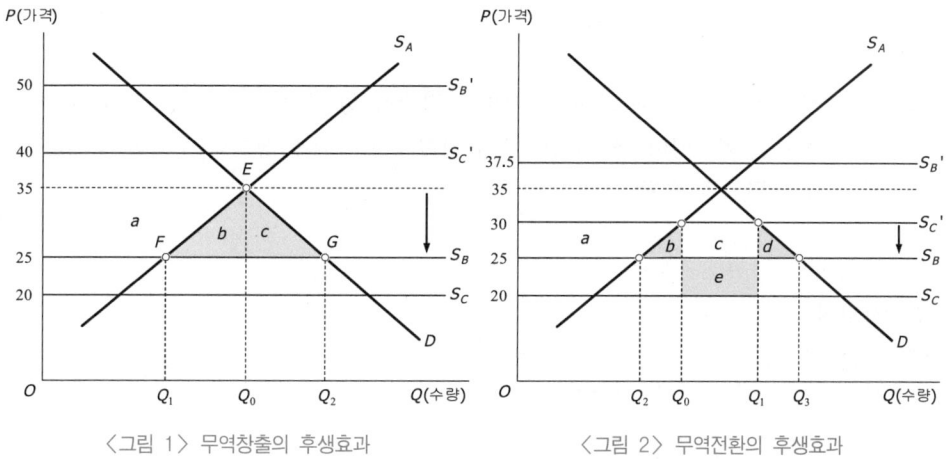

〈그림 1〉 무역창출의 후생효과   〈그림 2〉 무역전환의 후생효과

(2) 이번에는 관세동맹이 결성되기 이전의 상태에서 A국이 이 상품의 수입 시에 50%의 무차별관세를 부과하고 있었다고 하자. 이때 A국과 B국 사이에 관세동맹이 체결되었다고 할 때 A국 후생의 변화는 어떠한가?

1. 공급가격의 비교

	A국	B국	C국
생산비	35	25	20
관세부과 시	35	37.5	30*
관세동맹 시	35	25*	30

단, *는 각 상황에서 소비자의 선택을 의미

2. 무역전환의 발생
   - 50% 관세부과시 소비자는 가장 효율적인 C국에서 상품을 수입하여 소비한다. 그러나 관세동맹이 체결되면 소비자는 B국에서 상품을 수입한다. 이는 상대적으로 효율적인 공급원으로부터 비효율적인 공급원으로 공급원이 전환되었음을 의미하는데 이를 바이너(J. Viner)는 무역전환(trade diversion)이라고 하였다.

3. 무역전환의 후생효과
   - 〈그림 2〉에서 관세동맹 이전 A국은 30의 가격에서 Q_0를 생산하고 $Q_1 - Q_0$를 수입하여 Q_1을 소비한다. 이때 관세동맹이 체결되면 25의 가격에 B국에서 상품을 수입할 수 있게 되는데 이때의 후생효과는 다음과 같다.

   - 소비자잉여 : $+a+b+c+d$
     생산자잉여 : $-a$
     관세수입   : $-c \quad -e$
     총효과   : $+b \quad +d \quad -e$

   - 만약 $b+d < e$가 만족된다면 후생은 악화된다.
     반면 $b+d > e$가 만족된다면 무역전환에도 불구하고 후생은 개선될 수도 있다.

4. 평가
   - 이상에서 무역전환이 발생한 경우 해당국의 후생은 개선될 수도 있고 악화될 수도 있음을 알 수 있다.[28]

- 이처럼 전 세계적 자유무역은 모든 국가의 후생을 증가시키지만 지역적 무역통합의 경우에는 가맹국의 경우에도 후생의 증감이 불명확하다. 이러한 현상은 '모든 파레토 효율적인 조건이 달성되지 않는 한 달성된 효율성 조건의 개수만으로 후생을 예측할 수는 없다.'라는 립시와 랭카스터(Lipsey and Lancaster)의 차선의 이론(theory of the second best)의 예측과 맥을 같이한다.

(3) 다음 주장을 평가하시오.

"가맹국의 후생수준을 높이기 위해서는 공산품에 비교우위가 있는 국가는 농업에 비교우위가 있는 국가와 같이 산업구조가 서로 보완적인 국가와 FTA를 맺는 것이 바람직하다."

1. FTA 대상국 선정의 조건
   - 산업구조가 서로 상이한 국가들 보다는 서로 유사한 국가들간의 경제통합에서 후생수준이 증가할 가능성이 크다. 수출품이 서로 유사한 국가들은 가격도 서로 비슷하므로 약간의 관세에도 더 싼 제품이 수입되지 못하는 현상이 나타난다. 그런데 FTA로 무관세가 되면 수입되지 못했던 가맹국 제품이 수입되는 무역창출효과가 발생할 가능성이 크다. 반면에 가맹국들의 산업구조가 서로 상이한 경우에는 가장 효율적인 제3국 제품이 수입되다가 FTA 이후에는 가맹국 제품은 무관세가 되고 제3국 제품에는 여전히 관세가 부과되므로 효율적인 제3국 제품이 비효율적인 가맹국 제품으로 대체되는 무역전환효과가 나타날 가능성이 크다. 따라서 서로 경쟁적인 산업구조를 가진 국가간의 경제통합에서 후생수준 증가효과가 커진다.

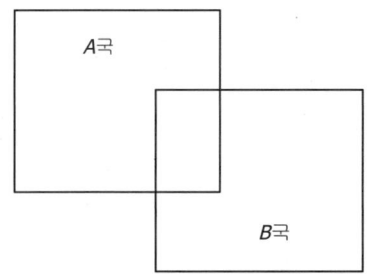
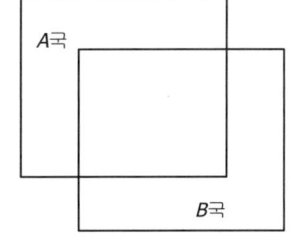

〈그림 1〉 산업구조가 보완적인 경우   〈그림 2〉 산업구조가 경쟁적인 경우

   - 산업구조가 서로 보완적인 국가들 사이의 경제통합은 무역마찰을 줄일 수 있다는 점에서 바람직하다고 생각되지만 그렇지는 않다. 자국과 산업구조가 유사하고 매우 경쟁적인 국가와의 경제통합일수록 통합이후 경쟁력 없는 자국제품은 도태되고 효율적인 자국 제품의 생산과 수출이 증가하는 무역창출효과가 나타난다. 여러 경제통합체 중에서 EU가 가장 성공적인 경제통합체. EU는 가맹국의 소득수준이 유사하고 산업구조도 유사하다. 이러한 경쟁적인 산업구조가 EU가 경제통합체로서 성공한 중요한 요인 중의 하나이다.

---

28) 여기서 몇 가지 추가로 언급하자면 다음과 같다.
   1. 무역전환시 총무역량이 불변이라면 후생은 반드시 감소한다.
   2. 무역전환시 원 공급원이었던 국가의 후생은 감소하고 새로운 공급원이 된 국가의 후생은 증가할 수 있다.

2. 평가
- 이상에서 일반적인 인식과 달리 FTA는 산업구조가 상이하여 상호보완적인 국가와 맺어지는 것보다는 산업구조가 유사하여 서로 경쟁적인 국가와 맺어지는 것이 바람직하다. 따라서 설문의 주장은 잘못되었다.[29]

---

[29] 단 이러한 국가와의 FTA도 동태적으로 큰 기술유입이나 경제성장 등으로 이어진다면 국민후생에 도움이 될 가능성이 있다.

PART 2
국제금융론

문제 542

최근 미국의 달러화에 대한 원화의 가치가 절상되고 있는 상황을 고려하여 다음 물음에 답하시오. (2006년 행정고시 국제경제학)

(1) 한국의 대미경상수지가 악화될 수 있는 메커니즘을 재화 및 서비스의 이동과 자본이동을 이용하여 설명하시오.

(2) 교역조건의 악화 및 개선의 조건을 설명하고, 이러한 조건을 이용하여 최근 발표된 한국의 GNI 감소를 설명하시오.

---

(1) 한국의 대미경상수지가 악화될 수 있는 메커니즘을 재화 및 서비스의 이동과 자본이동을 이용하여 설명하시오.

1. 재화 및 서비스 이동을 통한 경로
   - 원화의 가치상승은 명목환율의 하락을 의미한다. 이는 자국상품의 외국화폐표시가격을 상승시키고, 외국상품의 자국화폐표시가격을 하락시켜 _____ 가 악화된다.

2. 자본이동을 통한 경로
   - 만약 다른 조건이 일정할 때 환율의 하락이 지속될 것이라고 예상된다면 자국 자산의 예상수익률이 외국자산의 예상수익률보다 높아진다.

   $$i > i^* + \frac{E^e_{+1} - E}{E}$$ 단, E는 자국화폐표시 현물환율을 의미

   - 이 경우 외국의 투자자와 자국의 투자자가 모두 자국의 금융상품을 구입하려 할 것이므로 _____ 의 흑자가 유발된다. 이 경우 다음 해부터 이자 및 배당의 순해외지급이 이루어지면서 _____ 가 악화된다.

(2) 교역조건의 악화 및 개선의 조건을 설명하고, 이러한 조건을 이용하여 최근 발표된 한국의 GNI 감소를 설명하시오.
   - 교역조건개선이란 수입품에 대한 수출품의 상대가격이 상승하는 현상을 말한다. 다른 조건이 일정할 때 원/달러환율의 하락(평가절상)은 교역조건의 개선을 유발한다.

   환율을 반영한 교역조건 : $TOT = \dfrac{P_X}{E \cdot P_M}$

- 실질 GNI는 다음과 같이 정의된다.

    실질 GNI=실질 GDP+NFFI+TOT손익

    단, NFFI는 해외순수취요소소득(Net foreign factor income)을 의미

- 원/달러 환율하락으로 TOT가 개선되었음에도 불구하고 GNI가 감소한 것은 환율하락을 상쇄하는 다른 TOT 악화요인이 있거나 큰 폭의 NFFI 유출요인이 있을 때 가능하다.

문제 543

다음 물음에 답하시오. (2000년 입법고시 기출응용)

	1995	1996	1997	1998	1999
경상수지	−85.1	−230.0	−81.7	405.6	250
자본금융수지(*1)	(a)	233.3	13.1	(c)	5.8
준비자산증감	−70.4	(b)	119.2	−309.8	−229.7
오차 및 누락	−12.3	10.6	−50.6	−63.3	−26.1

(*1) 준비자산을 제외한 자본금융수지임

(1) 위 표의 빈칸들을 메워라. 위 표에 나타난 5년 중 외환사정이 가장 나빴던 해는 언제이며 그 판단근거는 무엇인가?
(2) 다른 사정이 동일하다면 1998~1999년 동안 나타난 국제수지의 실적이 본원통화에 미쳤을 영향을 설명하시오.
(3) 1998~1999년 동안 통화당국이 국내 통화량에 미칠 효과를 상쇄하기 위해 정책을 취했다면 그 방법은 어떤 것이 있겠는가를 설명하시오.
(4) 경상수지가 적자이면서 자본금융수지가 흑자인 경제에서 장기적으로 순외채와 경상수지가 어떻게 영향을 받을지 설명하시오.

(1) 위 표의 빈칸들을 메워라. 위 표에 나타난 5년 중 외환사정이 가장 나빴던 해는 언제이며 그 판단근거는 무엇인가?

- 경상수지 + (협의의) 자본금융수지 + 준비자산증(−)감 + 오차 및 누락 = 0 ····· 식 1

  [단 준비자산증감은 증가를 (−)로 표현함]

- 식 1에서

  1995년 : −85.1 + (a) − 70.4 − 12.3 = 0 ⇒ (a) = 167.8
  1996년 : −230 + 233.3 − (b) + 10.6 = 0 ⇒ (b) = −13.9
  1998년 : 405.6 − (c) − 309.8 − 63.3 = 0 ⇒ (c) = −32.5

- 주어진 5년 중 1997년을 제외한 4개 연도는 경상수지와 (협의의) 자본금융수지를 합한 국제수지가 흑자로서 중앙은행의 준비자산이 증가하고 있다. 이에 비해 1997년에는 국제수지가 큰 폭의 적자이며 중앙은행의 준비자산이 급감하고 있다. 따라서 외환사정이 가장 나빴던 해는 1997년인 것으로 평가할 수 있다.

(2) 다른 사정이 동일하다면 1998~1999년 동안 나타난 국제수지의 실적이 본원통화에 미쳤을 영향을 설명하시오.

1. 중앙은행의 대차대조표[1]

자산	부채
외화자산	외화부채
국내자산	국내부채
	본원통화

또는

자산	부채
순외화자산	
순국내자산	
	본원통화

- 위 표에서 중앙은행이 보유한 순외화자산을 NFA, 중앙은행의 순국내자산[2]을 DC, 본원통화를 H로 나타내면 위 식은 $NFA + DC = H$으로 나타낼 수 있다. 즉 '순외화자산+순국내자산=본원통화'이 성립한다.[3]
- 또한 이 식을 변화분으로 나타내면, $\Delta NFA + \Delta DC = \Delta H$가 된다.

2. 국제수지가 통화량에 미치는 영향

- 위 식에 따르면 개방경제에서는 공개시장 조작 등의 정책 외에 국제수지의 변화도 본원통화의 변화요인이 됨을 알 수 있다.
- 예를 들어 국제수지 흑자가 발생하면 민간이 보유한 외화를 원화로 교환하는 과정에서 중앙은행이 보유한 외화자산이 크게 증가하고, 반대로 본원통화의 공급이 증가하게 되는 것이다.

3. 평가

- 따라서 1998~1999년에 걸친 대규모 국제수지흑자는 다른 여건이 동일할 때 국내 본원통화량을 같은 폭으로 증가시켰을 것이다.

---

[1] 좌측은 국제금융연구회 저에 나온 대차대조표이고 우측은 김인준 저가 사용하고 있는 대차대조표인데, 양자가 동일한 것이란 사실을 확인할 수 있을 것이다. 단 이 경우 국내부채는 본원통화를 제외한 것으로 정의되어 있음에 유의하기 바란다.
[2] 중앙은행의 순국내자산을 국내여신이라고 표현하기도 한다.(그래서 DC대신 DA로 표기하기도 한다.) 또한 이 식에서 DB를 중앙은행의 순국내부채라 정의하면 $\Delta NFA - \Delta DB = \Delta H$로 나타낼 수도 있다.
[3] 여기서의 NFA는 중앙은행이 보유한 순외화자산만을 의미하므로 일반적으로 이야기하는 경상수지와 순외화자산간의 관계 $CA = \Delta NFA$에서의 순외화자산과 의미가 다르다는 점에 주의하기 바란다.

(3) 1998~1999년 동안 통화당국이 국내 통화량에 미칠 효과를 상쇄하기 위해 정책을 취했다면 그 방법은 어떤 것이 있겠는가를 설명하시오.

1. 불태화정책(중화정책)의 의미
   - 불태화정책(sterilization policy)이란 통화당국이 국제수지 흑자 또는 적자로 인한 통화량 변동요인을 국내에서의 채권거래(공개시장조작) 등을 통해 상쇄시키는 정책을 의미한다.

2. 통화증가요인 상쇄를 위한 방법
   - 해외요인에 의한 본원통화증가에 아무런 대응을 하지 않으면 통화량이 증가한다.

   $$\Delta NFA + \Delta DC = \Delta H$$
   $$(+) \quad (\cdot) \quad (+)$$

   - 그러나 해외요인에 의한 본원증가에 대해 중앙은행이 국내순자산을 감소시키는 대응을 한다면 통화량을 일정하게 유지할 수 있다.

   $$\Delta NFA + \Delta DC = \Delta H 에서$$
   $$(+) \quad (-) \quad (\cdot)$$

   - 중앙은행이 국내순자산을 감소시키는 대표적인 방법은 다음과 같다.

     첫째, 중앙은행이 보유한 각종 국공채를 민간에 매각하는 방법
     둘째, 중앙은행이 통화안정증권을 신규로 발행하여 민간에 매각하는 방법

   - 이때 기존 또는 신규 국공채를 민간에 매각하면 민간보유의 본원통화가 중앙은행으로 회수되어 통화량 증가요인을 상쇄할 수 있다.
   - 이외에도 간접적인 방법으로 시중은행에 적용하는 필요지급준비율(required reserve ratio)을 인상하여 통화승수를 하락시키는 방법, 중앙은행의 대민간은행 대출규모의 축소 또는 재할인율(rediscount rate)의 인상을 통해 본원통화를 감소시키는 방법 등이 있다.[4]

---

[4] 이외에도 화폐금융이론에서는 비공식적인 방법으로서 도덕적 권유(moral suasion)를 포함하기도 한다. 도덕적 권유란 중앙은행이 영향력을 발휘하여 금융기관이 공공이익에 부합하게 행동하도록 설득하는 것을 의미한다.

(4) 경상수지가 적자이면서 자본금융수지가 흑자인 경제에서 장기적으로 순외채와 경상수지가 어떻게 영향을 받을지 설명하시오.

1. 장기적인 순외채규모의 예상
   - 개방경제의 국민소득항등식은 다음과 같이 나타낼 수 있다.

   $$S - I = (X - M) \Rightarrow \Delta NFA = CA$$

   - 위 식에서 $S-I$는 해외로의 순자본유출(net capital outflow, NCO) 또는 일국의 순대외자산(net foreign asset, NFA)의 증가를 의미한다. 즉 경상수지의 흑자 또는 적자폭이 대외순자산 또는 순외채의 규모에 영향을 미친다.
   - 만약 경상수지의 적자와 자본금융수지 흑자가 지속된다면 장기적으로 순외채규모는 점차 증가할 것으로 예상된다.

2. 장기적인 경상수지에 미치는 영향

   가. 환율변화를 고려하지 않는 경우
   - 경상수지는 상품수지, 서비스수지, 본원소득수지, 이전소득수지 등으로 이루어진다. 만약 설문에서 경상수지 적자와 자본금융수지 흑자로 국제수지가 균형을 이룬다면 당분간 환율은 일정한 수준을 유지할 것이며 상품수지 및 서비스수지는 큰 영향을 받지 않을 것이다.
   - 그러나 자본금융수지 흑자로 외채규모가 증가한다면 해외로 지급되는 이자 및 배당금 등의 규모가 증가함에 따라 본원소득수지가 악화된다. 따라서 환율 등 다른 변수의 조정이 이루어지지 않는다면 장기적으로 경상수지적자가 더욱 심화될 예상된다.

   나. 환율변화의 효과를 고려한 경우
   - 그러나 구매력 평가설(purchasing power parity)에 의하면 환율은 장기적으로 일물일가의 법칙이 성립하고 경상수지가 균형을 이루는 수준으로 수렴하게 된다. 따라서 경상수지의 적자를 상쇄하기 위해 장기적으로 환율이 상승한다면 상품수지 및 서비스 수지가 개선되어 경상수지의 적자는 일정기간 이후 점차 감소되어 갈 것이라 예상된다.[5]

---

[5] 설문에 명확히 주어져 있지 않지만 만약 설문의 표에서처럼 경상수지 적자폭보다 자본금융수지 흑자폭이 더 큰 상황이 지속된다면 원화는 지속적으로 고평가 되고 경상수지적자폭과 순외채규모는 점차 확대될 것이다. 이러한 상황이 지속되다가 자산시장에 형성된 거품이 어느 순간 붕괴하며 급격한 자본유출이 나타날 때 이른바 붐-버스트(boom burst cycle)에 의한 외환위기가 발생할 수 있다.

문제 544

다음의 표는 EU 국가들의 국민소득 구성요소들을 GNP에 대한 %로 나타낸 것이다. 이 표를 보고 아래 물음에 차례로 답하라. (1996년 입시, 1992년 외시, 1995년 외시 등에서 응용, 자료 : P. Krugman 저에서 인용)

년도	경상수지($X-M$)	민간저축(S_P)	투자(I)	재정수지($T-G$)
1995	0.6	25.9	19.9	-5.4
1996	(1)	24.6	19.3	-4.3
1997	1.5	23.4	19.4	-2.5
1998	1.0	(2)	20.0	-1.6
1999	0.2	21.8	(3)	-0.8

(1) 경상수지($X-M$)과 거시경제의 총투자(I), 민간저축(S_P), 재정수지($T-G$)간의 관계를 나타내는 항등식을 구해보아라. 이 항등식을 이용하여 위 식의 빈칸들을 차례로 메워 보아라.

(2) 위 표에 따르면 1999년에 가까워지면서 EU국가들은 급격하게 재정적자를 축소시키고 있음을 확인할 수 있다. 당시 EU국가들이 이와 같은 급격한 조정을 수행해야 했던 이유는 무엇인가?

(3) 전통적인 경제이론에 따르면 이와 같은 인위적인 재정적자의 축소는 경상수지에 어떤 영향을 미쳤어야 하는가? 이러한 이론은 위 데이터와 일치하는가? [단, 재정적자의 감소는 증세에서 비롯한 것으로 가정한다.]

(4) 이러한 현상을 설명할 수 있는 대안적인 이론적 접근을 제시해 보아라.

(1) 경상수지($X-M$)과 거시경제의 총투자(I), 민간저축(S_P), 재정수지($T-G$)간의 관계를 나타내는 항등식을 구해보아라. 이 항등식을 이용하여 위 식의 빈칸들을 차례로 메워 보아라.

- $(X-M) = (S_P - I) + (T-G)$에서

- (1) = 24.6 − 19.3 − 4.3이 성립해야 하므로 (1)의 빈칸은 1.0이 된다.
- 1.0 = (2) − 20.0 − 1.6이 성립해야 하므로 (2)의 빈칸은 22.6이 된다.
- 0.2 = 21.8 − (3) − 0.8이 성립해야 하므로 (3)의 빈칸은 20.8이 된다.

(2) 위 표에 따르면 1999년에 가까워지면서 EU국가들은 급격하게 재정적자를 축소시키고 있음을 확인할 수 있다. 당시 EU국가들이 이와 같은 급격한 조정을 수행해야 했던 이유는 무엇인가?

1. 경제수렴조건과 재정적자 축소의 동기

- EU는 경제통화동맹(EMU : economic monetary union)을 창설하고 단일 통화가 효율적으로 사용될 수 있기 위한 기반을 마련하기 위해 회원국의 거시경제적 환경을 동질화하려는 노력을 하였다.
- 이를 위해 가맹국들이 물가, 장기금리, 재정적자, 환율을 일정수준으로 수렴시키려는 노력을 하였는데 이때 제안된 조건을 이른바 경제수렴조건(Economic convergence criteria)이라고 부른다.

2. 평가

- 1999년은 EMU의 일정상 경제수렴조건을 기준으로 참여국을 결정짓는 기준연도였으므로 해당국가들은 이 조건을 만족시키기 위해 급격히 재정적자를 감축시키려는 인위적인 노력을 했던 것으로 평가된다.[6]

(3) 전통적인 경제이론에 따르면 이와 같은 인위적인 재정적자의 축소는 경상수지에 어떤 영향을 미쳤어야 하는가? 이러한 이론은 위 데이터와 일치하는가?

1. 전통적인 이론의 예측

- $(X-M) = (S_P - I) + (T-G)$ 에서
- 재정적자가 축소는 $(T-G)$가 증가로 나타난다. 따라서 이 경우 민간저축과 투자에 큰 변화가 없는 경우에 비슷한 크기로 경상수지를 개선시킬 것으로 예상된다.
- 또한 조세의 증가로 인해 민간저축이 감소하더라도 소비의 감소로 인해 그 효과가 상쇄되어 크지 않을 것이므로 경상수지는 여전히 개선될 것으로 예상된다.
- 또한 이러한 과정에서 국민저축의 증가가 실질이자율을 하락시키고 자국화폐의 약세를 유발하여 경상수지를 개선시킬 수도 있다.

2. 자료에 의한 평가

- 위 예측과 달리 해당기간 동안의 재정적자의 감축에도 불구하고 1995년에서 1999년까지의 경상수지는 약간 개선되거나 오히려 악화되었다. 이는 위 이론적 예측이 간과한 부분이 있음을 의미한다.

---

6) Krugman에 따르면 당시에 이 국가들은 재정적자를 감축시키기 위해 미친 듯이 노력하였다고 한다.

(4) 이러한 현상을 설명할 수 있는 대안적인 이론적 가능성을 제시해 보아라.

1. 표의 해석
   - 위의 경우에서 재정적자의 감축효과가 경상수지에 영향을 미치지 못한 것은 재정적자 감축의 효과가 민간저축(S_P)의 감소로 흡수되었기 때문이다.

2. 리카도 대등정리(Ricardian equivalence theorem)의 정의
   - 정부지출수준이 주어져 있을 때 정부지출의 재원조달 방법(조세 또는 국채발행)의 변화는 민간부문의 경제활동에 아무런 영향을 주지 못한다.

3. 리카도 대등정리의 의미
   - 정부지출이 각각 G_1, G_2로 주어진 경우 정부와 민간의 통합된 예산제약식은 다음과 같다.

   $$C_1 + \frac{C_2}{1+r} = Y_1 + \frac{Y_2}{1+r} - (G_1 + \frac{G_2}{1+r})$$

   - 리카도 대등정리의 직관적인 의미는 정부지출이 주어져 있는 납세자들이 부담해야할 조세의 현재가치가 동일하므로 현재의 감세, 또는 증세는 미래의 같은 크기를 가지는 증세, 또는 감세를 의미하므로 민간의 부를 변화시키지 못한다.
   - 따라서 이 경우 증세 또는 감세는 민간의 소비를 변화시키지 못하며 조세변화의 효과는 동일한 크기의 민간저축($S_P = Y - T - C$)의 변화에 의해 상쇄되어 국민저축에 아무런 영향을 미치지 못한다.

4. 평가
   - 리카도 대등정리는 재정적자 감축에도 불구하고 거의 동일한 크기로 민간저축이 감소하여 경상수지가 변하지 않은 위 사례를 잘 설명한다.
   - 그러나 현실적으로 유럽의 재정적자 감축은 조세의 증가뿐만 아니라 정부지출의 감소를 수반하고 있으며, 당시 유럽통합을 전후한 낙관적인 분위기가 민간의 소비를 증가시키는 등 여러 가지 효과가 혼재되어 있을 수 있으므로 리카도 대등정리가 현실을 완벽하게 설명한다고 보기는 어렵다.
   - 또한 리카도 대등정리가 성립하기 위해서는 비왜곡적 조세, 완전한 합리성, 완전한 자본시장, 세대간 강한 연계성(또는 무제한의 계획기간) 등 다양한 조건이 동시에 만족되어야 한다는 이론적인 한계를 가지고 있다.

문제 545

현재 남한과 북한 사이에 공식화된 외환거래도 환율도 없다. 남북간 교역이 활성화되어 최초 거래에 사용할 환율을 설정할 때 기준으로 삼을 수 있는 이론을 세 가지 제시하고 각각의 한계를 설명하라.

1. 교차환율
   - 외환시장에서 차익거래(arbitrage)가 완전하다면 3개국 환율간에 다음과 같은 관계가 성립할 것이다.

   $$E_{SW/NW} = \frac{E_{SW/USD}}{E_{NW/USD}}$$

   단 SW은 남한의 화폐, NW은 북한의 화폐, USD는 미국의 화폐를 의미

   - 즉 제3국인 미국에 대한 환율을 통해 양국간 적정환율을 추정할 수 있다. 이러한 추정방식을 사용하기 위해서는 공통적으로 외환거래가 활발한 국가가 있어야 하며 공식적 환율과 시장 균형환율사이에 차이가 없어야 한다.

2. 구매력평가환율
   - 재화시장에서 차익거래가 완전하다면 양국물가와 환율사이에 다음과 같은 관계가 성립할 것이다.

   $$E_{SW/NW} = \frac{P_S}{P_N}$$

   단 P_S는 남한의 물가수준, P_N는 북한의 물가수준

   - 즉 양국의 물가를 비교하여 양국간 적정환율을 추정할 수 있다. 그러나 현실적으로 수송비, 관세 등으로 차익거래가 한계가 있으며, 완전경쟁시장이 아닌 경우 인위적인 가격차별이 이루어질 수 있다. 또한 남북한 간 물가지수를 구성하는 상품의 구성 및 상품의 품질에 차이가 있다는 점, 비교역재가 널리 존재한다는 점도 이러한 측정방식의 문제점이 된다.

3. 이자율평가환율
   - 금융자본시장에서 차익거래가 완전하다면 양국이자율과 환율사이에 다음과 같은 관계가 성립한다.

$$i_S = i_N + \frac{F_{SW/NW} - E_{SW/NW}}{E_{SW/NW}}$$

단 i_S는 남한의 명목이자율, i_N은 북한의 명목이자율, $F_{SW/NW}$은 선물환율

- 즉 양국의 명목이자율 및 선물환율을 사용하여 양국간 적정환율을 추정할 수 있다. 그러나 실제 양국간 자본이동이 거의 존재하지 않는다는 점, 북한의 경우 제3국과의 국제적 자본이동도 거의 없다는 점, 양국간 선물환 시장이 존재하지 않는다는 점 등이 문제점이 된다.

문제 546

개방경제하에서 환율은 국민경제에 매우 다양한 경로로 영향을 미친다. 그 중 가장 중요한 경로는 국가간 상품 및 자산의 가격을 변화시키는 경로이다. 환율의 변화가 균형상태에 있는 경제에 어떤 영향을 미치는지 알기 위해 다음과 같은 모형을 가정하자.

> ○ 가정 1 : 양국의 물가는 $P=1$, $P^*=1$로 주어져 있다.
> ○ 가정 2 : 양국의 총소득은 $\overline{Y}$ 및 $\overline{Y^*}$로 일정하게 주어져 있다.
> ○ 가정 3 : 자국의 수출 X는 명목환율 E의 증가함수이며, 외국의 수출 X^*는 명목환율 E의 감소함수이다.
> ○ 가정 4 : 자국의 수출수요탄력성은 $\eta = \dfrac{dX}{dE}\dfrac{E}{X}$, 외국의 수출수요탄력성은 $\eta^* = -\dfrac{dX^*}{dE}\dfrac{E}{X^*}$이다.
> ○ 가정 5 : 국가간 자본이동은 없다.
> ○ 가정 6 : 국가간 이전지출 및 요소이동은 없다.
> ○ 가정 7 : 현재 경상수지는 균형상태이다. 즉 $X = EX^*$ 또는 $X^* = \dfrac{X}{E}$가 성립한다.

이상의 조건하에 경상수지(BP)를 자국화폐단위로 나타내면 다음과 같다.

경상수지 : $BP = X(E) - EX^*(E)$

이러한 경제에서 환율의 상승이 경상수지를 개선시킬 조건은 무엇인가? 이러한 조건이 외환시장의 안정성에 대해 의미하는 바는 무엇인가?

1. 환율상승이 경상수지를 개선시킬 조건 : 마샬-러너조건의 도출
   - 주어진 경상수지 식을 환율로 미분하면 다음과 같다.

   $$\frac{dBP}{dE} = \frac{dX}{dE} - X^* - E\frac{dX^*}{dE} = \left(\frac{dX}{dE}\frac{E}{X}\right)\frac{X}{E} - X^* + \left(-\frac{dX^*}{dE}\frac{E}{X^*}\right)X^*$$

   - 위 식에 각국 수출수요탄력성인 $\eta = \dfrac{dX}{dE}\dfrac{E}{X}$, $\eta^* = -\dfrac{dX^*}{dE}\dfrac{E}{X^*}$ 및 경상수지 균형조건인 $\dfrac{X}{E} = X^*$를 대입하면 다음과 같다.

$$\frac{dBP}{dE} = X^*(\eta + \eta^* - 1) > 0$$

- 위 조건이 성립하기 위해서는 $\eta + \eta^* > 1$이 성립해야 한다. 즉 환율상승시 경상수지가 개선되기 위해서는 양국 수출수요탄력성의 합이 1보다 커야하는데 이를 마샬-러너의 조건(Marshall-Lerner's condition)이라고 한다.
- 이 조건의 직관적 의미는 환율 상승 시 수출물량 증가 및 수입물량 감소의 효과가 충분히 커서 수입단가 상승에 의한 경상수지 악화요인을 상쇄시킬 수 있어야 한다는 것이다.

2. 외환시장의 안정성

- 외환시장에서의 수요 및 공급이 상품 및 서비스에 대한 수요에서만 비롯하는 단순한 경제를 가정하자. 이 경우 마샬-러너의 조건이 만족된다면 환율상승시 경상수지 흑자, 즉 외환시장의 초과공급이 발생되면서 다시 환율이 하락하여 균형상태로 회복된다. 즉 외환시장은 안정적이다.
- 반면 마샬-러너의 조건이 만족되지 않는다면 환율상승시 경상수지의 적자, 즉 외환시장의 초과수요가 발생되면서 환율이 더욱 상승하여 균형에서 벗어난다. 즉 외환시장은 불안정적이다. 즉 마샬-러너의 조건은 일정한 조건하에 외환시장이 안정성을 갖출 조건을 의미하기도 한다.

문제 547

최근 미국 달러화에 대한 원화가치의 상승에 따라 기업들은 수출채산성의 악화와 그에 따른 수출감소를, 정부는 수출감소에 의한 경제성장의 둔화와 실업증가를 우려하고 있다. 다음 물음에 답하라. (2005년 외무고시 기출문제 응용)

(1) 개방경제하에서 균형국민소득결정이론을 이용하여 미국달러화에 대한 원화가치상승이 우리나라의 경상수지와 국민소득에 미치는 부정적 효과에 대하여 설명하라.
(2) 미국 달러화에 대한 원화가치의 상승이 단기적으로는 경상수지와 국민소득에 긍정적인 효과를 가져올 수 있다는 주장에 대하여 논하라.

---

(1) 개방경제하에서 균형국민소득결정이론을 이용하여 미국달러화에 대한 원화가치상승이 우리나라의 경상수지와 국민소득에 미치는 부정적 효과에 대하여 설명하라.

1. 기본모형
 - $Y = C + I + G + (X - M)$
   $\Rightarrow Y - A = X - M$ 　　단 국내총지출 $A = C + I + G$

2. 원화가치상승의 효과
 - 〈그림 1〉에서 최초균형이 0점이라고 하자. 일반적으로 마샬-러너의 조건이 만족될 때 원화가치상승(환율하락)은 순수출을 감소시킨다. 이에 따라 〈그림 1〉에서 순수출이 NX_1으로 하방으로 이동하면 새로운 균형은 1점이 된다. 즉 환율하락은 자국의 경상수지를 악화시키고 경기를 후퇴시키는 부정적 효과를 유발한다.

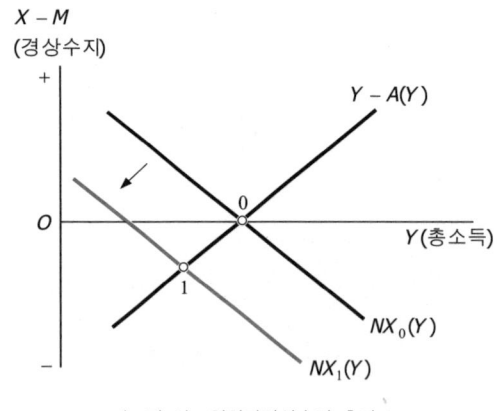

〈그림 1〉 원화가치상승의 효과-1

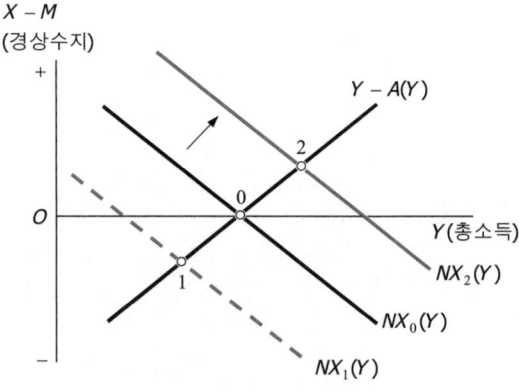

〈그림 2〉 원화가치상승의 효과

(2) 미국 달러화에 대한 원화가치의 상승이 단기적으로는 경상수지와 국민소득에 긍정적인 효과를 가져올 수 있다는 주장에 대하여 논하라.

1. J curve 효과(J curve effect)
   - 평가상승으로 인한 가격효과는 즉각 나타나지만 수량효과는 서서히 나타나므로 단기에 순수출이 증가할 수 있다.

2. 불완전한 환율전가효과(pass through effect)
   - 일반적으로 환율의 변화가 국내가격의 변화에 완전하게 반영되지 않거나 반영되기까지 상당한 시간이 걸리는 경우가 많다. 이 경우 평가상승의 순수출 감소효과는 축소 또는 지연된다.

3. 그 외의 효과
   - 선도 및 지연(leads and lags)이란 환율하락을 예상하는 경우 수출은 앞당기고 수입은 미루는 것을 의미한다. 이 경우 환율하락 전후 순수출이 증가할 수 있다.
   - 교두보효과(beachhead effect)란 고정비용이 존재하는 경우 환율이 하락해도 쉽게 생산기지를 해외로 옮기지 않는 효과이다. 이 역시 환율하락이 순수출에 미치는 영향을 축소시킨다.

4. 경상수지와 국민소득에 미치는 영향
   - 이상의 효과에 의해 〈그림 2〉에서 순수출이 NX_2로 증가한다면 경상수지는 개선되고 국민소득은 증가한다.

문제 548

국민소득이 내생변수(endogenous variable)인 케인즈모형에서 국민소득과 경상수지간의 관계는 일관적이지 않으며 그 원인이 무엇인지에 따라 상이하다. 예를 들어 신문기사들을 보면 어떤 경우는 경상수지흑자는 경기호황의 결과라고 주장하는 반면 다른 경우에 경상수지흑자는 불황을 반영한 것이라고 주장하기도 한다. 이러한 상이한 주장이 제시될 수 있는 이유를 단순한 케인즈모형을 사용하여 나타내보아라.

1. 균형조건

- $Y - A = NX \Rightarrow (1-c)Y - \overline{A} = \overline{NX} - \mu Y$ ------ 식 1
- 식 1의 좌변은 기울기 $1-c$의 우상향하는 직선이며, 우변은 기울기 $-\mu$로 우하향하는 직선이다. 이 두 직선이 만나는 곳에서 균형소득 및 균형경상수지가 결정된다.

2. 균형국민소득 및 경상수지의 도출

- s가 한계저축성향일 때 $c + s = 1$가 성립함을 반영하여 정리하면 다음과 같다.

균형국민소득 : $Y^* = \dfrac{1}{1-c+\mu}(\overline{A} + \overline{NX}) = \dfrac{1}{s+\mu}(\overline{A} + \overline{NX})$

경상수지 : $BP^* = \overline{NX} - \mu Y^* = \overline{NX} - \dfrac{\mu}{s+\mu}(\overline{A} + \overline{NX}) = \dfrac{s}{s+\mu}\overline{NX} - \dfrac{\mu}{s+\mu}\overline{A}$

- 균형상태를 나타내면 〈그림 1〉의 A점과 같다. 이 경우 경상수지가 반드시 0이어야할 이유는 없으나 편의상 경상수지가 0인 상태를 나타내었다.[7]

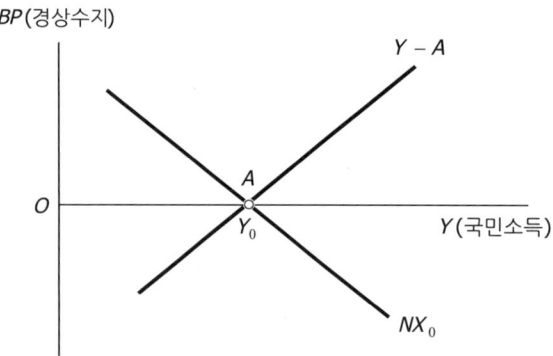

〈그림 1〉 생산물시장의 균형

---

[7] 이는 재화시장의 균형(equilibrium)이 경상수지의 균형(balance)을 보장하지 않음을 의미한다.

3. 내수요인 $\overline{A}$ 변화의 효과

- 독립소비, 독립투자, 정부구매 등 내수요인을 반영하는 $\overline{A}$ 가 변하는 경우의 효과는 다음과 같다.

$$\frac{dY^*}{d\overline{A}} = \frac{1}{s+\mu} > 0, \quad \frac{dBP^*}{d\overline{A}} = -\frac{\mu}{s+\mu} < 0$$

- 즉 이러한 경우 경상수지흑자는 국민소득감소와 함께 나타난다. 이러한 이른바 불황형 흑자를 그림으로 나타내면 〈그림 2〉의 B점과 같다.

4. 순수출요인 $\overline{NX}$ 변화의 효과

- 독립적인 수출, 수입의 변화의 효과는 다음과 같다.

$$\frac{dY^*}{d\overline{NX}} = \frac{1}{s+\mu} > 0, \quad \frac{dBP^*}{d\overline{NX}} = \frac{s}{s+\mu} > 0$$

- 즉 이러한 경우 경상수지흑자는 국민소득증가와 함께 나타난다. 이른바 호황형 흑자를 그림으로 나타내면 〈그림 3〉의 C점과 같다.

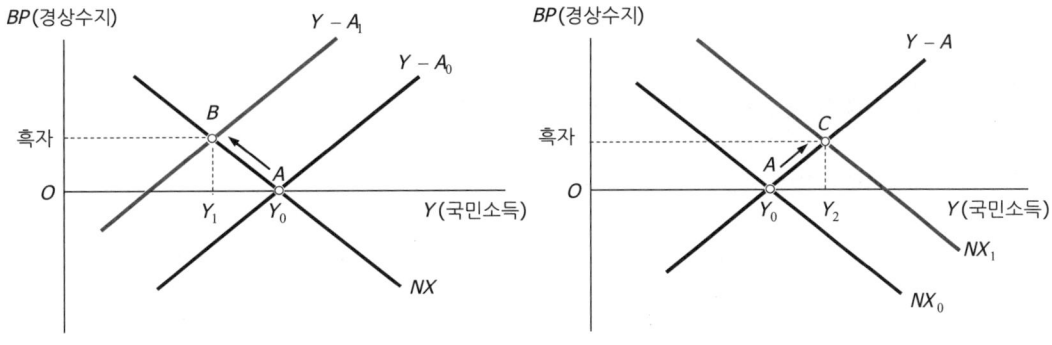

〈그림 2〉 내수요인의 변화 : 불황형 흑자   〈그림 3〉 순수출요인의 변화 : 호황형 흑자

5. 평가

- 주어진 모형에서 경상수지흑자는 경기후퇴와 함께 나타날 수도 있고 경기회복과 함께 나타날 수도 있다. 주로 내수요인을 의미하는 $\overline{A}$ 가 감소하는 경우에는 전자, 즉 불황형 흑자가, 순수출요인을 의미하는 $\overline{NX}$ 가 증가하는 경우에는 후자, 즉 호황형 흑자가 나타남을 알 수 있다.

문제 549

개방경제의 케인즈 단순모형을 사용하여 아래 문항에 답하라. (2019년 국립외교원 기출문제 응용)

(1) 국민소득과 경상수지함수의 관계, 국민소득과 순국내저축함수의 관계를 각각 설명하시오. 또한 K국이 현재 경상수지 적자와 경기침체를 겪고 있다고 할 때 이를 그림상에 나타내시오.

(2) 순국내저축함수를 이동시키는 정책을 지출조정정책, 경상수지함수를 이동시키는 정책을 지출전환정책이라고 한다. 완전고용을 대내균형, 경상수지균형을 대외균형이라고 할 때 대내균형과 대외균형의 동시달성을 위해 정책조합이 필요한 이유는 무엇인가?

(1) 국민소득과 경상수지함수의 관계, 국민소득과 순국내저축함수의 관계를 각각 설명하시오. 또한 K국이 현재 경상수지 적자와 경기침체를 겪고 있다고 할 때 이를 그림상에 나타내시오.

1. 국민소득과 경상수지의 관계

- 경상수지(NX)는 수출(X)과 수입(IM)의 차이와 같다.

    경상수지 : $NX = X - IM = \overline{NX} - mY$

- 단, $\overline{NX}$는 독립적 순수출, m은 한계수입성향을 나타낸다. 이는 〈그림 1〉에서 기울기 $-m$으로 우하향하는 선이 된다.

2. 국민소득과 순국내저축의 관계

- 순국내저축은 국민저축(S)과 국내투자(I)의 차이와 같다.

    순국내저축 : $S - I = (Y - C - G) - I = (1 - c)Y - \overline{A}$

- 단, $\overline{A} = \overline{C} - c\overline{T} + \overline{I} + \overline{G}$로서 국내 독립지출을 나타낸다. 이는 〈그림 1〉에서 기울기 $(1 - c)$로 우상향하는 선이 된다.

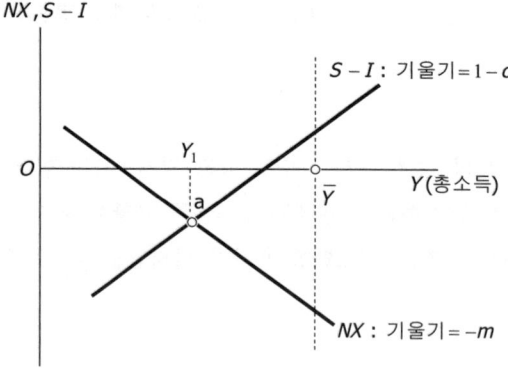

〈그림 1〉 K국의 균형상태

3. 균형조건
 - 경상수지와 순국내저축이 일치할 때 생산물시장 균형이 성립한다.

$$NX = X - IM = S - I = (Y - C - G) - I \Rightarrow Y = C + I + G + (X - IM)$$

 - 경상수지 적자와 경기침체상태인 K국의 상황을 나타내면 〈그림 1〉의 a점과 같다. 단 $\overline{Y}$는 완전고용수준을 나타내는 잠재 총소득이다.

(2) 순국내저축함수를 이동시키는 정책을 지출조정정책, 경상수지함수를 이동시키는 정책을 지출전환정책이라고 한다. 완전고용을 대내균형, 경상수지균형을 대외균형이라고 할 때 대내균형과 대외균형의 동시달성을 위해 정책조합이 필요한 이유는 무엇인가?

1. 하나의 정책만 사용하는 경우
 - 〈그림 2〉에서 현재상태가 a점이라고 하자. 이 경우 지출조정정책만 사용하여 b점과 같이 대내균형을 달성하면 대외균형이 달성되지 않는다. 반면 c점과 같이 대외균형을 달성하면 대내균형이 달성되지 않는다. 이는 지출전환정책을 사용하여 NX만 이동시키는 경우도 마찬가지이다. 이처럼 일반적으로 1개의 정책으로 2가지의 목표를 달성할 수 없다.

2. 정책조합을 사용하는 경우
 - 만약 〈그림 3〉에서 확장적 지출조정정책을 실시하여 $S-I$를 우측으로 이동시키고 확장적 지출전환정책을 사용하여 NX를 우측으로 이동시킨다면 두 가지 목표를 동시에 달성할 수 있다.
 - 이처럼 일반적으로 n개의 정책목표를 달성하기 위해서는 n개의 독립적 정책수단이 필요한데 이를 틴버겐의 원리(Tinbergen's principle)라고 한다.

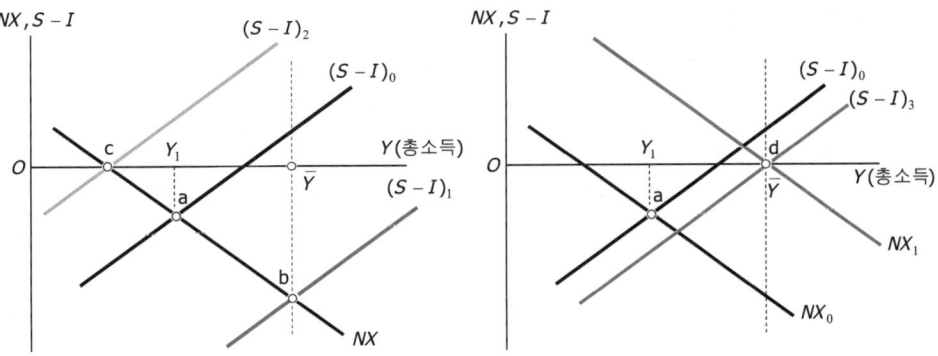

〈그림 2〉 하나의 정책만 사용하는 경우   〈그림 3〉 정책조합을 사용하는 경우

문제 550

생산물시장이 개방된 두 국가간 실질환율이 1로 고정되어 있다고 가정하자. 소비, 투자, 정부지출, 세금은 $C = 10 + 0.8(Y-T)$, $I = 10$, $G = 10$, $T = 10$이라고 하자. 수입과 수출은 $IM = 0.3Y$, $X = 0.3Y^*$이며, 여기서 Y^*는 외국 산출을 나타낸다. (블랑샤 저 거시경제학 연습문제 응용)

(1) Y^*가 주어졌을 때 국내 경제의 균형산출을 구하라. 이 경제의 정부지출승수는 얼마인가? 경제를 폐쇄해 수출과 수입이 모두 항등적으로 0과 같다면 정부지출승수는 얼마가 될까? 두 가지 승수가 다른 이유는 무엇인가?

(2) 외국 경제가 국내 경제와 동일한 방정식을 가지고 있다고 할 때 양국의 균형산출을 구하라. 이 경우 각국의 정부지출승수는 얼마인가? 이는 (1)에서의 개방경제승수와 왜 다른가?

---

(1) Y^*가 주어졌을 때 국내 경제의 균형산출을 구하라. 이 경제의 정부지출승수는 얼마인가? 경제를 폐쇄해 수출과 수입이 모두 항등적으로 0과 같다면 정부지출승수는 얼마가 될까? 두 가지 승수가 다른 이유는 무엇인가?

1. 자국균형소득의 도출
   - 국민소득균형식에 주어진 식들을 대입하면 다음과 같다.

   $$Y = C + I + G + (X - IM) = 10 + 0.8(Y - 10) + 10 + 10 + 0.3Y^* - 0.3Y$$

   자국의 균형조건 : $Y = 44 + 0.6Y^*$ -------- 식 1

2. 개방경제승수의 도출
   - 국민소득균형식을 G를 포함한 형태로 다시 나타내면 다음과 같다.

   $$Y = C + I + G + (X - IM)$$
   $$= 10 + 0.8(Y-10) + 10 + G + 0.3Y^* - 0.3Y \Rightarrow (1 - 0.8 + 0.3)Y = 12 + G + 0.3Y^*$$

   $Y = 24 + 2G + 0.6Y^*$ -------- 식 2

   - 식 2를 G로 미분하면 개방경제의 정부지출승수 $\dfrac{\Delta Y}{\Delta G} = 2$가 된다.

3. 폐쇄경제승수의 도출

- 만약 수출 및 수입이 없다면 G를 포함한 국민소득균형식은 다음과 같다.

$$Y = C + I + G = 10 + 0.8(Y-10) + 10 + G$$

- 위 식을 정리하면 $Y = 60 + 5G$이 되며 이 식을 G로 미분하면 폐쇄경제의 정부지출승수 $\frac{\Delta Y}{\Delta G} = 5$가 된다.

4. 평가

- 이상의 결과에서 폐쇄경제에서의 승수보다 개방경제의 승수가 더 작다. 이러한 결과가 나타난 것은 개방경제에서는 증가한 소득 중 일부가 외국상품의 구입으로 누출(leakage)되어 국민소득순환 과정에서 빠져나가는 효과가 존재하기 때문이다.

(2) 외국 경제가 국내 경제와 동일한 방정식을 가지고 있다고 할 때 양국의 균형산출을 구하라. 이 경우 각국의 정부지출승수는 얼마인가? 이는 (1)에서의 개방경제승수와 왜 다른가?

1. 이국모형의 균형식

- 식 1에서의 자국의 균형조건 및 외국의 균형조건을 나타내면 다음과 같다.

  자국의 균형조건 : $Y = 44 + 0.6Y^*$ -------- 식 1

  외국의 균형조건 : $Y^* = 44 + 0.6Y$ -------- 식 3

- 식 1을 나타내면 〈그림 1〉의 YY가 된다. YY가 우상향하는 이유는 외국의 소득증가는 외국의 수입 즉 자국의 수출로 이어져 우리나라의 소득을 증가시키는 효과가 있기 때문이다. 같은 식으로 외국의 균형식은 Y^*Y^*가 된다.

2. 균형산출의 결정

- 식 1과 식 3을 연립하면 $Y = Y^* = 110$이 된다. 이는 〈그림 1〉의 A점에 해당한다.

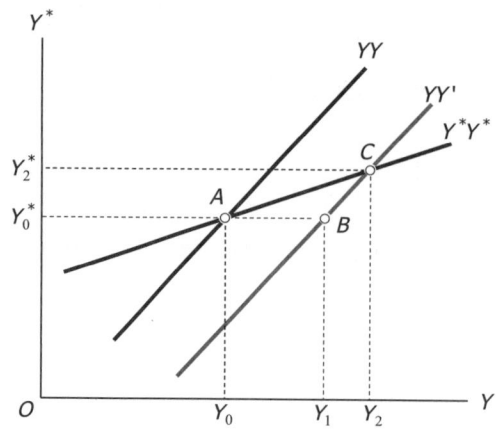

〈그림 1〉 2국모형에서 재정정책의 효과

3. 개방경제승수의 도출

- 각국의 국민소득균형식을 G를 포함한 형태로 다시 나타내면 다음과 같다.

$$Y = 24 + 2G + 0.6Y^* \quad \text{------- 식 2}$$
$$Y^* = 24 + 2G^* + 0.6Y \quad \text{------- 식 4}$$

- 식 2와 식 4를 연립하면 다음의 식을 얻는다.

$$Y = 24 + 2G + 0.6(24 + 2G^* + 0.6Y)$$
$$(1 - 0.36)Y = 24 + 2G + 14.4 + 1.2G^*$$
$$Y = \frac{1}{1 - 0.36}(24 + 2G + 14.4 + 1.2G^*)$$

- 이 식을 G로 미분하면 개방경제의 정부지출승수 $\frac{\Delta Y}{\Delta G} = \frac{2}{0.64} = 3.125$가 된다.

4. 평가

- 외국의 소득변화를 고려하지 않은 (1)과 달리 외국의 소득변화를 고려한 (2)에서는 자국의 소득이 증가하였을 때 자국의 수입(=외국의 수출)이 증가함에 따라 외국의 소득이 증가한다. 이러한 외국소득의 증가는 다시 외국의 수입(=자국의 수출)을 증가시켜 자국의 소득을 증가시킨다.
- 〈그림 1〉에서 외국의 소득변화를 고려하지 않았을 때 자국 소득은 B까지 증가하지만 외국의 소득변화를 고려하면 자국소득은 C까지 증가한다. 이처럼 서로 연관관계가 높은 국가들간에 주고 받는 상호작용을 반향효과(repercussion effect)라고 한다.

문제 551

유로지역의 재정위기 이후 대부분의 G20 국가들은 재정건전성 강화를 위해 긴축재정정책을 채택하고 있고, 그 중 규모가 큰 몇몇 국가들은 긴축재정의 부작용을 시정하고자 양적완화정책을 동시에 펼치고 있다. 이처럼 양적완화와 긴축재정정책을 시행하는 국가들의 자국통화는 약세를 시현하고 있다. 일본도 최근 지나간 15년의 디플레이션에서 빠져나오기 위해 양적완화정책을 채택하여 '엔저' 현상을 유도, 경쟁국가들과 통화전쟁에 빠져들 수도 있게 되었다. 이와 관련하여 다음 물음에 답하시오. (2013년 외무고시 기출문제 응용)

(1) 양적완화 및 긴축재정정책 병행의 이론적 배경과 정책의 성공가능 조건에 대해 논하시오.
(2) 세계경제에서 차지하는 비중이 큰 국가들이 양적완화와 긴축재정정책을 동시에 펼 경우 세계적으로 '절약의 역설(paradox of global thrift)'이 발생하는 이유를 설명하시오.
(3) '엔저' 현상으로 인한 '실업수출'이나 '인근궁핍화정책'의 가능성에 대해 설명하시오.

(1) 양적완화 및 긴축재정정책 병행의 이론적 배경과 정책의 성공가능 조건에 대해 논하시오.

1. 정책의 배경

- 2008년 미국발 글로벌 금융위기 발생 후 주요국들은 강력한 확장재정정책과 금리인하정책을 실시하였다. 이를 통해 경기후퇴 초기 급격한 침체를 막을 수 있었다. 그러나 이러한 확장적 재정정책으로 인한 정부부채의 누적은 유럽각국의 재정위기로 이어져 긴축재정정책을 채택하지 않을 수 없게 하였다.
- 이처럼 각국이 경기후퇴국면에서 긴축재정책을 택한다면 경기후퇴는 더욱 심각해질 수 있다. 이를 막기 위해서는 확장적 통화정책이 필요한데 금리는 이미 0에 도달한 수준이기 때문에 금리인하를 통한 전통적 의미의 통화정책은 더 이상 실시할 수 없게 되었다. 따라서 금리경로 이외의 경로를 통해 경제에 직접적인 영향을 미치는 양적완화정책이 실시되었다.

2. 정책의 성공가능성

- 긴축재정정책은 많은 경우 세율인상, 저소득층 지원축소, 연금제도 개혁 등을 포함하므로 국민들의 저항이 심각하게 일어날 수 있다. 이를 막기 위해서는 긴축재정정책에 대한 정치 사회적인 합의가 필요하다. 그렇지 못하다면 사회경제적인 불확실성이 증가하며 해당국에 대한 위험프리미엄이 상승하게 된다.
- 양적완화정책이 성공하기 위해서는 전통적인 의미의 금리경로를 제외한 나머지 경로, 즉 자산가격경로, 신용경로, 환율경로 등이 효과적으로 작용하여 IS곡선을 크게 이동시킬 수 있어야 한다. 또한 정책이 가계, 기업, 은행 등의 기대를 호전시키는 경로를 통해서도 경제를 회복시킬 수 있다.

(2) 세계경제에서 차지하는 비중이 큰 국가들이 양적완화와 긴축재정정책을 동시에 펼 경우 세계적으로 '절약의 역설(paradox of global thrift)'이 발생하는 이유를 설명하시오.

1. 기본모형

- 생산물시장만 고려하는 단순한 2국모형에서 본국 및 외국의 균형을 나타내면 다음과 같다.

  본국의 균형식(YY) : $Y = D + IM^* = \overline{D} + \delta Y + \overline{IM^*} + \mu^* Y^*$

  외국의 균형식(Y^*Y^*): $Y^* = D^* + IM = \overline{D^*} + \delta^* Y^* + \overline{IM} + \mu Y$

  (단 D, D^*는 각국의 자국상품에 대한 내수수요, IM, IM^*는 각국의 외국상품에 대한 수입수요를 의미)

- 위 균형식들을 $Y - Y^*$ 평면에 나타내면 모두 우상향하지만 YY가 Y^*Y^* 곡선보다 더 가파르다.

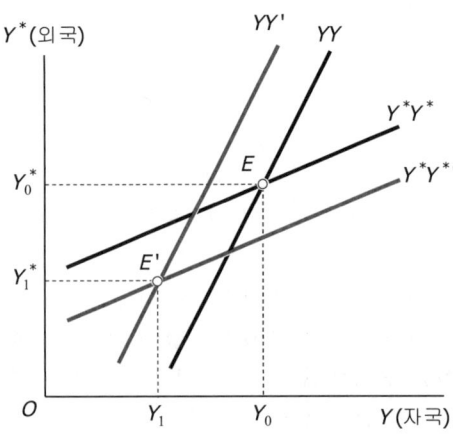

〈그림 1〉 절약의 역설이 발생하는 경우

2. 세계적 절약의 역설의 발생가능성

- 양적완화정책의 상당부분은 자국화폐가치의 평가하락을 통한 순수출증대이다. 그러나 이러한 효과는 한 국가가 독자적으로 실시하는 경우에만 그 효과가 있으며 여러 국가가 동시에 실시하는 경우에는 그 효과가 서로 상쇄된다.
- 이러한 경우 각국에서 실시된 재정긴축효과가 통화정책에 의해 상쇄되지 못하여 전 세계적인 경기후퇴가 유발될 수 있다. 즉 소비감소 및 긴축재정에도 불구하고 오히려 소득감소가 나타나는 '절약의 역설(paradox of the thrift)'이 발생할 수 있다.
- 이를 나타내면 〈그림 1〉과 같다. 양국이 실시한 양적완화정책의 효과는 서로 상쇄되는 반면 긴축재정정책의 효과는 YY를 좌측, Y^*Y^*를 우측으로 이동시킨다. 이렇게 되면 양국의 균형소득이 모두 감소하게 된다.

- 즉 각국은 긴축을 통해 재정을 안정시키려 하였으나 결국 경기침체만 심화되고 재정안정화의 목표는 달성하지 못하게 될 가능성이 크다.

(3) '엔저' 현상으로 인한 '실업수출'이나 '인근궁핍화정책'의 가능성에 대해 설명하시오.

- 편의상 일본을 본국, 그 외의 국가를 외국으로 두기로 한다. 엔화의 가치하락은 본국 수출품의 상대가격을 하락시킨다. 이는 본국 균형식에서 $\overline{IM^*}$의 증가 및 외국 균형식에서 $\overline{IM}$의 감소를 유발한다.[8]
- 이는 각각 YY곡선의 (좌측, 우측)이동 및 Y^*Y^*곡선의 (좌측, 우측)이동을 유발하여 본국 총소득의 (증가, 감소) 및 외국 총소득의 (증가, 감소)를 유발한다. 즉 일본의 '엔저'정책은 자국의 경기를 회복시키되 상대국의 경기를 후퇴시키는 실업수출정책 또는 인근궁핍화정책의 성격을 갖는다.

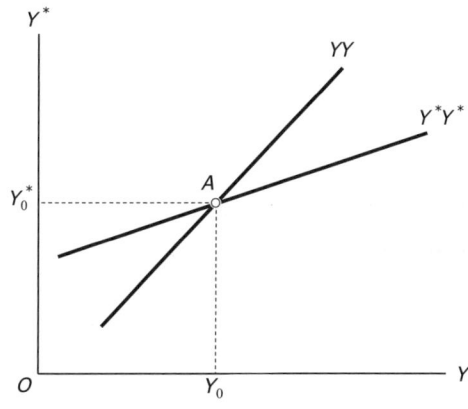

〈그림 2〉 실업수출이 발생하는 경우

---

[8] e의 변화는 간접적으로 $\overline{D}$ 및 $\overline{D^*}$에도 영향을 미칠 수 있다.

문제 552

자본이동이 자유로운 소규모 개방경제의 경우 다음 각 충격은 경상수지에 어떠한 영향을 미치는지 대부자금시장(loanable fund market) 모형을 이용하여 설명하시오. (2008년 행시 국제경제학 응용)

(1) 일시적인 원유가격 상승
(2) 신기술개발에 따른 투자증가
(3) 조세를 통한 재정지출 확대
(4) 서브프라임 모기지(subprime mortgage) 사태로 인한 미국경제 침체

(1) 일시적인 원유가격 상승

1. 대부시장의 균형조건

    - 소규모 개방경제에서 국제이자율(r^*)은 외생적으로 주어지며 국민저축과 국내투자의 차이가 경상수지를 결정짓는다고 가정한다.

        경상수지 결정식 : $S(r^*) - I(r^*) = NX$

    - 일시적 원유가격 상승은 총소득 및 국민저축을 감소시킨다. 반면 일시적 원유상승은 국내투자에 큰 영향을 미치지 않는다. 〈그림 1〉에서 국내투자는 변화없이 국민저축만 감소한다면 경상수지는 NX_0에서 NX_1으로 악화된다.

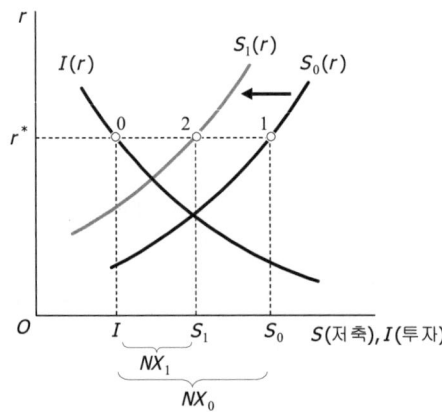

〈그림 1〉 일시적인 원유가격 상승의 효과

(2) 신기술개발에 따른 투자증가

- 〈그림 2〉에서 국민저축은 변화없이 국내투자만 증가한다면 경상수지는 NX_0에서 NX_1으로 악화된다.

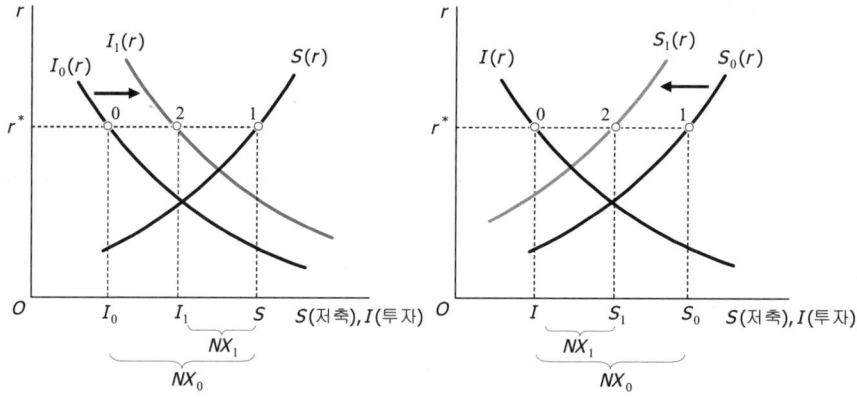

〈그림 2〉 신기술개발의 효과   〈그림 3〉 조세를 통한 재정지출의 효과

(3) 조세를 통한 재정지출 확대

- 〈그림 3〉에서 국내투자는 변화 없이 국민저축만 감소한다면 경상수지는 NX_0에서 NX_1으로 악화된다.

(4) 서브프라임 모기지(subprime mortgage) 사태로 인한 미국경제 침체

- 〈그림 4〉에서 미국이 국제금융시장에서 대국이고 미국 경기침체로 인해 투자가 감소한다면 국제이자율은 하락할 것이다. 〈그림 5〉에서 국제이자율이 하락하면 경상수지는 NX_0에서 NX_1으로 악화된다.

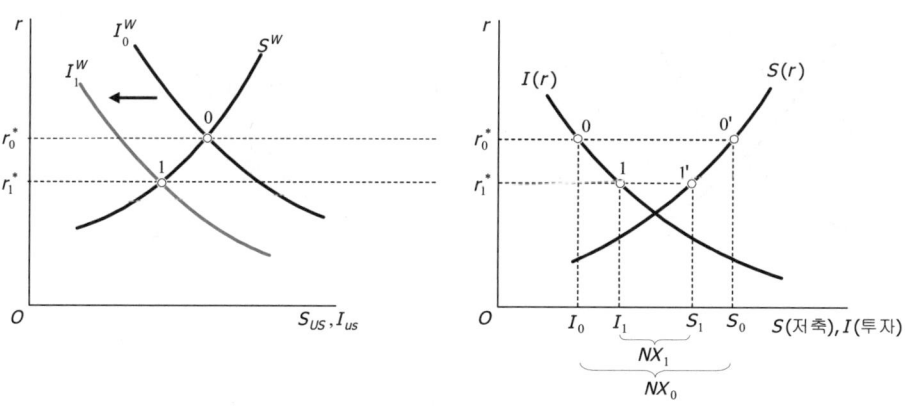

〈그림 4〉 국제대부시장   〈그림 5〉 국내 대부시장

문제 553

세계 경제가 미국과 아시아 두 경제로 이루어져 있다고 가정하자. (Mankiw 저, 김경수 교수 출제 응용)

(1) 지난해부터 세계경제의 핫이슈로 떠오른 '글로벌 불균형(Global imbalance)', 즉 미국의 막대한 경상수지 적자와 중국 등 동아시아 국가들의 경상수지 흑자가 뚜렷이 대비되는 대외 불균형 현상에 대해 뉴욕대학교의 노리엘 루비니(Norial Roubini) 교수는 미국경제의 과소비로 저축이 부족하고 정부의 재정적자가 누적되면서 경상수지 적자가 증가한 것으로 보고 있다. 루비니 교수의 주장을 설명하시오.

(2) 미국 연방준비이사회의 벤 버난키 의장은 최근 글로벌 불균형현상의 원인에 대해 아시아 국가들의 전반적 저축과잉(global savings glut)이 그 원인이 된다고 주장하였다. 버난키 의장의 주장을 설명하시오. 최근 국제 실질금리가 하락하고 있는 추세는 두 경제학자의 주장 중 누구의 주장을 지지하는 근거가 되는가?

(3) 미국의 서브프라임사태가 장기화하여 미국의 실물경제로 파급되고 있다. 이러한 추세가 글로벌 불균형에 어떤 영향을 미칠 것이라 생각하는가?

---

(1) 루비니 교수의 주장을 설명하시오.

1. 경상수지 결정모형

   - 균형조건 : $NX_{US} + NX_A = \left[S_{US}(r^*) - I_{US}(r^*)\right] + \left[S_A(r^*) - I_A(r^*)\right] = 0$

2. 글로벌 불균형의 원인이 미국 측에 있다는 주장

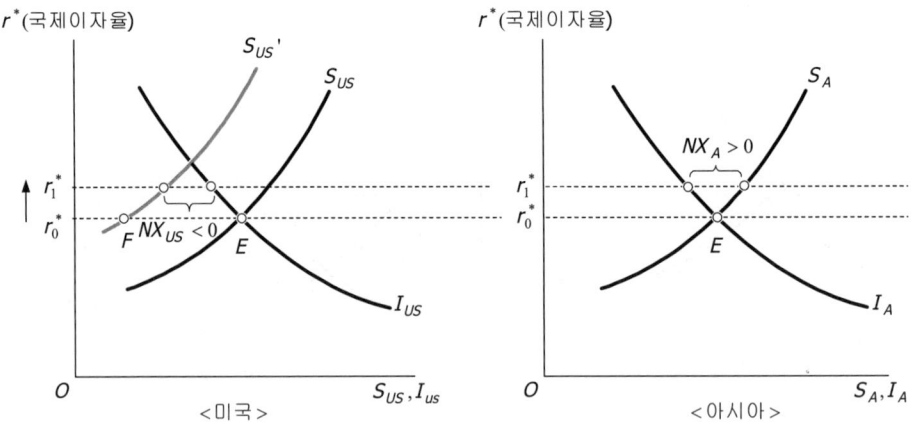

〈그림 1〉 미국의 과소저축과 글로벌 불균형

- 〈그림 1〉에서 미국의 국민저축이 감소하면 주어진 이자율 수준에서 미국의 대부시장에 초과수요가 유발되며 국제이자율을 상승시킨다. 이러한 조정의 결과 새로운 균형이자율은 r_1^*에서 성립하는데 이때 미국은 경상수지의 적자를 아시아 국가들은 경상수지의 흑자를 경험하는 글로벌 불균형이 발생한다.

(2) 버난키 의장의 주장을 설명하시오. 최근 국제 실질금리가 하락하고 있는 추세는 두 경제학자의 주장 중 누구의 주장을 지지하는 근거가 되는가?

1. 글로벌 불균형의 원인이 아시아 측에 있다는 주장
- 〈그림 2〉에서 아시아 국가들의 전반적 저축과잉은 주어진 이자율 수준에서 아시아의 대부시장에 초과공급을 유발하며 이는 국제이자율을 하락시킨다. 이러한 조정의 결과 새로운 균형이자율은 r_2^*에서 성립하는데 이때 미국은 경상수지의 적자를 아시아 국가들은 경상수지의 흑자를 경험하는 글로벌 불균형이 발생하게 된다.

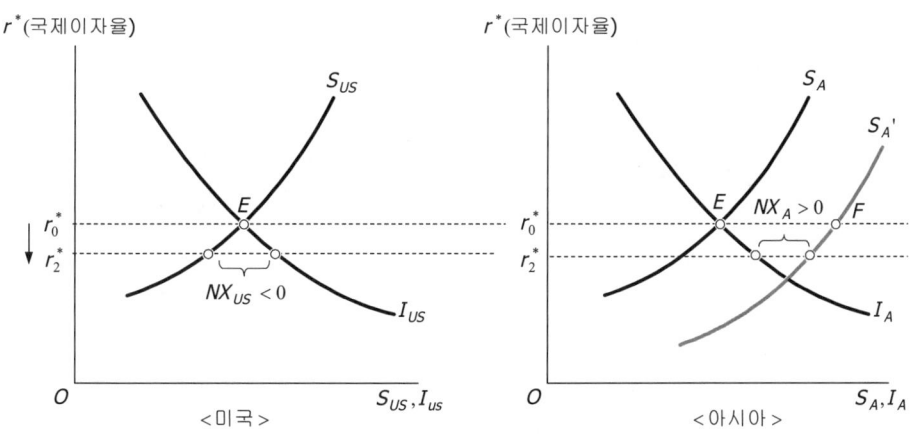

〈그림 2〉 아시아의 과잉저축과 글로벌 불균형

2. 평가
- 루비니 교수의 주장에 따르면 국제이자율은 상승해야 한다. 반면 버난키 의장의 주장에 따르면 국제이자율은 하락해야 한다. 따라서 최근 국제 실질금리가 하락하고 있는 추세는 버난키 의장의 주장을 지지하는 근거가 된다.[9]

---

9) 물론 현실적으로는 두 가지의 효과가 결합하여 큰 불균형이 유발되었을 것이다. 설문의 취지는 그 중 후자의 영향이 더 컸을 것이라 예상할 수 있다는 것이다. 글로벌 불균형에 대해서는 설문의 2가지 주장외에도 여러 가능성이 제기되고 있다.

(3) 미국의 서브프라임사태가 장기화하여 미국의 실물경제로 파급되고 있다. 이러한 추세가 글로벌 불균형에 어떤 영향을 미칠 것이라 생각하는가?

1. 가정
- 서브프라임 사태로 인한 민간의 신뢰도 하락, 불확실성의 증대, 그리고 신용경색 등으로 미국에서 소비와 투자가 위축되었다고 가정하자.

2. 글로벌 불균형이 미치는 영향
- 〈그림 3〉에서 민간의 소비감소는 미국의 저축을 증가시키는 요인으로 작용할 것이다. 또한 민간의 투자감소로 자금에 대한 수요는 감소하여 전반적으로 초과공급이 발생한다. 이러한 불균형으로 인해 국제이자율은 하락할 것이며 이로 인해 아시아의 경상수지 흑자는 감소하고 미국의 경상수지 적자도 감소할 것이다.

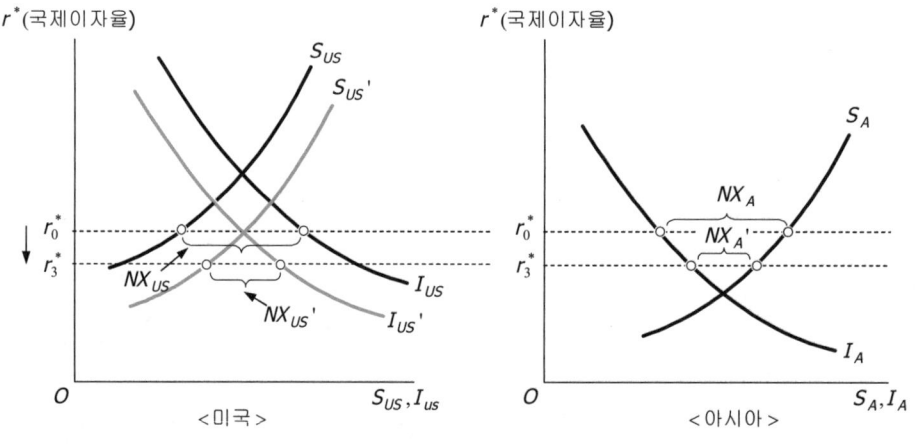

〈그림 3〉 서브프라임 사태와 글로벌 불균형

3. 평가
- 서브프라임 사태는 미국 경제에 매우 부정적인 영향을 미치지만 글로벌 불균형의 폭은 완화시킬 것으로 예상된다.

문제 554

다음 식으로 나타낼 수 있는 경제를 가상하여 보자. (맨큐 저 거시경제학 연습문제 응용)

- $Y = C + I + G + NX$
- $C = 250 + 0.75(Y - T)$
- $I = 1000 - 50r$
- $NX = -500 + 500\varepsilon$

- $Y = 5000$
- $T = 1000$
- $G = 1000$
- $r = r^* = 5$

단 r은 국내이자율, r^*는 세계이자율, ε은 (실질)환율을 의미한다.

(1) 상기 경제에서 국민저축, 투자, 무역수지, 환율을 구하시오.
(2) G가 1,250로 증가하였다고 할 때 국민저축, 투자, 무역수지, 환율을 구하시오.
(3) G가 다시 1,000이 되는 대신 세계이자율이 5에서 10으로 상승하였다고 할 때 국민저축, 투자, 무역수지, 환율을 구하시오.

(1) 상기 경제에서 국민저축, 투자, 무역수지, 환율을 구하시오.

- $S = Y - C - G = 5{,}000 - [250 + 0.75(5{,}000 - 1{,}000)] - 1{,}000 = 750$
- $I = 1{,}000 - 50 \times 5 = 750$
- $NX = S - I = 750 - 750 = 0$
- $NX = -500 + 500\varepsilon = 0$에서 $\varepsilon = 1$이 된다. 이때의 균형을 그림으로 나타내면 〈그림 1〉의 E점과 같다.

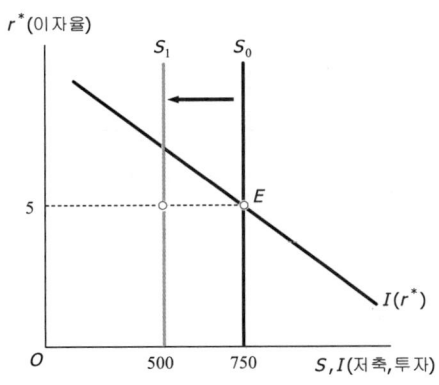
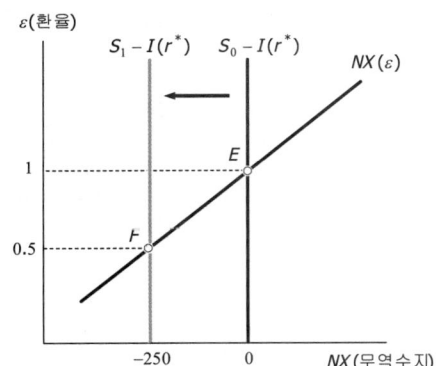

〈그림 1〉 정부지출 증가의 효과

(2) G가 1,250로 증가하였다고 할 때 국민저축, 투자, 무역수지, 환율을 구하시오.

- $S = Y - C - G = 5,000 - [250 + 0.75(5,000 - 1,000)] - 1,250 = 500$
- $I = 1,000 - 50 \times 5 = 750$
- $NX = S - I = 500 - 750 = -250$
- $NX = -500 + 500\varepsilon = -250$에서 $\varepsilon = 0.5$이 된다. 이때의 균형을 그림으로 나타내면 〈그림 1〉의 F점과 같다.

(3) G가 다시 1,000이 되는 대신 세계이자율이 5에서 10으로 상승하였다고 할 때 국민저축, 투자, 무역수지, 환율을 구하시오.

- $S = Y - C - G = 5,000 - [250 + 0.75(5,000 - 1,000)] - 1,000 = 750$
- $I = 1,000 - 50 \times 10 = 500$
- $NX = S - I = 750 - 500 = 250$
- $NX = -500 + 500\varepsilon = 250$에서 $\varepsilon = 1.5$이 된다. 이때의 균형을 그림으로 나타내면 〈그림 2〉의 F점과 같다.

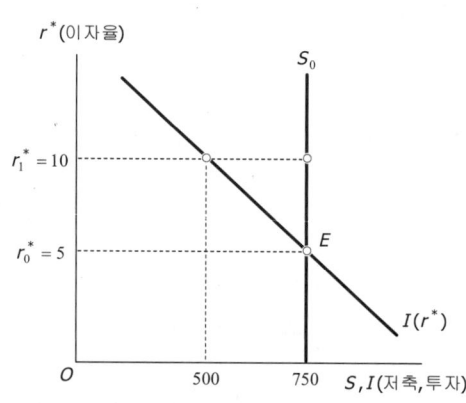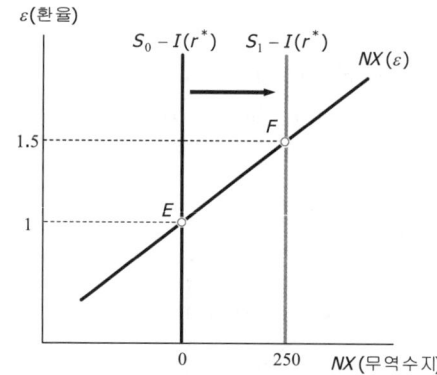

〈그림 2〉 국제이자율 상승의 효과

문제 555

실물투자와 국가간 대차가 가능한 2기간 시점간 배분모형에서 현재 경상수지가 적자상태인 소국개방경제가 있다고 하자. 국제이자율이 상승이 제1기 경상수지 미치는 영향을 설명하시오.

1. 기본가정
- 1기에 총생산이 Y_1으로 주어져 있다. 이를 투자하면 2기의 생산을 증가시킬 수 있어 시점간 생산가능곡선을 VV와 같이 나타낼 수 있다.
- 국제이자율이 r로 주어져 있으며 편의상 정부구매 $G=0$으로 가정한다.
- 기간별 소비는 모두 정상재라고 가정한다.

2. 국제이자율상승의 효과
- 시점간 자원배분모형에서 이윤극대화 및 효용극대화의 조건은 다음과 같다.

$$MRS_{12} = 1 + r = MRT_{12}$$

- 국제이자율이 r_0로 주어졌을 때 생산은 A점, 소비는 B점이라면 이 국가는 현재 $C_1 - Q_1$만큼의 경상수지 적자를 경험하게 된다.
- 이 경우 국제이자율이 $1 + r_1$으로 상승하여 예산선이 가팔라진다면 생산은 A'점, 소비는 B'점으로 이동한다. 즉 1기의 생산은 증가하였으며 소비는 감소한다. 이때 소비의 감소는 이자율 상승으로 인한 대체효과와 소득효과가 모두 1기 소비를 감소시키기 때문이다.
- 결과적으로 이 국가는 이자율 상승 후 $C_1' - Q_1'$의 경상수지 적자를 경험하게 된다. 즉 이 국가의 경상수지는 분명히 개선된다.

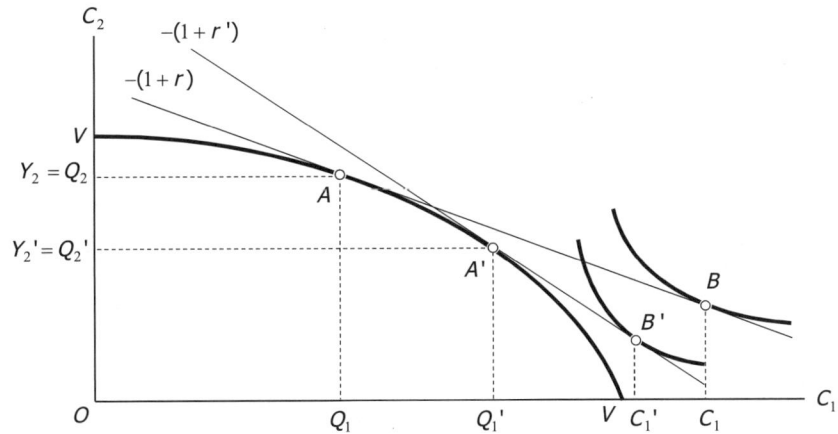

문제 556

구매력평가설에 의하면 독일 통일 당시의 서독과 동독의 화폐는 약 4:1의 가치를 가지고 있었음에도 불구하고 서독은 흡수통일에 대한 반발을 막기 위하여 양국의 화폐를 1:1로 교환했다. 이는 사실상 동독화폐에 대해 큰 규모의 평가절상이 이루어진 것과 같다. 이러한 인위적 평가절상이 통일 이후 동독의 경기침체 및 실업증가와 어떤 관련이 있는지 설명하라.

- 구매력평가조건에 의하면 국가간 환율은 양국 물가수준의 비율로 결정된다. 그러나 실제 동독화폐가 고평가 된다면 다음의 조건이 성립한다. 단 환율(E)은 서독화폐 1단와 교환되는 동독화폐의 수량으로 나타낸다. 또한 P_W는 서독의 물가수준, P_E는 동독의 물가수준을 나타낸다.

$$E = 1 < E_{PPP} = \frac{P_E}{P_W} = 4 \Rightarrow E \cdot P_W < P_E$$

- 즉 대규모 평가절상으로 동독주민들의 구매력이 급증하고 소비가 촉진될 수 있었지만 품질에 비해 지나치게 비싼 가격을 가진 동독의 제품을 아무도 사려하지 않았기에 동독경제의 산업기반은 일순간에 무너졌고 대규모 실업이 발생하였다.

문제 557

국가간 화폐가치의 비교를 위한 빅맥지수에 대한 다음 표를 보고 아래 물음에 차례로 답하라. 단 환율은 미국달러 1달러와 교환되는 각국 화폐수량을 나타낸다. (국제금융연구회 자료인용)

(2007년 1월 기준)

국가명	자국내 가격	미국달러가격	빅맥 PPP지수	현재환율
미국	3.22 미국달러	3.22	-	-
덴마크	27.75 크로나	4.83	8.62	5.74
아이슬랜드	509 크로나	7.44	②	68.4
대한민국	2900 원	①	900.62	942
대만	75 대만달러	2.28	③	32.9
태국	62 바트	1.79	④	34.7
중국	11 위안	1.42	⑤	7.77

(1) 위 표에서 ①~⑤의 빈칸을 메워 표를 완성하라. 단 계산결과는 반올림하여 소수점 2째자리까지 구하라.
(2) 빅맥 PPP 지수를 기준으로 할 때 현재 외환시장에서 가장 고평가된 화폐는 무엇인가? 반대로 가장 저평가된 화폐는 무엇인가? 단 적절한 비교기준을 제시하고 계산결과는 반올림하여 소수점 2째자리까지 구하라. [예를 들어 11.11%와 같이 나타낼 것]

(1) 위 표에서 ①~⑤의 빈칸을 메워 표를 완성하라. 단 계산결과는 반올림하여 소수점 2째자리까지 구하라.

1. 미국달러가격의 도출
   - 빅맥의 자국 내 가격이 주어졌을 때 이를 미국달러가격으로 바꾸기 위해서는 이를 현재환율로 나누어주면 된다.

   따라서 ①에서 $\dfrac{2900원}{942원/달러} = 3.08(미국달러)$

2. 빅맥 PPP 지수의 도출

- 빅맥 PPP지수란 일물일가의 법칙(the law of one price)에 근거하여 각국에 있어서 동일한 빅맥 1개를 구입하는데 필요한 외국화폐와 자국화폐의 교환비율을 나타낸다. 즉 빅맥 PPP지수란 단순화된 구매력평가환율로 볼 수 있다.

$$E_{PPP} = \frac{P}{P^*} = \frac{자국의\ 빅맥가격}{미국의\ 빅맥가격}$$

- ②의 경우 $E_{PPP} = \frac{509 크로나}{3.22 달러} = 158.07$ (크로나/미국달러)

  ③의 경우 $E_{PPP} = \frac{75 대만달러}{3.22 달러} = 23.29$ (대만달러/미국달러)

  ④의 경우 $E_{PPP} = \frac{62 바트}{3.22 달러} = 19.25$ (바트/미국달러)

  ⑤의 경우 $E_{PPP} = \frac{11 위안}{3.22 달러} = 3.42$ (위안/미국달러)

(2) 빅맥 PPP 지수를 기준으로 할 때 현재 외환시장에서 가장 고평가된 화폐는 무엇인가? 반대로 가장 저평가된 화폐는 무엇인가? 단 적절한 비교기준을 제시하고 계산결과는 반올림하여 소수점 2째자리까지 구하라. (예를 들어 11.11%와 같이 나타낼 것)

1. 비교기준

- 한 국가 화폐의 대외 구매력은 환율의 역수와 같다. 따라서 구매력 빅맥 PPP지수를 기준으로 현재환율을 비교하면 다음과 같다.

$$비교기준 = \frac{현행환율에\ 의한\ 구매력 - 빅맥지수에\ 의한\ 구매력}{빅맥지수에\ 의한\ 구매력}$$
$$= \frac{1/E - 1/E_{PPP}}{1/E_{PPP}} = \frac{E_{PPP} - E}{E}$$

- 예를 들어 원화의 과다/과소평가여부는 다음과 같다.

$$\frac{1/E - 1/E_{PPP}}{1/E_{PPP}} = \frac{E_{PPP} - E}{E} = \frac{900 - 942}{942} = -4.39\%$$

- 즉 구매력평가지수에 비해 현재환율은 원화를 4.39% 저평가하고 있다. 즉 원화는 구매력에 비해 낮은 가격에 거래되고 있다. 같은 방식으로 모든 화폐의 평가수준을 구하여 정리하면 〈표 1〉과 같다.

국가명	자국내 가격	미국달러가격	빅맥 PPP지수	현재환율	과소(−)/과대(+)
미국	3.22 미국달러	3.22	−	−	−
덴마크	27.75 크로나	4.83	8.62	5.74	(+) 50.17
아이슬랜드	509 크로나	7.44	② 158.07	68.4	(+) 131.10
대한민국	2900 원	① 3.08	900.62	942	(−) 4.39
대만	75 대만달러	2.28	③ 23.29	32.9	(−) 29.21
태국	62 바트	1.79	④ 19.25	34.7	(−) 44.52
중국	11 위안	1.42	⑤ 3.42	7.77	(−) 55.98

〈표 1〉 구매력평가환율과 현재환율

2. 설문의 해결

- 주어진 국가 중에서 화폐의 구매력이 가장 고평가된 국가는 아이슬랜드로서 현재환율은 구매력환율에 비해 화폐의 구매력을 131.10(%) 과대평가하고 있다.
- 반면 화폐의 구매력이 가장 저평가된 국가는 중국으로서 현재환율은 구매력환율에 비해 화폐의 구매력을 55.98(%) 과소평가하고 있다.

문제 558

실증연구에 따르면 후진국으로 갈수록 물가수준이 낮다. 예를 들어 한국 여행객들은 동남아지역에서 낮은 물가에 놀라곤 한다. 이러한 현상의 원인을 비교역재의 존재에 근거하여 설명해 보아라. (국제금융연구회 응용)

1. 기본접근
   - 교역재는 부국과 빈국간에 자유로운 거래가 이루어지며 환율의 조정에 의해 양국의 교역재 가격을 일치시킨다. 즉 교역재간에 일물일가가 성립한다고 가정하자.
   - 반면 비교역재는 국가간 거래가 불가능하기 때문에 일물일가가 성립하지 않는다.
   - 만약 설문의 주장처럼 선진국과 후진국에서의 화폐의 실질구매력이 지속적으로 상이하다면 이는 국가간 비교역재의 가격차이에서 비롯했을 가능성이 크다.

2. 국가간 또는 부문간 생산성 격차를 강조하는 견해 : 발라싸-사무엘슨의 접근

   가. 기본가정
   - 부국에서는 교역재부문의 생산성이 비교역재부문의 생산성보다 빠르게 증가하지만, 빈국에서는 비슷한 속도로 증가한다고 가정한다.[10]

     부문간 생산성 격차에 대한 가정 : $l_T = l_N$, $l_T^* > l_N^*$

     (l_T와 l_T^*은 각각 빈국과 부국의 교역재 노동생산성 증가율
     l_N와 l_N^*은 각각 빈국과 부국의 비교역재 노동생산성 증가율)

   - 자유로운 노동이동으로 인해 부문간 임금은 일치한다고 가정한다.

   나. 생산성 격차의 영향
   - 교역재부문에서의 낮은 생산성으로 인해 빈국의 임금이 낮아진다. 그러나 이는 환율의 변화에 의해 상쇄되어 동일한 화폐로 나타낸 교역재의 가격은 국가적으로 큰 차이가 없을 것이다.
   - 그러나 낮은 임금은 비교역재의 생산비용을 싸게 만들어 결과적으로 낮은 물가수준을 갖게 할 것으로 예상된다.

---

[10] 이를 교역재 부문에서 빈국의 노동력은 부국에 비해 덜 생산적이라고 가정하나 비교역재부문에서 국제적 생산성 차이는 무시할 만하다고 가정한다고 나타내더라도 동일한 결론에 이르게 된다. (김인준 저)

국가별 생산성에 대한 가정 : $l_T < l_T^*$, $l_N = l_N^*$

빈국의 부문간 생산성격차와 물가 : $\pi = \pi_T + \dfrac{Q_N}{Q}(l_T - l_N)$

부국의 부문간 생산성격차와 물가 : $\pi^* = \pi_T^* + \dfrac{Q_N^*}{Q^*}(l_T^* - l_N^*)$

(π는 전체물가상승률, π_T는 교역재물가상승률, Q는 총생산량, Q_N는 비교역재 생산량)

- 위 식에서 국가간 교역재 물가상승률이 일치하였을 때, 교역재 생산성증가율이 낮은 국가일수록 물가상승률이 낮아짐을 알 수 있다.

다. 평가

- 실증연구에 의하면 〈그림 1〉에서와 같이 교역재부문과 비교역재부문의 생산성증가율의 차이($l_T - l_N$)가 큰 국가일수록 비교역재의 상대가격 상승률($\pi_N - \pi_T$)이 높은 경향이 뚜렷이 나타난다. 이는 국가별 부문간 생산성의 격차가 국가간 물가수준의 차이를 유발할 수 있다는 발라싸-사무엘슨의 주장에 부합한다.

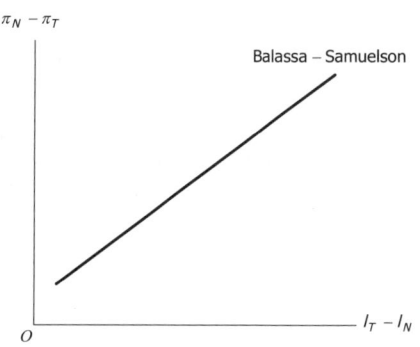

〈그림 1〉 부문별 생산성격차와 비교역재상대가격

3. 국가간 요소부존의 격차를 강조하는 견해 : 바그와티-크라비스-립시 등의 견해

가. 기본가정

- 부국일수록 자본의 축적이 이루어져 자본/노동부존비율이 높다.
- 따라서 부국일수록 높은 임금수준이 형성된다.

나. 요소부존 격차의 영향

- 이 경우 역시 환율은 국가간 교역재의 가격이 일치하는 수준에서 결정될 것이다.
- 국가간 비교역재의 가격은 임금수준에 의해 영향을 받게 되는데 비교역재의 많은 부분이 서비스업이므로 노동집약적인 특성상 임금수준이 낮은 가난한 국가에서 더 낮은 가격을 형성하게 된다.
- 따라서 전반적으로도 1인당 실실소득이 낮은 국가의 경우, 비록 교역재의 가격이 일치하더라도 물가수준이 낮은 즉 화폐의 구매력이 더 높은 현상이 발생할 수 있다.

4. 평가

- 이상에서 설명한 국가별 생산성증가율의 차이 또는 요소부존의 격차로 인해 국가들의 물가수준은 1인당 실질소득수준과 양의 관계를 가진다. 동일한 화폐는 즉 부유한 국가에서보다 가난한 국가에서 더 쓸모가 있다.

문제 559

2005년도 A국의 1인당 GNI는 시장환율 기준으로는 $1만 6천인데 비해 PPP환율 기준으로는 $2만 2천이었다고 한다. 이처럼 시장환율 기준 GNI와 PPP환율 기준 GNI가 달라질 수 있는 대표적인 이유를 몇 가지 예시하라.

1. 구매력평가환율의 정의

   - 구매력평가(purchasing power parity)란 국가간 무역거래가 완전할 때 생산물시장의 일물일가가 성립하는 수준에서 환율이 결정될 것이라는 이론이다. 구매력평가가 성립한다면 화폐는 어느 나라에서나 동일한 구매력을 갖게 된다. 구매력평가환율(e_{PPP})은 다음과 같이 정의된다.

   $$\text{구매력평가환율} : e_{PPP} = \frac{P}{P^f} \Rightarrow \text{실질환율} : q = \frac{eP^f}{P} = 1$$

   - 위 식을 절대적 구매력평가조건이라고 하는데 이 조건이 성립할 때 실질환율(q)은 1이 된다.

2. 달러표시 GNI의 도출

   - 시장환율 기준 GNI는 자국화폐로 측정된 GNI를 시장환율(e)로 나누어 구한다. 반면 PPP환율 기준 GNI는 자국화폐로 측정된 GNI를 구매력평가환율로 나누어 구한다.

   $$\text{시장환율 기준 GNI} : \frac{GNI^{\text{₩}}}{e}, \quad \text{PPP환율 기준 GNI} : \frac{GNI^{\text{₩}}}{e_{PPP}}$$

3. 차이의 근본원인과 실질환율

   - 만약 시장환율 기준 GNI와 PPP환율 기준 GNI가 일치하지 않는다면 이는 시장환율과 구매력평가환율이 일치하지 않기 때문이다. 이는 다시 실질환율이 1이 되지 못하기 때문이라고 볼 수도 있다.
   - 자국의 물가는 $P = P_T^{\alpha} P_N^{1-\alpha}$로, 외국의 물가는 $P^f = (P_T^f)^{\beta}(P_N^f)^{1-\beta}$로 나타낼 수 있으므로 이를 실질환율의 정의식에 대입하여 정리하면 다음과 같다.

   $$q = \frac{eP^f}{P} = \frac{e(P_T^f)^{\beta}(P_N^f)^{1-\beta}}{P_T^{\alpha} P_N^{1-\alpha}} = \frac{eP_T^f}{P_T} \left(\frac{P_T}{P_N}\right)^{1-\alpha} \Big/ \left(\frac{P_T^f}{P_N^f}\right)^{1-\beta}$$

   - 위 식에서 만약 양국에 비교역재가 존재하지 않고 교역재간 일물일가가 성립한다면 실질환율은 1이 된다.

- 비교역재가 존재하는 경우 교역재간 일물일가가 성립하고 양국간 교역재/비교역재의 상대가격 P_T/P_N이 동일하고 물가지수의 가중치인 α와 β가 동일하다면 실질환율은 1이 된다. 현실적으로 구매력평가가 성립하지 못하는 것은 이러한 조건들이 만족되지 못하기 때문이다.

4. 구체적 이유
- 첫째, 교역재간 일물일가가 성립하지 않을 수 있다. 상품의 이질성, 수송비와 무역장벽의 존재, 국가간 가격차별 등으로 인해 $eP_T^f = P_T$가 성립하지 못할 수 있다.
- 둘째, 국가마다 교역재/비교역재의 상대가격 P_T/P_N이 상이할 수 있다. 이에 대해 발라싸와 사뮤엘슨은 부문간 생산성상승률의 국가간 차이를 근거로 들었다. 이들에 의하면 교역재 가격상승률과 비교역재 가격상승률간에는 다음의 관계가 성립한다. 단 π는 전체물가상승률, π_T는 교역재 가격상승률, Q_N는 비교역재 생산량, Q는 총생산량, l_T는 교역재 생산성상승률, l_N은 비교역재 생산성상승률을 의미한다.

$$\pi = \pi_T + \frac{Q_N}{Q}(l_T - l_N)$$

- 즉 교역재 생산성상승률이 높은 국가일수록 전반적 임금상승이 나타나면서 비교역재의 상대가격이 상승하는 경향이 있다. 이 이론에 의하면 개도국에서 물가가 낮은 이유는 교역재 생산성상승률이 낮아서 비교역재의 물가수준 및 물가상승률이 낮기 때문이다.
- 셋째, 교역재/비교역재의 상대가격이 국가마다 상이한 이유로 바그와티-크라비스-립시는 국가간 요소부존도의 격차를 들었다. 즉 개도국일수록 대체로 자본이 부족하고 노동이 풍부하기 때문에 임금이 낮다. 비교역재는 상당부분 서비스업이며 서비스업은 노동을 집약적으로 사용하기 때문에 비교역재의 물가수준이 낮다.
- 그 외 물가지수의 가중치인 α와 β가 동일하지 않은 것도 구매력평가조건이 성립하지 못하는 이유가 될 수 있다.
- 만약 해당국가에서 시장환율 기준 GNI와 PPP환율 기준 GNI가 상이한 것이 일시적 현상이라면 이는 교역재의 일물일가가 성립하지 못한 것에 영향을 받았을 가능성이 크다. 그러나 장기적으로 이런 경향이 지속된다면 이는 자국의 비교역재가격이 낮아 전반적 낮은 물가수준을 갖게 됨에 따라 일어난 현상일 가능성이 크다.

> 참고사항

- 답안에 언급된 발라싸-사뮤엘슨이론과 바그와티-크라비스-립시이론은 주로 상대공급의 변화를 설명하고 있다. 반면 상대수요의 측면에서도 수요패턴의 차이, 경제성장수준의 차이, 자본의 유출입 등의 요인이 상대가격의 차이를 유발할 수 있다.

문제 560

국제수지에 대한 통화접근모형(통화주의모형이라고도 함)에서는 화폐에 대한 수요와 공급의 차이가 경상수지를 결정짓는 결정적인 요인이다. 이 모형에서 아래 각각의 변화가 경상수지에 미치는 단기적 영향을 설명하라.

(1) 통화공급의 증가
(2) 자국소득의 증가
(3) 외국물가의 상승

(1) 통화공급의 증가

1. 기본모형

- 구매력평가조건 : $P = EP^*$ ⇒ TT곡선
- 국내총지출 : $A = P\bar{y} + \alpha(M^s - M^d) = P\bar{y} + \alpha(M^s - kP\bar{y})$

$$\dot{M} = BP = P\bar{y} - A = \alpha(kP\bar{y} - M^s) \Rightarrow P = \frac{1}{\alpha ky}\dot{M} + \frac{1}{ky}M \text{ [11]} \Rightarrow HH곡선$$

2. 통화량증가의 효과

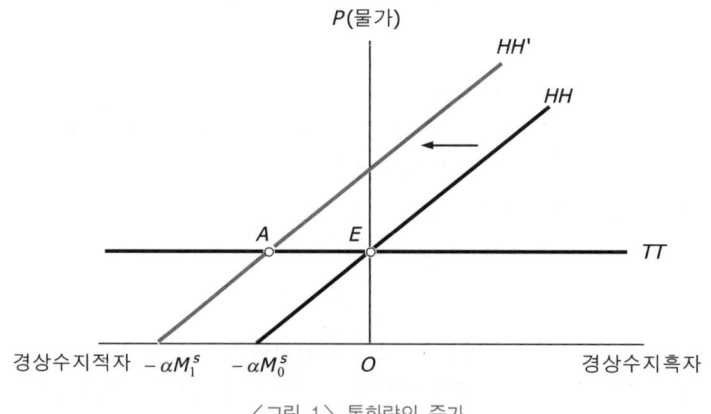

〈그림 1〉 통화량의 증가

---

11) $\dot{M} = \dfrac{dM^s}{dt}$ 은 즉 기간당 통화량의 변화분을 의미한다. $BP = \dot{M}$로 둔 것은 불태화정책이 없고 통화승수가 1이라고 단순화했기 때문이다. 또한 통화주의모형의 최종균형조건은 $\dot{M} = 0$ 또는 $M_{t+1} = M_t$이다.

- 통화량이 증가하면 주어진 물가수준에서 화폐시장에 초과공급이 유발되며 국내총지출이 증가한다. 이 경우 HH곡선이 좌측으로 평행이동하며 균형이 E점에서 A점으로 이동하여 경상수지가 악화된다.

(2) 자국소득의 증가

- 자국소득이 증가할 경우 주어진 물가수준에서 화폐수요가 증가하며 화폐시장에 초과수요가 유발되고 이에 따라 국내총지출이 총소득에 비해 적게 증가한다. 이 경우 HH곡선이 우측으로 회전이동하며 균형이 E점에서 B점으로 이동하여 경상수지가 개선된다.

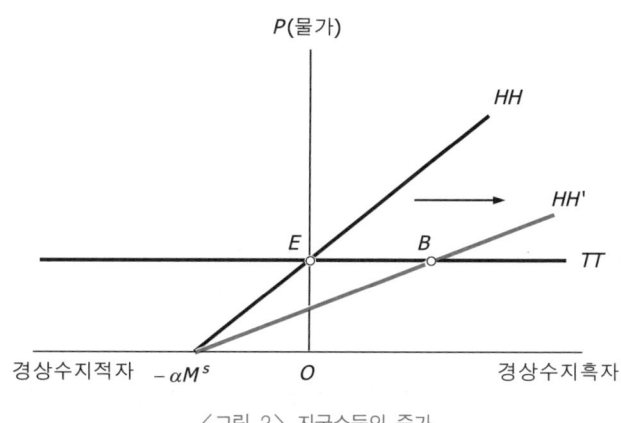

〈그림 2〉 자국소득의 증가

(3) 외국물가의 상승

- 구매력평가가 성립할 때 외국물가가 상승하면 자국물가도 같은 비율로 상승하며 화폐시장에 초과수요가 유발되고 국내총지출이 감소한다. 이 경우 TT곡선이 상방으로 이동하며 균형이 E점에서 C점으로 이동하여 경상수지가 개선된다.

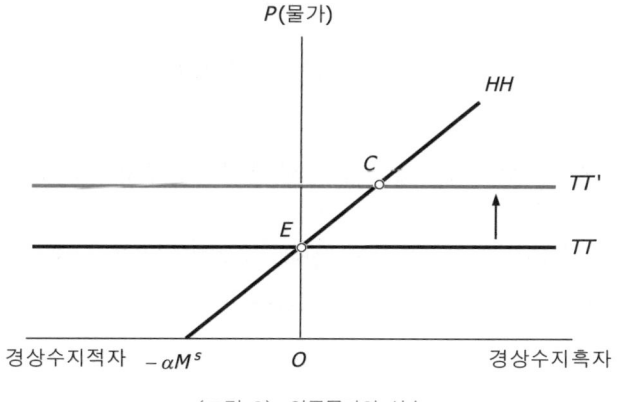

〈그림 3〉 외국물가의 상승

문제 561

현재 한국의 무위험이자율이 연율 4%, 미국의 무위험이자율이 연율 2%이며, 현물환율은 1000원/달러이며 3개월 선물환율이 1010원/달러라고 하자. 이제 위험중립적 투자자의 3개월 기간에 걸친 투자를 고려한다.

(1) 이 투자자의 가용자금이 1달러라고 하자. 이를 각국에 투자한 경우 달러를 기준으로 한 3개월간의 투자수익률을 구하라.
(2) 동일한 투자에 대해 원화를 기준으로 한 수익률을 구하라.
(3) 이상의 결과를 커버된 이자율평가조건을 사용하여 나타내 보아라. 어느 나라에 투자하는 것이 보다 유리한가?
(4) 이 투자자의 현재 달러 신용한도가 100달러이고 원화 신용한도가 10만원일 때 가능한 차익거래(arbitrage)를 예시하고 이로 인한 투자차익을 원화를 단위로 나타내 보아라.

---

(1) 이 투자자의 가용자금이 1달러라고 하자. 이를 각국에 투자한 경우 달러를 기준으로 한 3개월간의 투자수익률을 구하라.

- 편의상 단위기간을 3개월로 두고 i를 한국의 3개월 수익률, i^*를 미국의 3개월 수익률, E를 현물환율, F를 3개월 선물환율이라고 하자. 또한 계산의 편의상 $i = 1\%$, $i^* = 0.5\%$로 나타내기로 한다.
- $1를 미국 무위험자산에 투자할 경우 3개월 후 달러 원리금은 $1 + i^* = 1.005$($)이며 수익률은 0.5%이다.
- $1를 현물환율로 환전하여 한국 무위험자산에 투자할 경우 3개월 후 달러환산 원리금은 $\frac{E}{F}(1+i) = \frac{1000}{1010}(1+0.01) = 1$($)이며 수익률은 0%이다.

(2) 동일한 투자에 대해 원화를 기준으로 한 수익률을 구하라.

- $1를 미국 무위험자산에 투자할 경우 3개월 후 원화 환산 원리금은 $F(1+i^*) = 1015.05$(원)이며 수익률은 1.505%이다.
- $1를 현물환율로 환전하여 한국 무위험자산에 투자할 경우 3개월 후 원화 원리금은 $E(1+i) = 1000(1+0.01) = 1010$(원)이며 수익률은 1%이다.

(3) 이상의 결과를 커버된 이자율평가조건을 사용하여 나타내 보아라. 어느 나라에 투자하는 것이 보다 유리한가?

- 달러기준 : $1+i^* = \frac{E}{F}(1+i) \Rightarrow i^* = i - \frac{F-E}{E} \Rightarrow 0.5\% > 1\% - \frac{1010-1000}{1000} = 0\%$
- 원화기준 : $1+i = \frac{F}{E}(1+i^*) \Rightarrow i = i^* + \frac{F-E}{E} \Rightarrow 1\% < 0.5\% + \frac{1010-1000}{1000} = 1.5\%$

- 어느 화폐를 기준으로 삼더라도 현재 미국 무위험자산에 투자하는 편이 수익률이 높다.

(4) 이 투자자의 현재 달러 신용한도가 100달러이고 원화 신용한도가 10만원일 때 가능한 차익거래(arbitrage)를 예시하고 이로 인한 투자차익을 원화를 단위로 나타내 보아라.

- 한국에서 10만원을 차입하여 현물환율에 의해 달러로 환전한 후 미국 무위험자산에 투자한다. 3개월 후 원리금을 선물환율에 의해 원화로 환전하여 차입금에 대한 원리금을 상환할 때 차익은 다음과 같다.

$$100000 \times \frac{F}{E}(1+i^*) - 100000 \times (1+i)$$
$$= 100000 \times \frac{1010}{1000}(1+1.005) - 100000 \times (1+0.01) = 505(원)$$

문제 562

국가간 완전한 자본이동을 가정할 때 다음과 같이 이자율평가조건이 성립한다고 하자.

○ 이자율평가조건 : $i = i^* + \dfrac{E_{+1}^e - E}{E}$

단 i는 자국이자율, i^*는 외국이자율, E는 현재 명목환율, E_{+1}^e는 미래 명목환율에 대한 기대치를 나타낸다.

(1) 주어진 이자율평가조건식이 성립하기 위해서는 많은 조건이 필요하다. 이를 4가지 이상 열거하고 설명하라.
(2) x축을 i로, y축에 E로 하는 그림에 이자율평가조건을 나타내는 IRP곡선을 그려보아라. 또한 IRP곡선상에 자국이자율이 외국이자율과 같은 상태를 a점으로, 자국이자율이 외국이자율보다 높은 상태를 b점으로 나타내어라. a점의 높이가 의미하는 것은 무엇인가?
(3) 이 그림에서 외국이자율이 상승할 때 중앙은행이 삼자택일의 선택문제에 직면하게 됨을 보여라.
(4) (3)에서 중앙은행이 각각의 선택을 한 경우 경제적 기회비용을 설명하라.

(1) 주어진 이자율평가조건식이 성립하기 위해서는 많은 조건이 필요하다. 이를 4가지 이상 열거하고 설명하라.

- 이자율평가조건은 국가간 완전한 자본이동이 가능할 때 투자자는 어느 나라에서나 동일한 기대수익률을 거둘 수 있다는 이론으로서 완전한 차익거래를 전제한다. 이자율평가조건이 성립하기 위해서는 다음 조건들이 성립해야 한다.
- 첫째, 외국 자산에 투자하는 것과 관련한 거래비용(transaction cost)이 없거나 매우 낮아야 한다.
- 둘째, 외국 자산에 투자하는 것과 관련하여 자본통제와 같은 제도적 장벽이 없어야 한다.
- 셋째, 양국 금융자산이 동질적이어서 완전대체재(perfect substitute)로서의 성격을 가져야 한다. 예를 들어 양국의 조세법상 조건이 상이하거나 정치적 위험도가 상이하다면 양국 금융자산의 수익률에는 일정한 차이가 발생할 것이다.
- 넷째, 정보가 완전해야 한다. 국가간 완전한 차익거래가 이루어지기 위해서는 투자와 관련된 위험이 완전하며 대칭적이어야 한다.
- 다섯째, 투자자들이 위험중립적이어야 한다. 그렇지 않다면 투자자들은 상대적으로 더 위험한 자산을 보유하는 것에 대해 더 높은 수익률을 요구하게 될 것이다.

(2) x축을 i로, y축에 E로 하는 그림에 이자율평가조건을 나타내는 IRP곡선을 그려보아라. 또한 IRP곡선상에 자국이자율이 외국이자율과 같은 상태를 a점으로, 자국이자율이 외국이자율보다 높은 상태를 b점으로 나타내어라. a점의 높이가 의미하는 것은 무엇인가?

- 이자율평가조건에서 i^*와 E_{+1}^e가 주어져 있을 때 i가 상승하면 E가 하락한다. 이를 나타내면 〈그림 1〉의 IRP와 같이 우하향하는 형태가 된다.
- 이자율평가조건에서 $i = i^*$인 경우 $E = E_{+1}^e$이 성립하므로 a점의 높이는 미래 명목환율에 대한 기대치를 의미한다.
- 다른 조건이 일정할 때 자국이자율이 외국이자율보다 높으면 명목환율은 환율기대치보다 낮다. 이를 나타면 b점과 같다.

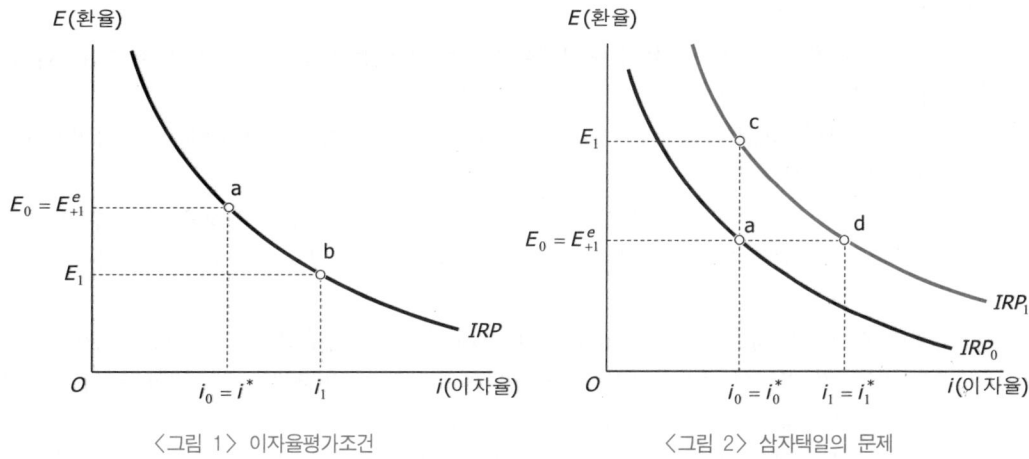

〈그림 1〉 이자율평가조건   〈그림 2〉 삼자택일의 문제

(3) 이 그림에서 외국이자율이 상승할 때 중앙은행이 삼자택일의 선택문제에 직면하게 됨을 보여라.

- 다른 조건이 일정할 때 외국이자율이 상승하면 〈그림 2〉에서 IRP곡선이 바깥쪽으로 이동한다. 이 경우 중앙은행은 다음 세 가지 중 한 가지를 선택해야 한다.
- 첫째, 중앙은행이 국내이자율을 일정하게 유지하면 환율이 상승한다. 이는 〈그림 2〉의 c점에 해당한다.
- 둘째, 중앙은행이 환율을 일정하게 유지하려 한다면 국내이자율을 인상해야 한다. 이는 〈그림 2〉의 d점에 해당한다.
- 셋째, 중앙은행이 국내이자율과 환율을 모두 일정하게 유지하려 한다면 국가간 자본이동을 차단하여야 한다. 이 경우 〈그림 2〉의 a점을 유지할 수 있다.
- 정리하면 중앙은행은 자유로운 자본이동이 가능한 경우 국내이자율, 환율을 동시에 원하는 수준으로 유지할 수 없다. 이를 국제금융의 삼각딜레마(trilemma)라고 한다.

(4) (3)에서 중앙은행이 각각의 선택을 한 경우 경제적 기회비용을 설명하라.

1. 환율의 상승을 용인하는 경우
   - 이 경우 외국자산의 수익률이 높은 상황이 발생하기 때문에 조정과정에서 급격한 자본유출이 이루어지며 중앙은행의 외환보유고가 감소할 수 있다. 환율이 상승하면 순수출이 증가하고 경상수지가 개선되는 긍정적 영향이 있을 수 있지만 수입물가상승, 교역조건악화가 나타나며 기업 및 은행의 재무상태 악화가 나타날 수 있다. 뿐만 아니라. 소득분배상으로도 바람직하지 못한 변화가 발생할 수 있다. 또 이 경우 만약 중앙은행의 외환보유고가 충분하지 않다면 환율상승에 대한 기대가 더해지며 외환위기(foreign exchange crisis)가 발생할 수 있다.

2. 국내금리를 인상하는 경우
   - 이러한 경우에는 양국 자산의 수익률이 일치하기 때문에 급격한 자본의 유출입이나 환율의 변화는 없다.
   - 그러나 국내금리를 인상하는 경우 물적 투자와 인적투자가 감소하며 이는 장기성장에 부정적인 영향을 미친다.
   - 또한 금리를 인상하면 채권가격이 하락하며 금융시장에 부정적 영향을 미칠 수 있다. 채권가격의 하락은 이와 대체적인 주식가격의 하락으로 이어질 수 있으며 부동산 가격하락을 유발할 수 있다.
   - 또한 저금리가 상당기간 지속됨에 따라 가계부채와 기업부채가 증가하였는데 이자율이 상승한다면 가계 및 기업의 재무상태가 나빠지며 이에 따라 신용경색(credit crunch)이 발생하는 대차대조표 위기(balance sheet crisis)가 올 수 있다.
   - 특히 한국의 경우 부동산 가격하락과 이자율상승이 동시에 나타날 경우 많은 가계가 소위 하우스 푸어(house poor) 상태에 빠지게 될 것이며 자칫 일본식의 복합불황으로 이어질 가능성이 있다.

3. 국가간 자본이동을 차단하는 경우
   - 이 경우 국제적 자본이동을 통해 얻을 수 있는 다양한 이득이 사라진다. 첫째, 국제금융거래가 차단된다면 소비평준화의 달성이 어려워진다. 둘째, 포트폴리오 다양화를 통해 얻을 수 있는 위험분산의 이득이 사라진다. 셋째, 투기거래 및 차익거래의 기회가 사라진다. 이는 금융시장이 더욱 효율적으로 작동될 기회를 상실하는 효과가 있다. 넷째, 넓은 의미의 자본이동에는 직접투자가 포함되는데 직접투자를 통해 얻을 수 있는 입지상의 이득이나 내부화로 인한 이득이 사라진다.

문제 563

다음 그림은 국제금융시장의 균형조건을 나타낸다.

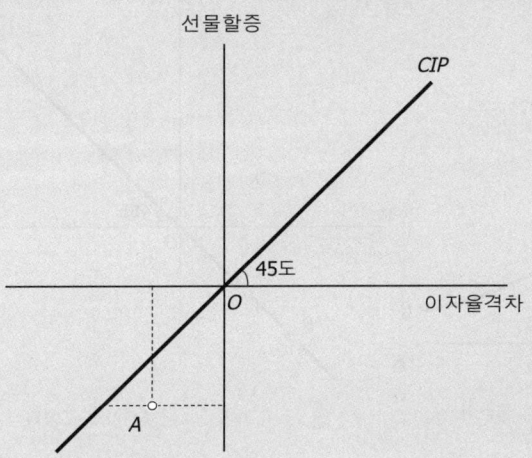

단 이자율 격차는 자국 무위험 이자율(i)와 외국 무위험 이자율(i^*)의 차이를 의미하며, 선물할증은 선물환율(F)과 현물환율(S)의 차이를 비율로 나타낸 것이다. 이하 주어진 그림을 사용하여 물음에 답하라.

(1) 이 그림에서 CIP선이 의미하는 바를 설명하시오.
(2) 현재 A국의 상황이 그림의 A점과 같다고 하자. 현재 상태가 불균형이라면 그 이유를 설명하시오.
(3) 금융시장의 균형이 달성되기 위한 조정경로를 이자율을 통한 조정과정과 환율(현물환 및 선물환)을 통한 조정경로로 나누어 설명하시오.

(1) 이 그림에서 CIP선이 의미하는 바를 설명하시오.

- 국가간 이자율격차는 $i - i^*$, 선물할증은 $\dfrac{F-S}{S}$로 나타낼 수 있다. 따라서 CIP선은 다음의 관계를 나타낸다.

$$i - i^* = \frac{F-S}{S} \Rightarrow \text{커버된 이자율평가} : i = i^* + \frac{F-S}{S} \quad \text{--- 식 1}$$

- 식 1의 좌변은 국내 금융상품에 투자한 경우의 수익률을 자국화폐기준으로 나타낸 것이며 우변은 외국 채권에 투자한 경우의 수익률을 자국화폐기준으로 나타낸 것이다. 즉 자국 금융상품에 투자하는 경우 자국의 이자율에 해당하는 수익률을 얻을 수 있다. 또한 외국 금융상품에 투자하는 경

우 외국의 이자율과 환율상승률 또는 선물할증에 해당하는 수익률을 추가로 얻을 수 있다.
- 따라서 CIP선은 국제금융시장에서 차익거래의 기회가 더 이상 남아 있지 않는 국제금융의 균형 조건을 나타내는데 이를 커버된 이자율평가(covered interest rate parity)조건이라고 한다.

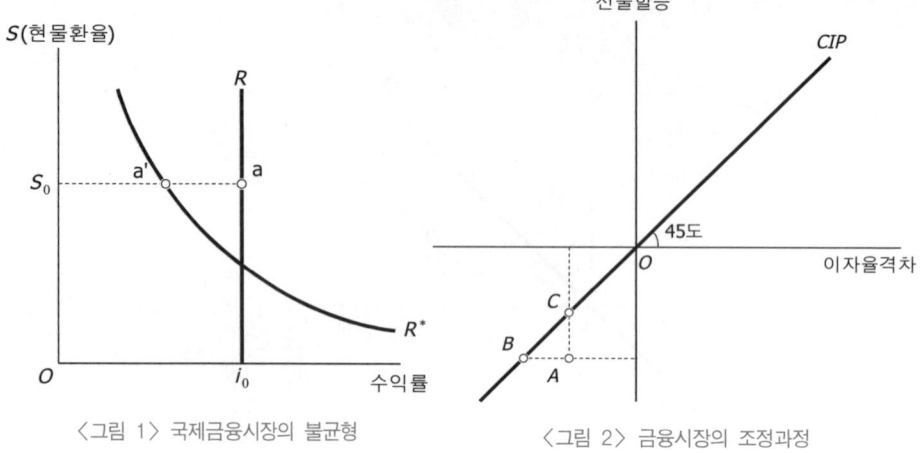

〈그림 1〉 국제금융시장의 불균형   〈그림 2〉 금융시장의 조정과정

(2) 현재 A국의 상황이 그림의 A점과 같다고 하자. 현재 상태가 불균형이라면 그 이유를 설명하시오.

- A점의 경우 $i - i^* > \dfrac{F-S}{S}$ 또는 $i > i^* + \dfrac{F-S}{S}$ 가 성립하므로 외국에 투자하는 것보다 자국에 투자하는 것의 기대수익률이 더 높다.
- 이러한 경우라면 외국에서 자금을 차입한 후 국내에 투자하며 이의 원리금을 선물환으로 매입하여 상환하면 위험을 지지 않고 수익을 거둘 수 있다. 이러한 차익거래를 통해 이익을 볼 수 있는 여지가 남아 있으므로 현재 상태는 균형상태가 아니다.
- 현재 상태를 수익률-환율평면에 나타내면 〈그림 1〉과 같다. 이 그림에서 R은 자국에 투자하는 것의 기대수익률을, R^*는 외국에 투자하는 것의 기대수익률을 나타낸다. 주어진 환율 S_0에서 자국금융상품의 수익률은 a점에, 외국금융상품의 수익률은 a'점에 대응되어 차익거래의 기회가 남아있음을 알 수 있다.

(3) 금융시장의 균형이 달성되기 위한 조정경로를 이자율을 통한 조정과정과 환율(현물환 및 선물환)을 통한 조정경로로 나누어 설명하시오.

1. 이자율을 통한 조정과정
- 현재 상태는 자국의 수익률이 높은 상태이므로 외국에서는 자본의 유출이 이루어지고 자국에서는 자본의 유입이 이루어질 것이다. 따라서 본국에서는 이자율이 하락하고 외국에서는 이자율이 상

승하여 CIP조건이 다시 만족될 수 있다. 〈그림 2〉에서 이러한 조정이 이루어진다면 금융시장은 B점으로 이동하게 된다.
- 환율-수익율평면에서 자국의 이자율이 하락하고 외국의 이자율이 상승하여 새로운 균형이 성립한 점을 나타내면 〈그림 3〉의 B점과 같다.

2. 환율을 통한 조정과정
- 국내 자본이 유입되는 경우 원화를 매입하므로 원화의 가치는 상승하고 현물환율은 하락할 것이다. 반면 선물환을 매입하는 과정에서 선물환율은 상승할 것이다. 〈그림 2〉에서 이러한 조정이 이루어진다면 금융시장은 C점으로 이동하게 된다.
- 환율-수익율평면에서 현물환율의 하락과 선물환율의 상승이 이루진 상태를 나타내면 〈그림 4〉의 C점과 같다.

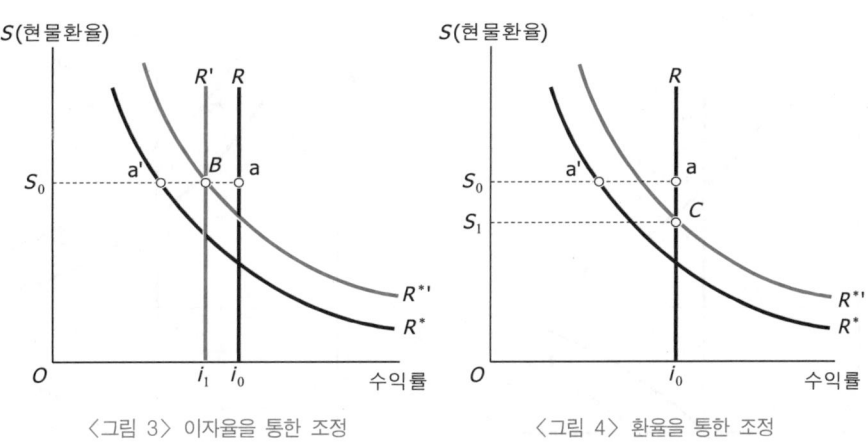

〈그림 3〉 이자율을 통한 조정　　〈그림 4〉 환율을 통한 조정

문제 564

국가간 자본이동이 완전히 자유롭다고 할 때 다음 네 가지 사건이 환율에 미치는 영향을 설명하라. 만약 중앙은행이 환율을 일정한 수준에서 유지하고자 한다면 어떻게 대응해야 하는지 구체적으로 설명하시오.

(1) 자국의 소득증가 (2) 자국통화의 약세예상
(3) 해외금리의 인상 (4) 화폐유통속도의 급감

(1) 자국의 소득증가

- 〈그림 1〉, 확장적 정책대응

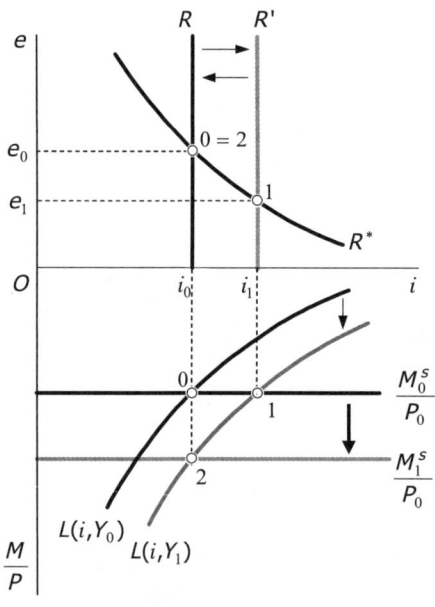
〈그림 1〉 자국소득증가에 대한 정책대응

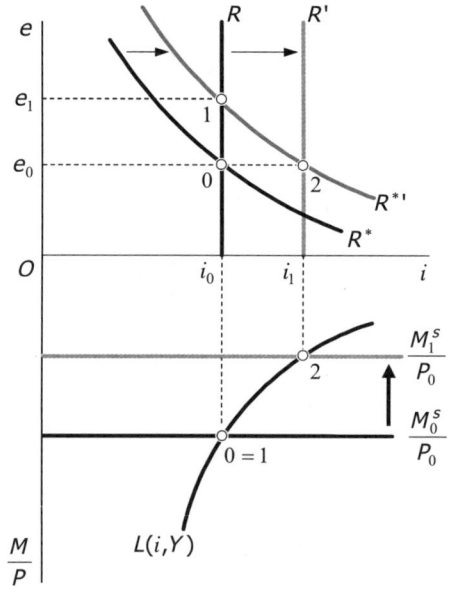
〈그림 2〉 외국이자율상승에 대한 정책대응

(2) 자국통화의 약세예상, (3) 해외금리의 인상

- 〈그림 2〉, 긴축적 정책대응

(4) 화폐유통속도의 급감

1. 설문에서 변화의 효과

   - 수량방정식 $MV = PY$을 변형하면 $\dfrac{M^d}{P} = \dfrac{1}{V} Y = L(i, Y)$에서 화폐유통속도의 급감은 화폐수요가 급격하게 증가한 것으로 볼 수 있다.
   - 설문에서 화폐수요가 증가하면 국내이자율 i_0에서 i_1으로 상승하며 자국의 수익률곡선인 R이 우측으로 이동한다. 이 경우 중앙은행이 아무런 대응을 하지 않는다면 국제적인 자본유입이 유발되며 환율은 e_0에서 e_1으로 하락한다. (0→1)

2. 환율을 유지하기 위한 정책대응 : 확장적 통화정책

   - 따라서 환율의 하락을 막기 위해서는 다시 이자율을 원래수준으로 낮추어야 하는데 이를 위해서 중앙은행은 통화량을 M_0^s에서 M_1^s로 늘려 대응하여야 한다. (1→2)

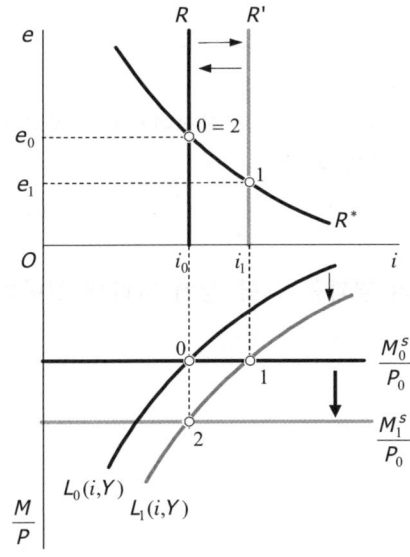

〈그림 3〉 화폐유통속도 감소에 대한 정책대응

문제 565

한국과 미국의 명목이자율은 각각 4%, 3%이다. 미국의 물가상승률이 2%로 예상되며 현재 원/달러 환율은 1,000원이다. 단, 구매력평가설과 이자율평가설 및 피셔방정식이 성립한다고 가정한다.

(1) 양국의 실질이자율 및 한국의 예상 물가상승률을 구하라.
(2) 예상 원/달러 환율을 구하라. 그리고 이상의 결과를 그림 상에 나타내 보아라.

(1) 양국의 실질이자율 및 한국의 예상 물가상승률을 구하라.

	i	r	π^e
한국			
미국			
$\hat{E}^e$			

- 구매력평가설과 이자율평가설 및 피셔방정식이 성립하면 양국 실질이자율이 일치하는데 이를 실질이자율평가(real interest rate parity : RIRP)라고 한다.

(2) 예상 원/달러 환율을 구하라. 그리고 이상의 결과를 그림 상에 나타내 보아라.

- 유위험 이자율평가설 : $i = i^* + \dfrac{E^e_{+1} - E}{E}$ ⇒

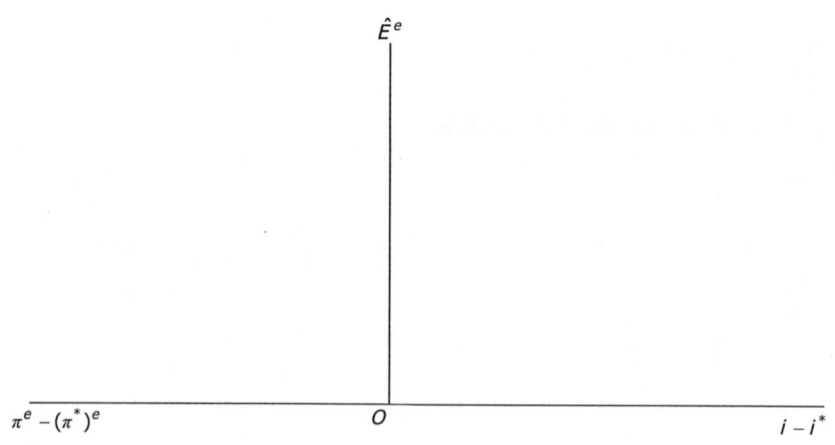

문제 566

단순화된 먼델-플레밍모형을 가정한다.

> ○ IS곡선 : $Y = A - i + E$
> ○ LM곡선 : $Y = \dfrac{M}{P} + i$
> ○ BP곡선 : $i = i^*$

위 모형에서 Y는 총소득, A는 독립지출, i는 국내이자율, E는 환율, M은 통화량, P는 물가, i^*는 국제이자율이다. 편의상 $P = 1$로 가정한다.

(1) 완전변동환율을 가정할 경우 내생변수는 무엇인가? 이 경우 균형을 구하고 정부구매 증가 및 통화증가의 효과를 설명하라.
(2) 완전고정환율을 가정할 경우 내생변수는 무엇인가? 이 경우 균형을 구하고 정부구매 증가의 효과를 설명하라.
(3) 완전자본이동과 완전고정환율을 가정할 때 통화정책을 수행할 수 없다는 주장의 의미는 무엇인가? 완전자본이동과 완전고정환율하에서 통화정책은 어떤 식으로 운영될 수 있는가?

(1) 완전변동환율을 가정할 경우 내생변수는 무엇인가? 이 경우 균형을 구하고 정부구매 증가 및 통화증가의 효과를 설명하라.

- 이 경우 내생변수는 Y, E, i이며 나머지 변수는 모두 외생변수이다. 이하 구분을 위해 외생변수에 윗줄을 표시한다.

  BP곡선에서 $\Rightarrow i = \overline{i^*}$
  이를 LM곡선에 대입 $\Rightarrow Y = \overline{M} + \overline{i^*}$
  이를 IS곡선에 대입 $\Rightarrow E = \overline{M} - \overline{A} + 2\overline{i^*}$

- 정부구매증가의 효과는 다음과 같다.

  $$\dfrac{di^*}{d\overline{A}} = 0, \quad \dfrac{dY}{d\overline{A}} = 0, \quad \dfrac{dE}{d\overline{A}} = -1$$

- 즉 정부구매증가는 이자율에 영향을 미치지 않지만 환율을 하락시킨다. 이는 순수출을 감소시켜 정부구매증가의 효과는 100% 구축되고 총소득은 증가하지 않는다. 즉 이 모형에서의 구축효과(crowd out effect)는 환율을 통한 순수출에 대한 구축효과이다.

- 통화증가의 효과는 다음과 같다.

$$\frac{di^*}{dM}=0, \quad \frac{dY}{dM}=1, \quad \frac{dE}{dM}=1$$

- 즉 통화증가는 이자율에 영향을 미치지 않지만 환율을 상승시키고 이는 순수출을 증가시켜 총소득을 증가시킨다. 즉 이 모형에서의 통화정책 전달경로는 환율경로(exchange rate channel)이다.

(2) 완전고정환율을 가정할 경우 내생변수는 무엇과 무엇인가? 이 경우 균형을 구하고 정부구매 증가의 효과를 설명하라.

- 이 경우 내생변수는 Y, M, i이며 나머지 변수는 모두 외생변수이다. 이번에도 외생변수에 윗줄을 표시한다.

BP곡선에서 $\Rightarrow i = \overline{i^*}$

이를 IS곡선에 대입 $\Rightarrow Y = \overline{A} - \overline{i^*} + \overline{E}$

이를 LM곡선에 대입 $\Rightarrow M = \overline{A} - 2\overline{i^*} + \overline{E}$

- 정부구매증가의 효과는 다음과 같다.

$$\frac{di^*}{dA}=0, \quad \frac{dY}{dA}=1, \quad \frac{dM}{dA}=1$$

- 즉 정부구매증가는 이자율을 상승시키지 않으며 총소득을 증가시킨다. 폐쇄경제와 다른 점은 재정정책이 시행되는 경우 통화량이 증가하여 이자율 상승을 막아준다는 점이다.

(3) 완전자본이동과 완전고정환율을 가정할 때 통화정책을 수행할 수 없다는 주장의 의미는 무엇인가? 완전자본이동과 완전고정환율하에서 통화정책은 어떤 식으로 운영될 수 있는가?

- 이 경우 통화량이 내생변수이므로 정부가 이를 외생적으로 통제할 수 없다. 따라서 통화량은 정책변수가 될 수 없다. 비록 중앙은행이 통화공급을 인위적으로 증가시키더라도 이는 즉각적으로 자본유출로 이어지고 통화량은 원래의 수준으로 복귀한다.
- 따라서 평가조정을 하지 않는 한 완전고정환율과 완전자본이동 하에서 통화정책을 수행하는 것은 불가능하다. 반면 평가조정을 하는 경우라면 통화량 대신 환율을 정책변수로 활용할 수 있다. 이 경우 고정환율을 높이거나 낮추는 것은 총소득에 강한 영향을 미친다.

$$\frac{di^*}{dE}=0, \quad \frac{dY}{dE}=1, \quad \frac{dM}{dE}=1$$

문제 567

다음은 변동환율제를 택하고 있는 국가간 자본이동이 완전한 소규모개방경제의 모형이다. (단, Y는 국민소득, C는 소비, I는 투자, G는 정부지출, X는 수출, M은 수입, e는 환율, L^D는 실질화폐수요, L^S는 명목화폐공급, P는 물가수준, r은 국내 이자율, 국내이자율 수준은 해외 이자율 수준과 항상 같다.)

$$Y = C + I + G + X - M \text{(생산물시장의 균형)}$$
$$L^D = \frac{L^S}{P} \text{(화폐시장의 균형)}$$
$$C = 50 + 0.8Y, \ I = 100 - 4r, \ G = 50$$
$$X - M = 20 + e - 0.2Y$$
$$L^D = 0.2Y - 2r, \ L^S = 300, P = 2$$

(1) 해외 이자율이 10이고 이 경제가 일반균형에 있다고 할 때 균형을 구하고 총소득, 이자율 평면에 나타내시오.
(2) 해외 이자율이 10으로 일정하고 정부구매를 50에서 100으로 증가시켰다고 할 때 총소득과 환율의 변화를 설명하라.
(3) 해외 이자율이 10으로 일정하고 정부구매가 50일 때 명목화폐공급이 300에서 320으로 증가한 것의 효과를 설명하라.
(4) 다시 정부구매가 50이고 명목화폐공급이 300일 때 해외이자율이 20으로 상승한 것의 효과를 설명하라.

---

(1) 해외 이자율이 10이고 이 경제가 일반균형에 있다고 할 때 균형을 구하고 총소득, 이자율 평면에 나타내시오.

1. 생산물시장의 균형

  - $Y = (50 + 0.8Y) + (100 - 4r) + 50 + (20 + e - 0.2Y)$

  $\Rightarrow$ IS곡선 : $Y = 550 - 10r + \frac{5}{2}e$ ------------ 식 1

2. 화폐시장의 균형

  - $\frac{300}{2} = 0.2Y - 2r \Rightarrow$ LM곡선 : _____ ------------ 식 2

3. 일반균형의 도출

- 총소득, 이자율평면에서 IS곡선은 우하향하고 LM곡선은 우상향한다. 또한 자본이동이 완전하며 국내이자율과 외국이자율이 동일하므로 대외균형(외환시장균형)을 나타내는 BP곡선은 수평선이 된다.
- 식 1, 식 2에 $r = r^* = 10$을 대입하면 $Y_1 = 850$, $e_1 = 160$이 된다. 이는 〈그림 1〉의 E점에 해당한다.

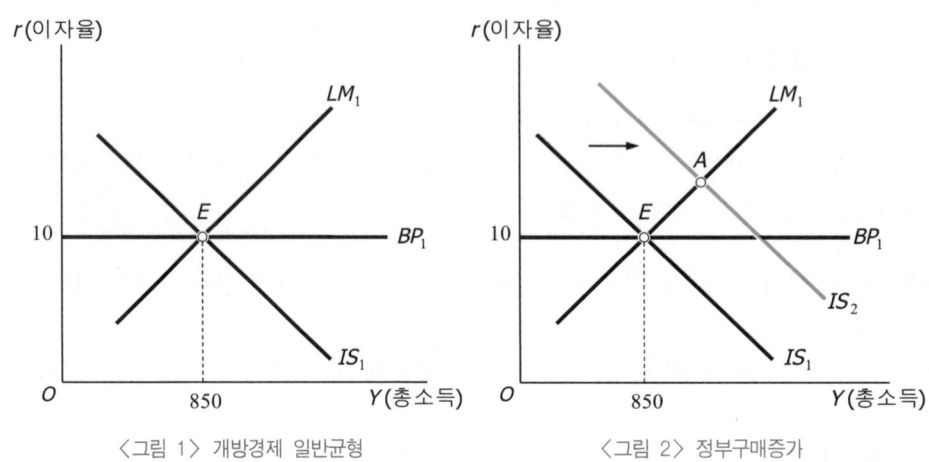

〈그림 1〉 개방경제 일반균형 〈그림 2〉 정부구매증가

(2) 해외 이자율이 10으로 일정하고 정부구매를 50에서 100으로 증가시켰다고 할 때 총소득과 환율의 변화를 설명하라.

1. 생산물시장의 균형

- $Y = (50 + 0.8Y) + (100 - 4r) + 100 + (20 + e - 0.2Y)$

$\Rightarrow IS$곡선 : $Y = 675 - 10r + \dfrac{5}{2}e$ ------------ 식 3

2. 일반균형의 도출

- 식 3과 식 2에 $r = r^* = 10$을 대입하면 $Y_2 = 850$, $e_2 = 110$이 된다. 이는 〈그림 2〉의 E점에 해당한다. 이 경우 재정정책의 결과 환율이 하락하는데 이는 IS곡선 우측이동으로 외환시장 초과공급이 유발되기 때문이다. 이처럼 완전한 자본이동과 변동환율제하에서 재정정책이 총소득에 미치는 효과는 환율하락에 의한 구축효과(crowding out effect)에 의해 모두 사라진다.

(3) 해외 이자율이 10으로 일정하고 정부구매가 50일 때 명목화폐공급이 300에서 320으로 증가한 것의 효과를 설명하라.

1. 화폐시장의 균형

$$-\frac{320}{2} = 0.2Y - 2r \Rightarrow LM곡선 : \underline{\hspace{2cm}} \quad \text{------------ 식 4}$$

2. 일반균형의 도출

- 식 1과 식 4에 $r = r^* = 10$을 대입하면 $Y_3 = 900$, $e_3 = 180$이 된다. 이는 〈그림 3〉의 B점에 해당한다. 이 경우 환율이 상승하는데 이는 통화공급량의 증가로 LM곡선이 우측이동하여 외환시장 초과수요가 유발되기 때문이다. 이처럼 완전한 자본이동과 변동환율제하에서 통화정책이 총소득에 미치는 효과는 매우 강력하며 이때 작용하는 통화정책의 전달경로는 환율경로(exchange rate channel)이다.

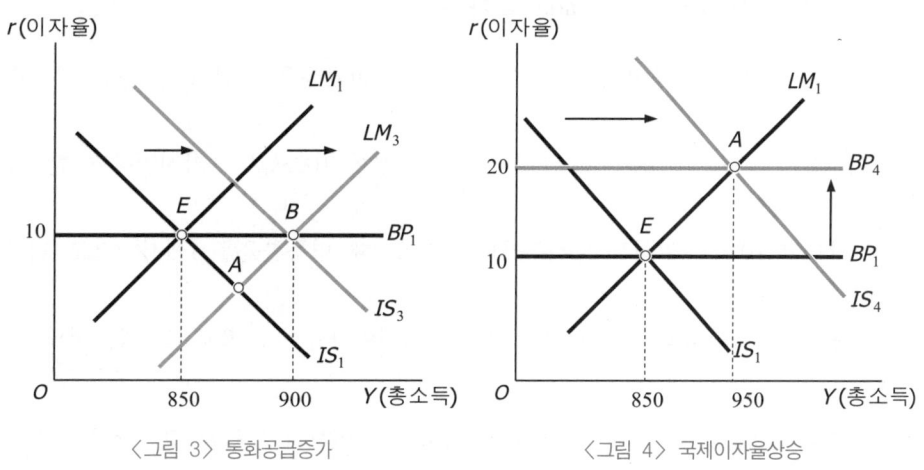

〈그림 3〉 통화공급증가   〈그림 4〉 국제이자율상승

(4) 다시 정부구매가 50이고 명목화폐공급이 300일 때 해외이자율이 20으로 상승한 것의 효과를 설명하라.

- 식 1과 식 2에 $r = r^* = 20$을 대입하면 $Y_4 = 950$, $e_4 = 240$이 된다. 이는 〈그림 4〉의 A점에 해당한다. 〈그림 4〉에서 국제이자율이 상승할 경우 BP곡선이 상방으로 이동한다. 이 경우 E점에서 외환시장의 초과수요가 발생하며 환율이 상승한다. 이에 따라 순수출이 증가하며 IS곡선이 우측이동하게 되며 최종균형은 A점에서 이루어진다.
- 이 경우 총소득의 증가는 환율상승에 의한 순수출증가와 이에 파생된 소비증가에서 비롯한다.

문제 568

다음은 고정환율제를 택하고 있는 국가간 자본이동이 완전한 소규모개방경제의 모형이다. (단, Y는 총소득, C는 소비, I는 투자, G는 정부지출, X는 수출, M은 수입, L^D는 실질화폐수요, L^S는 명목화폐공급, P는 자국물가, r은 국내 이자율, e는 외국화폐를 국내화폐 단위로 환산하는 명목환율, P^*은 외국물가이다. 국내이자율 수준은 해외 이자율 수준과 항상 같다.)

> $Y = C + I + G + X - M$ (생산물 시장의 균형)
> $L^D = \dfrac{L^S}{P}$ (화폐시장의 균형)
> $C = 50 + 0.8Y$, $I = 100 - 4r$, $G = 50$, $X - M = 10 - 0.2Y + 10(eP^*/P)$
> $L^D = 0.2Y - 2r$, $P = 2$, $P^* = 2$, $e = 1$

이 모형은 총소득(Y)과 명목화폐공급(L^S)를 내생변수(endogenous variable)로 가지며 그 외의 변수들은 모두 외생변수(exogenous variable)가 된다.

(1) 해외 이자율이 10으로 주어졌을 때 이 경제의 일반균형을 구하고 총소득, 이자율 평면에 나타내시오.
(2) 해외 이자율이 10으로 일정하고 정부구매를 50에서 100으로 증가시켰다고 할 때 균형의 변화를 설명하라.
(3) 해외 이자율이 10으로 일정하고 정부구매가 50일 때 명목환율을 1에서 3으로 인상한 것의 효과를 설명하라.
(4) 다시 정부구매가 50이고 명목환율이 1일 때 해외이자율이 20으로 상승한 것의 효과를 설명하라.

[단, 구체적 계산결과를 구해야 하며 문항 당 최소 1개 이상의 그림을 그려야 한다.]

(1) 해외 이자율이 10으로 주어졌을 때 이 경제의 일반균형을 구하고 총소득, 이자율 평면에 나타내시오.

1. 생산물시장의 균형

 - $Y = (50 + 0.8Y) + (100 - 4r) + 50 + (10 - 0.2Y + 10)$

   $\Rightarrow$ IS곡선 : $Y = 550 - 10r$ ------------ 식 1

2. 화폐시장의 균형

- $\dfrac{L^S}{2} = 0.2Y - 2r \Rightarrow LM$곡선 : $r = 0.1Y - \dfrac{L^S}{4}$ ------------- 식 2

3. 일반균형의 도출

- 이상에서 IS곡선은 우하향하고 LM곡선은 우상향한다. 또한 자본이동이 완전하며 국내이자율과 외국이자율이 동일하므로 대외균형(외환시장균형)을 나타내는 BP곡선은 수평선이 된다.
- 식 1과 식 2에 $r = r^* = 10$을 대입하면 $Y_1 = 450$, $L_1^S = 140$이 된다. 이는 〈그림 1〉의 E점에 해당한다.

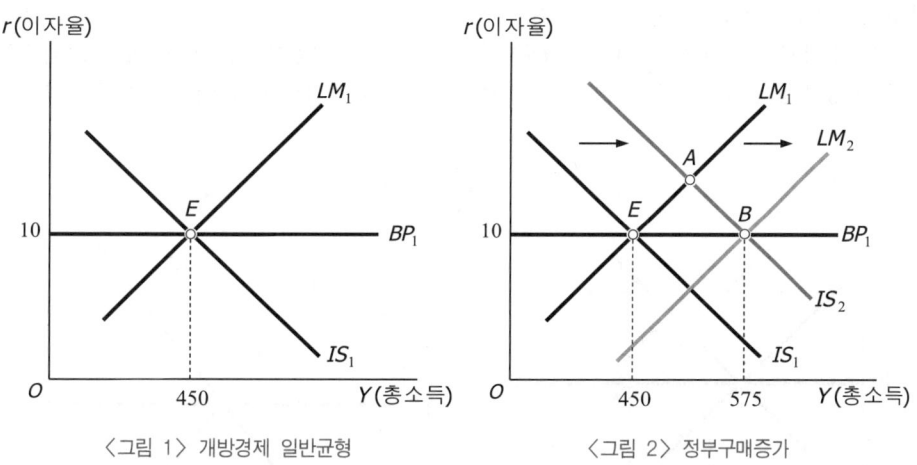

〈그림 1〉 개방경제 일반균형　　　　〈그림 2〉 정부구매증가

(2) 해외 이자율이 10으로 일정하고 정부구매를 50에서 100으로 증가시켰다고 할 때 균형의 변화를 설명하라.

1. 생산물시장의 균형

- $Y = (50 + 0.8Y) + (100 - 4r) + 100 + (10 - 0.2Y + 10)$

    $\Rightarrow IS$곡선 : $Y = 675 - 10r$ ------------- 식 3

2. 일반균형의 도출

- 식 3과 식 2에 $r = r^* = 10$을 대입하면 $Y_2 = 575$, $L_2^S = 190$이 된다. 이는 〈그림 2〉의 B점에 해당한다. 이 경우 재정정책의 결과 통화공급량이 증가하는데 이는 IS곡선 우측이동으로 외환시장 초과공급이 유발될 때 이를 해소하기 위해 중앙은행이 외환을 매입하면서 통화공급량이 늘어나기 때문이다. 또한 재정정책의 효과는 매우 강력해지는데 이는 통화공급량의 증가로 재정정책의 투자에 대한 구축효과(crowding out effect)가 사라지기 때문이다.

(3) 해외 이자율이 10으로 일정하고 정부구매가 50일 때 명목환율을 1에서 3으로 인상한 것의 효과를 설명하라.

1. 생산물시장의 균형

- $Y = (50 + 0.8Y) + (100 - 4r) + 50 + (10 - 0.2Y + 30)$

  $\Rightarrow$ IS곡선 : $Y = 600 - 10r$ ---------- 식 4

2. 일반균형의 도출

- 식 4와 식 2에 $r = r^* = 10$을 대입하면 $Y_3 = 500$, $L_3^S = 160$이 된다. 이는 〈그림 3〉의 B점에 해당한다. 즉 고정환율제에서 평가절하정책은 총소득을 증가시키며 명목통화량도 증가시킨다. 이는 평가절하로 순수출이 증가하며 IS곡선이 우측으로 이동할 때 외환시장에 초과공급이 유발되는데 중앙은행이 초과공급된 외환을 매입하면서 통화공급량이 늘어나기 때문이다.

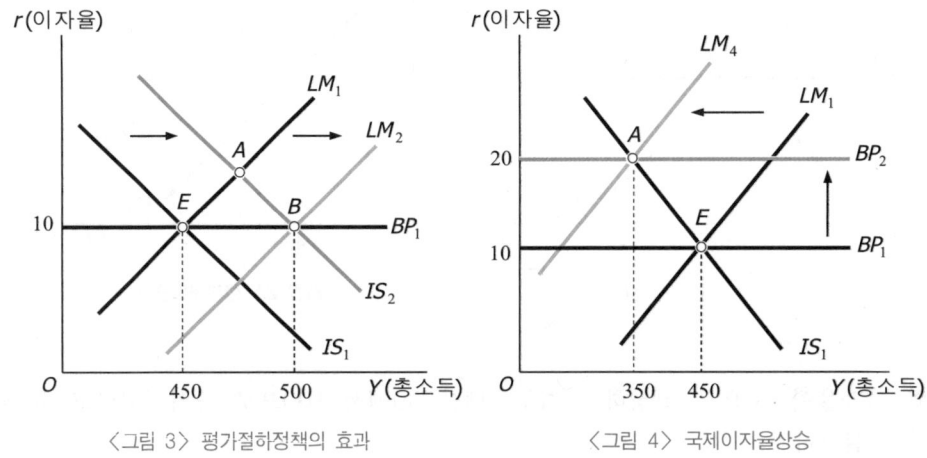

〈그림 3〉 평가절하정책의 효과   〈그림 4〉 국제이자율상승

(4) 다시 정부구매가 50이고 명목환율이 1일 때 해외이자율이 20으로 상승한 것의 효과를 설명하라.

- 식 1과 식 2에 $r = r^* = 20$을 대입하면 $Y_4 = 350$, $L_4^S = 60$이 된다. 이는 〈그림 4〉의 A점에 해당한다. 〈그림 4〉에서 국제이자율이 상승할 경우 BP곡선이 상방으로 이동한다. 이 경우 E점에서 외환시장의 초과수요가 발생하는데 이를 상쇄시키기 위해 중앙은행이 외환을 매도하면서 국내통화량이 감소한다. 이에 따라 LM곡선이 좌측이동하게 되며 최종균형은 A점에서 이루어진다.
- 이 경우 총소득의 감소는 이자율상승으로 인한 투자감소 및 이에 파생된 소비감소에서 비롯하였다.

문제 569

핀란드(Finland)는 Nokia등 세계적인 기업을 보유하고 있으며, 공직이 청렴하기로 유명하다.[12] 핀란드는 스위스 국제경영개발원(IMD)이 선정한 국가경쟁력 순위에서 2003년 이후 상당기간 1위를 차지하였다. 이 국가는 1980년대까지 주로 구소련과 동구권을 대상으로 한 수출을 중심으로 고성장을 지속해 왔다. 그러나 구소련의 몰락으로 수출이 급감하면서 위기를 맞게 되었다.

(1) 만약 이 국가가 아무런 대응을 하지 않았다면 구소련의 몰락이 이 국가에 어떤 영향을 미쳤을지 Mundell-Fleming 모형을 사용해 설명하시오. 단 당시 핀란드는 고정환율제를 채택한 소규모 개방경제(small open economy)였다.

(2) 당시 핀란드 중앙은행(Finnish Central Bank)은 이러한 사태에 대응하기 위해 환율제도를 변동환율제도로 발 빨리 전환하였다. 이러한 전환이 핀란드 경제에 어떤 영향을 미쳤을지 같은 모형을 사용하여 설명하시오. 또한 이러한 조치가 핀란드의 입장에서 적절한 것이었을 지에 대해서도 평가해 보시오.

---

(1) 만약 이 국가가 아무런 대응을 하지 않았다면 구소련의 몰락이 이 국가에 어떤 영향을 미쳤을지 Mundell-Fleming 모형을 사용해 설명하시오. 단 당시 핀란드는 고정환율제를 채택한 소규모 개방경제(small open economy)였다.

1. 기본모형
   - 재화시장균형 IS : $Y = C(Y-T) + I(r) + G + NX(e)$
   - 화폐시장균형 LM : $\dfrac{M}{P} = L(Y, r)$
   - 외환시장균형 BP : $r = r^*$

2. 구소련 몰락의 효과 : 고정환율제하의 분석
   - 이 당시 핀란드는 구소련은 수출의 상당부분을 차지하고 있었으므로 구소련의 몰락은 순수출수요 (net export : NX)의 급격한 감소를 유발했을 것이다.
   - 순수출수요의 감소는 IS, IS^*곡선을 좌측으로 이동시킨다. 이로 인해 외환시장에 초과수요가 발생하면 중앙은행이 고정환율을 유지하기 위해 통화량을 감소시킨다. 이는 LM과 LM^*를 좌측으로 이동시킨다. 결과적으로 구소련의 몰락은 핀란드의 총수요를 급격하게 감소시킨다.

---

[12] 핀란드는 산타, 무민, 자일리톨 등으로도 유명하다. 참고로 무민은 하마가 아니라 북유럽 신화에 등장하는 트롤이다. 무민에게 하마라고 하면 화를 낸다는 소문이 있으니 만나면 조심하기 바란다. 휘바휘바~

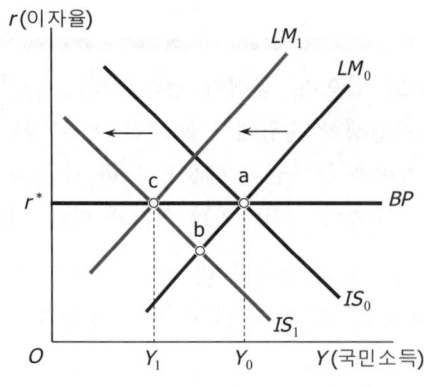

〈그림 1〉 고정환율제 : 총소득-이자율평면

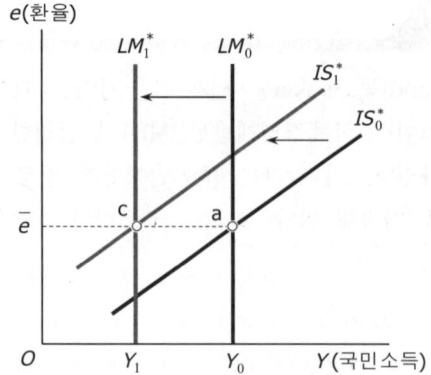

〈그림 2〉 고정환율제 : 총소득-환율평면

(2) 당시 핀란드 중앙은행(Finnish Central Bank)은 이러한 사태에 대응하기 위해 환율제도를 변동환율제도로 발 빨리 전환하였다. 이러한 전환이 핀란드 경제에 어떤 영향을 미쳤을지 같은 모형을 사용하여 설명하시오. 또한 이러한 조치가 핀란드의 입장에서 적절한 것이었을 지에 대해서도 평가해 보시오.

1. 구소련 몰락의 효과 : 변동환율제하의 분석

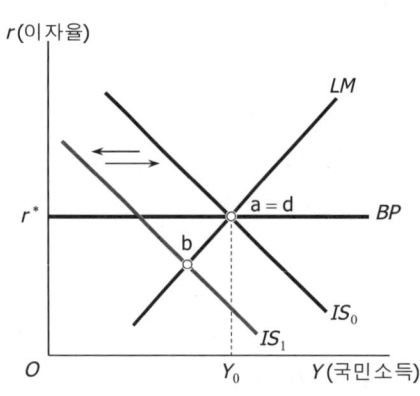

〈그림 3〉 변동환율제 : 총소득-이자율평면

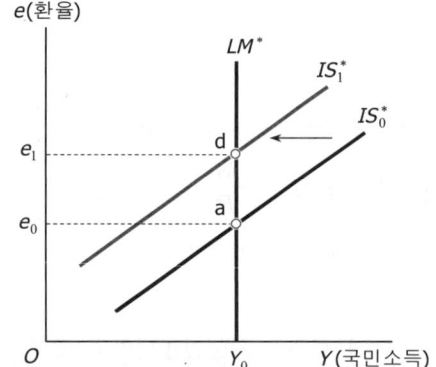

〈그림 4〉 변동환율제 : 총소득-환율평면

- 순수출수요의 감소는 IS, IS^* 곡선을 좌측으로 이동시킨다. 이로 인해 외환시장에 초과수요가 유발되고 변동환율제의 경우 환율이 상승하는데 이는 IS 곡선을 우측으로 다시 이동시킨다. 결과적으로 외부 충격이 환율변동에 의해 완전히 차단(insulation)되고 국내 총생산은 변하지 않는다.

2. 평가

- 구소련 몰락으로 인한 순수출감소의 효과가 화폐가치의 하락(환율의 급등)으로 흡수되어 총수요의 급격한 감소를 막을 수 있었다. 따라서 당시의 환율제도의 변경은 핀란드 경제의 불황을 막기 위한 적절한 조치였던 것으로 판단된다.

PART 2 국제금융론

문제 570

통화수요는 가처분 소득에 의존하고 화폐시장의 균형식은 다음과 같은 경우를 생각하여 보자.
(Mankiw 저 거시 연습문제)

$$화폐시장의\ 균형식 : M/P = L(r, Y-T)$$

소국개방경제의 변동환율제 및 고정환율제 하에서 조세삭감이 환율 및 소득에 미치는 영향을 분석하시오.

1. LM곡선의 도출 및 특징
   - 변화한 화폐시장의 균형식에서 소득이 증가할 때 화폐수요증가를 상쇄하기 위해 이자율이 상승해야 하기 때문에 $Y-r$평면에서 LM곡선은 우상향한다. 반면 화폐수요 및 공급이 환율과 무관하므로 $Y-e$평면에서는 LM곡선이 수직이다.
   - 그러나 〈그림 1〉에서 조세를 삭감하면 가처분소득이 증가하면서 화폐수요가 증가하게 되는데 이 경우 주어진 소득 Y_1에서 균형을 이루는 이자율수준이 r_1에서 r_2로 상승한다. 이에 따라 LM곡선이 상방(좌측)으로 이동하게 된다.

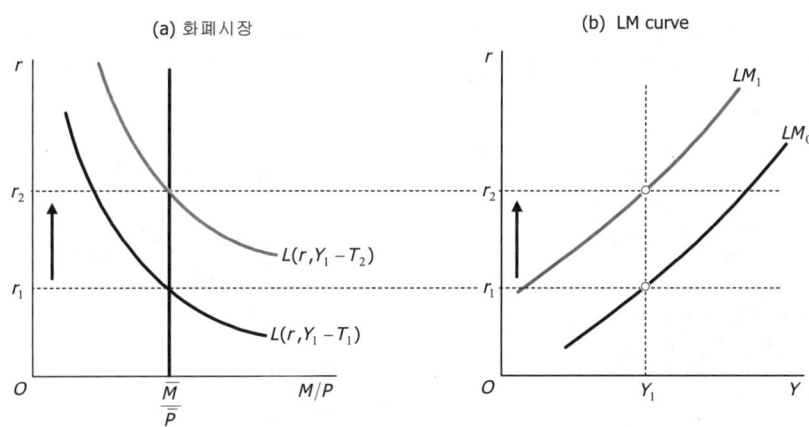

〈그림 1〉 조세삭감과 LM곡선의 이동

2. 조세감소의 경제적 효과

   가. 변동환율제 하에서의 분석 : 〈그림 2〉
   - 변동환율제 하에서 조세를 감소시킨 경우 소비가 증가하며 IS곡선이 우측으로 이동한다. 또한 화폐수요의 증가로 LM곡선이 좌측으로 이동한다. 이 경우 $Y-r$평면에서 1점에서 불균형이 존재하는데 변동환율제에서는 이러한 불균형이 환율의 변화를 통해 조정된다.
   - 이 경우 불균형으로 인해 환율이 하락하게 되고 이로 인해 IS곡선이 다시 좌측으로 이동하여 최종균형점은 2점이 된다. 이점에서 소득은 감소하고 환율은 하락하였다.

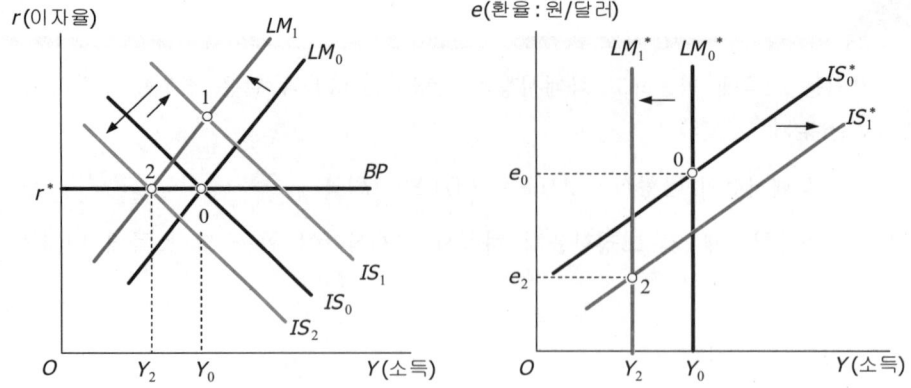

〈그림 2〉 조세감소의 효과 : 변동환율제

나. 고정환율제 하에서의 분석

- 고정환율제에서도 조세를 감소시킨 경우 역시 IS곡선은 우측으로 이동하고 LM곡선은 좌측으로 이동한다. 이 경우 $Y-r$평면에서 1점에서 불균형이 존재하는데 고정환율제에서는 이러한 불균형이 통화량의 변화를 통해 조정된다.
- 예를 들어 이러한 변화는 환율하락을 유발하는데 이를 막기 위해 중앙은행이 통화량을 늘려 대응한다면 LM곡선이 우측으로 이동하여 결과적으로 최종균형점은 3점이 된다. 이 점에서 환율은 변화가 없으나 통화량이 증가하였고 소득은 크게 증가함을 알 수 있다.

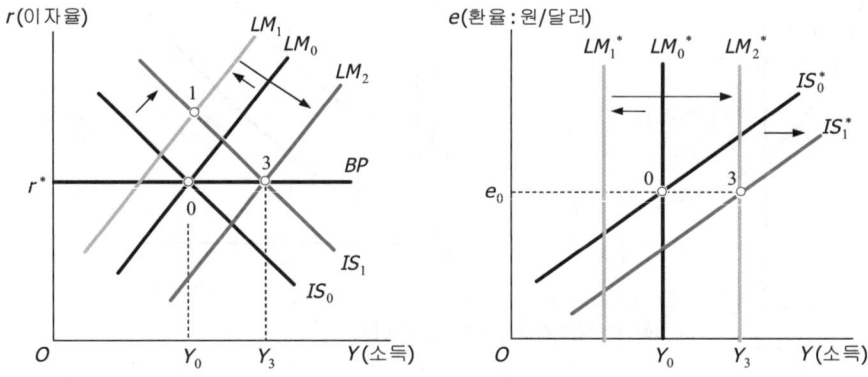

〈그림 3〉 조세감소의 효과 : 고정환율제

문제 571

국제금융의 실증연구에 의하면 재정적자와 환율간의 관계는 일관적이지 않다. 예를 들어 1980년대 재정적자가 심각했던 미국의 경우 달러화는 강세를 보였지만, 2010년대 재정적자가 심각한 문제가 되고 있는 유로존(Eurozone)에서는 유로화가 약세를 보였다. 이처럼 재정적자와 환율의 관계가 상반되게 나타날 수 있음을 완전자본이동을 가정하는 먼델-플레밍모형을 사용하여 설명해 보아라.

1. 기본모형   삭제고려
   - 재화시장의 균형 IS : $Y = C(Y-T) + I(r) + G + NX(e, Y, Y^f)$
   - 화폐시장의 균형 LM : $\frac{M}{P} = L(Y, r)$
   - 외환시장의 균형 BP : $r = r^* + \theta$

2. 위험프리미엄에 영향을 미치지 않는 경우
   - 만약 재정적자가 IS곡선 및 IS^*곡선이 우측으로 이동시키되 국지적 위험프리미엄을 의미하는 θ에는 영향을 미치지 않는다고 하자. 이 경우 자국환율은 하락한다. 즉 자국화폐의 평가상승이 나타난다.

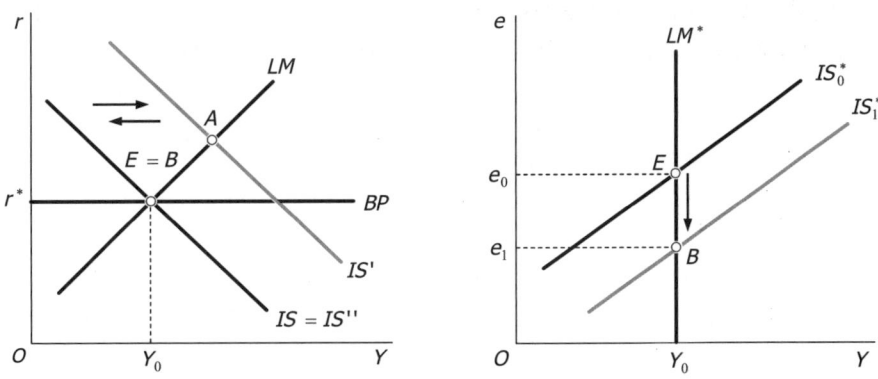

〈그림 1〉 위험프리미엄에 영향을 미치지 않는 경우

3. 위험프리미엄을 상승시키는 경우
   - 만약 재정적자가 일정수준을 넘어서서 추가적 재정적자가 해당 국가의 위험프리미엄을 상승시킨다고 하자. 이러한 경우라면 총소득-이자율 평면에서는 BP곡선이 상방이동하며, 총소득-환율평면에서는 IS^*의 좌측이동 및 LM^*의 우측이동이 나타난다. 그 결과 자국환율은 상승한다. 즉 자국화폐의 평가하락이 나타난다.[13]

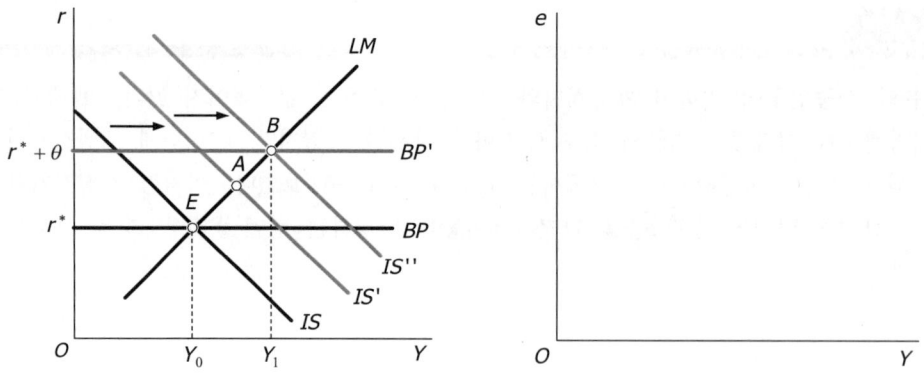

〈그림 2〉 위험프리미엄을 크게 상승시키는 경우

4. 평가

- 이상의 분석에서 재정적자가 환율에 미치는 영향은 재정적자가 위험프리미엄의 상승을 수반하는지 여부에 따라 달라질 수 있다. 예를 들어 1980년대 미국의 경우 경제위기의 징후가 없었으며 강한 발권국의 지위를 유지하고 있었으므로 위험프리미엄에 영향을 미치지 않는 전자의 결과가 나타나는 것으로 보인다.
- 그러나 2010년대 유로존의 경우에는 이미 상당한 재정적자가 누적되어 재정적자가 추가되면 유로존 금융시장 전반의 위기로 이어질 수 있다는 기대를 유발할 수 있다. 따라서 위험프리미엄의 상승을 수반하는 후자의 결과가 나타난 것으로 보인다.
- 최근 일부경제학자들은 선진국의 경우 GDP 대비 재정적자의 비율이 90%를 넘으면 경제성장률이 급격히 하락하고 경제위기의 가능성이 높아진다는 가설을 제기하였는데 최근 이러한 가설의 성립 여부 및 연구과정의 타당성에 대한 활발한 검증이 이루어지고 있다.

---

13) 본 모형에서 총소득의 증가가 나타나는 것은 먼델-플레밍모형이 고려하고 있는 조정의 경로가 제한되어 있기 때문이다. 실제 유로존 같은 경우에는 전반적 환율은 상승하였으나 해당국의 사정에 비하면 과소하게 오른 국가도 있고(ex : 그리스) 과다하게 오른 국가도 있어(ex : 독일) 국가별로 미치는 영향이 상이하다.

문제 572

한국 경제의 외환위기에서 경험했던 바와 같이 대규모 자본유출은 거시경제 전반에 큰 충격을 주게 된다. (2001년 행정고시 국제경제학 응용)

(1) 자본유출의 거시경제적 효과를 먼델-플레밍모형을 이용하여 설명하라.
(2) 한국경제의 외환위기 경험과 관련하여 정부가 소득수준과 환율수준의 회복을 목표로 한다면 어떠한 정책을 사용해야 할지 금융, 재정정책의 조합에 대하여 논하라.

(1) 자본유출의 거시경제적 효과를 먼델-플레밍모형을 이용하여 설명하라.

1. 기본모형

- 한국경제는 완전한 자본이동하에서 자유변동환율제를 채택하고 있는 것으로 가정한다.
- 국가위험이 존재하거나 환율변동에 대한 예측이 존재하는 경우 완전한 자본이동을 가정하더라도 국내금리와 해외금리는 차이가 나게 된다. 이러한 위험프리미엄을 θ로 나타내었을 때 먼델-플레밍모형은 다음과 같다.

1. 재화시장의 균형 IS : $Y = C(Y-T) + I(r) + G + NX(e)$
2. 화폐시장의 균형 LM : $\dfrac{M}{P} = L(Y, r)$
3. 외환시장의 균형 BP : $r = r^* + \theta$ 단 θ는 위험 프리미엄

2. 자본유출의 경제적 효과

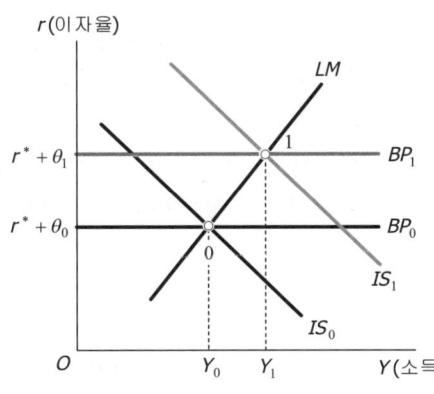
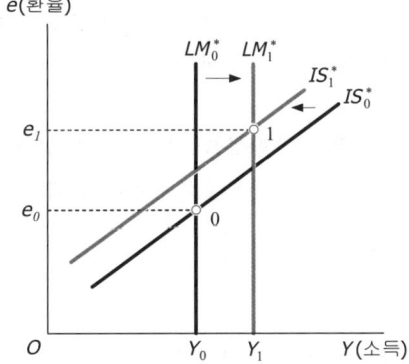

〈그림 1〉 소득-이자율 평면에 나타낸 경우   〈그림 2〉 소득-환율 평면에 나타낸 경우

- 설문의 급격한 자본유출은 국내 위험프리미엄의 증가로부터 비롯된 것으로 판단된다. 위험프리미

엄의 증가는 국가위험을 증가시켜 θ를 증가시키고 이는 현재 이자율에 비해 대외균형을 이루는 국내이자율수준을 상승시킨다. 이는 〈그림 1〉의 소득-이자율 평면에서 BP곡선의 상방이동으로 나타나게 된다.($BP_0 \to BP_1$)

- 이때 재화 및 화폐시장에서 불균형이 발생하는데 변동환율제 하에서는 이러한 불균형이 환율의 변화에 의해 해소된다. 균형 국내이자율이 상승하면 〈그림2〉의 소득-환율 평면에서 IS^*곡선은 좌측으로 이동하고 LM^*곡선은 우측으로 이동하게 된다.($IS_0^* \to IS_1^*$, $LM_0^* \to LM_1^*$)
- 결과적으로 환율은 크게 상승하고 순수출증가효과로 인해 국민소득은 증가하게 된다.

(2) 한국경제의 외환위기 경험과 관련하여 정부가 소득수준과 환율수준의 회복을 목표로 한다면 어떠한 정책을 사용해야 할지 금융, 재정정책의 조합에 대하여 논하라.

1. 소득목표의 달성

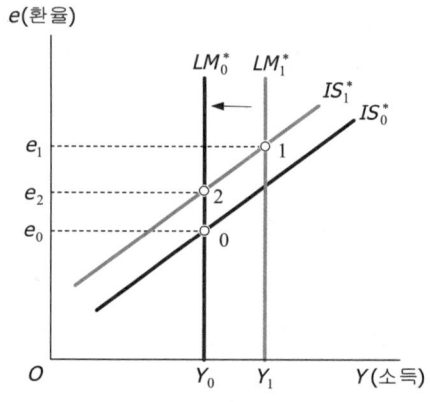 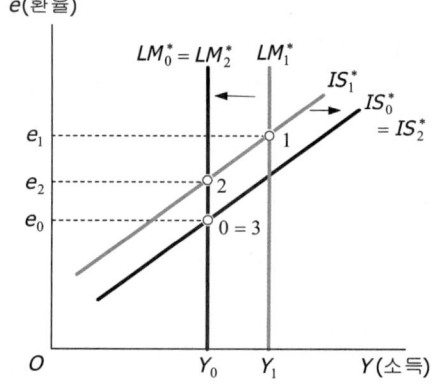

〈그림 3〉 긴축 통화정책만 실시한 경우   〈그림 4〉 긴축 통화정책과 확장 재정정책의 결합

- 완전자본이동하의 변동환율제에서 통화정책이 소득에 미치는 효과는 강력하지만, 재정정책은 소득에 영향을 미치지 못한다. 따라서 증가한 소득을 회복시키기 위해서는 긴축적 통화정책을 실시해야 한다.
- 그러나 긴축적 통화정책만을 실시한 경우 환율은 여전히 원래수준보다 높은 수준인 e_2가 된다. 따라서 환율수준을 원상회복하기 위해서는 확장적 재정정책을 실시하여야 하며 이때의 균형이 〈그림 4〉의 3점이 된다.

2. 평가
- 소득수준과 환율수준의 회복을 위해서는 1. 긴축적 통화정책과 2. 확장적 재정정책을 결합하여 실시하는 것이 바람직해 보인다.

문제 573

다음 수식을 보고 아래 물음에 답하라. (김경수·박대근 저의 수식 및 본문 응용)

$$\text{국제수지균형식} : BP = NX\left(\frac{EP^f}{P}, Y, Y^f\right) + \overline{KA} + \phi(i - i^f) = 0$$

($\frac{EP^f}{P}$는 실질환율, Y는 자국소득, Y^f는 외국소득, i는 자국이자율, i^f는 외국이자율, $\overline{KA}$는 이자율과 무관한 독립적 자본이동요인)

(1) 위 식에서 ϕ의 값이 의미하는 것은? ϕ 값을 결정짓는 요인은 무엇인가?
(2) ϕ가 0인 경우 재정정책과 통화정책의 효과를 비교하라. 단 완전한 변동환율제를 가정한다.
(3) ϕ가 무한대인 경우 국내에서 독립적 투자가 증가하였을 때 국민저축 및 해외저축의 변화를 설명하라. 단 완전한 변동환율제를 가정한다.

(1) 위 식에서 ϕ의 값이 의미하는 것은? ϕ 값을 결정짓는 요인은 무엇인가?

1. 국제수지균형식의 의미

   - 위 식에서 $NX\left(\frac{EP^f}{P}, Y, Y^f\right)$는 순수출 또는 경상수지를 의미하며 $KA = \overline{KA} + \phi(i - i^f)$는 자본금융수지를 의미한다.

2. ϕ의 의미

   - 위 식에서 $\frac{\partial KA}{\partial i} = \phi$가 성립한다. 즉 ϕ는 국내이자율과 국제이자율 격차에 대해 자본금융수지가 얼마나 민감하게 반응하는지를 나타낸다. 즉 ϕ는 이자율변화에 대한 국제적 자본이동의 민감도(탄력성) 또는 국제적 자본이동성을 나타낸다고 볼 수 있다.
   - 이러한 특징은 BP곡선의 기울기에 반영되어 〈그림 1〉에서처럼 ϕ값이 클수록 BP곡선이 완만한 기울기를 갖게 된다.

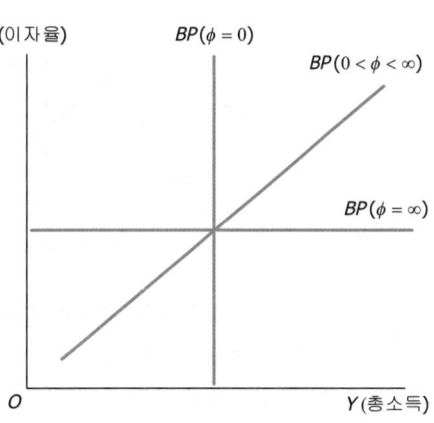

〈그림 1〉 ϕ값에 따른 BP곡선의 형태

3. ϕ에 영향을 미치는 요인

- 국가간 자본이동성에 영향을 미치는 요인은 여러 가지가 있다.
- 첫째, 국가간 자본이동에 대한 제도적 규제(regulation)가 낮을수록 자본의 이동성이 높다. 즉 ϕ 값이 크다.
- 둘째, 국가간 거래에 대한 거래비용(transaction cost)이 낮을수록 자본의 이동성이 높다.
- 셋째, 국가간 자산의 대체성(substitutability)이 높을수록 자본의 이동성이 높다.
- 넷째, 정보의 비대칭성(asymmetry of information)이 심하고 경제주체들이 위험기피적일수록 자본의 이동성이 낮다.
- 다섯째, 재산권(property rights)에 대한 보장이 낮은 국가일수록 자본의 이동성이 낮다.

이외 회계 관행, 언어 문화적 차이, 기업투명성 등도 자본의 이동성에 영향을 미친다.

(2) ϕ가 0인 경우 재정정책과 통화정책의 효과를 비교하라. 단 완전한 변동환율제를 가정한다.

- ϕ가 0인 경우는 국가간 자본이동이 불가능한 경우이며 이 경우 BP곡선은 수직이 된다.

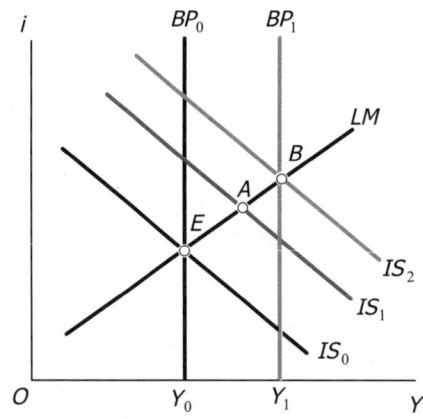 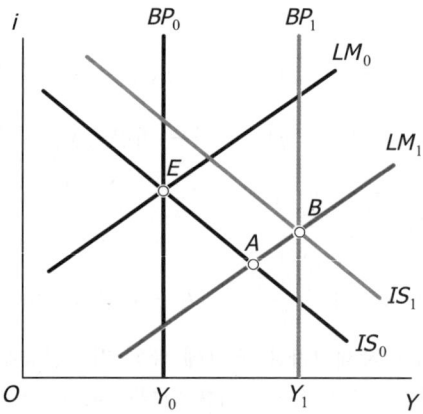

〈그림 2〉 재정정책의 효과 : $\phi=0$　　〈그림 3〉 통화정책의 효과 : $\phi=0$

- ϕ가 0인 경우 재정정책과 통화정책은 모두 총소득을 크게 증가시키고 환율을 상승시킨다.
- 그러나 재정정책의 경우에는 이자율이 상승하며 투자가 감소하는 반면 통화정책의 경우에는 이자율이 하락하고 투자가 증가한다는 점에서 차이가 있다.

(3) ϕ가 무한대인 경우 국내에서 독립적 투자가 증가하였을 때 국민저축 및 해외저축의 변화를 설명하라. 단 완전한 변동환율제를 가정한다.[14]

1. 독립적 투자증가의 효과

- ϕ가 무한대인 경우는 국가간 자본이동성이 완전한 경우이며 이 경우 BP곡선은 수평이 된다.
- 〈그림 4〉에서 투자증가이전의 균형이 E점으로 주어졌을 때 투자가 증가하면 IS곡선이 우측으로 이동한다. 이때 IS곡선과 LM곡선이 만나는 대내균형이 A점으로 이동하는데 A점에서는 외환시장의 초과공급이 발생하고 이를 해소하기 위해 환율이 하락한다.
- 환율이 하락하면 순수출이 감소하면서 IS곡선이 좌측으로 이동하게 되어 최종균형은 다시 E점에서 성립하게 된다.

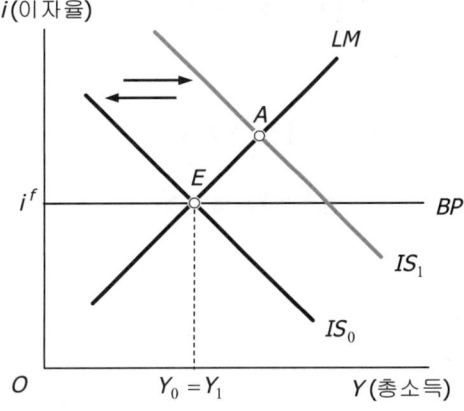

〈그림 4〉 독립적 투자증가의 효과

2. 국민저축 및 해외저축의 변화

- 국민저축 : $S = Y - C - G$
  이 경우 총소득이 불변이며 소비와 정부구매도 변화없으므로 국민저축도 불변이다.

- 해외저축 : $M - X = - NX\left(\dfrac{EP^f}{P}, Y, Y^f\right)$
  이 경우 다른 요인은 불변일 때 환율이 하락하였으므로 순수출이 감소하고 해외저축이 투자와 동일한 폭으로 증가한다.

3. 평가

- 이상에서 자본이동이 완전하고 변동환율제를 채택한 국가에서 투자가 증가한 경우 이는 100% 해외저축에 의해 조달됨을 알 수 있다. 따라서 이 경우 국내투자와 국민저축간의 상관관계는 0이 된다.

---

[14] 예를 들어 투자함수를 $I = \overline{I} - bi$로 두었을 때 독립적 투자증가란 $\overline{I}$가 증가했음을 의미한다. 이 경우라면 균형이 E점으로 돌아와 이자율이 동일하더라도 국내투자는 증가한다.

문제 574

$IS-LM-BP$ 개방경제모형 (BP : 국제수지균형선)을 이용하여 재정정책과 금융정책이 산출량에 미치는 효과가 고정환율제와 변동환율제의 경우 각각 어떻게 다른지 설명하시오. 단 국제자본이동은 불완전하며 BP곡선의 기울기는 LM곡선의 기울기보다 큰 경우를 가정하시오.
(2001년 입법고시 국제경제학 문제 응용)

1. 재정정책의 효과 비교

    가. 변동환율제의 경우

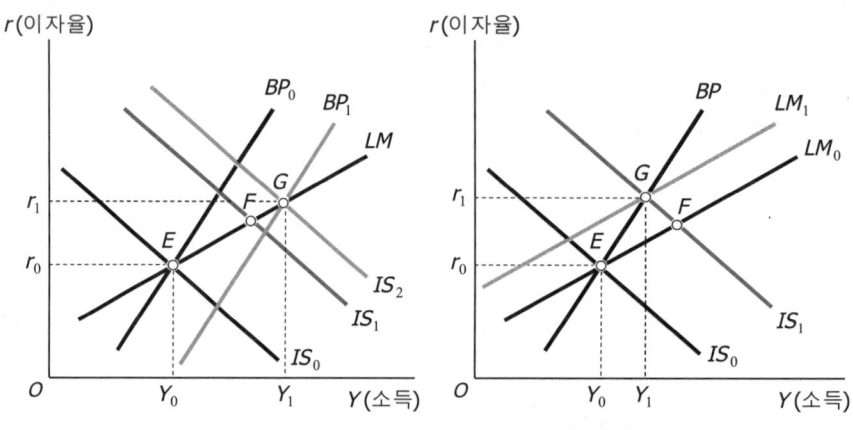

〈그림 1〉 확장적 재정정책 : 변동환율   〈그림 2〉 확장적 재정정책 : 고정환율

- 〈그림 1〉에서 확장적 재정정책으로 인해 IS곡선이 우측으로 이동하면 새로운 대내균형점은 F가 된다. 이때 국제수지적자요인이 발생함에 따라 환율이 상승하면 IS곡선과 BP곡선이 모두 우측으로 이동하여 새로운 균형은 G점에서 성립한다.

    나. 고정환율제의 경우

- 〈그림 2〉에서 확장적 재정정책으로 인해 IS곡선이 우측으로 이동하면 새로운 대내균형점은 F가 된다. 이때 국제수지적자로 인해 통화량이 감소하면 LM곡선이 좌측으로 이동하여 새로운 균형은 G점에서 성립한다.

    다. 평가

- 자본이동이 제한적인 개방경제에서 재정정책은 고정환율제의 경우에 비해 변동환율제의 경우에 총소득에 더 큰 영향을 미친다.

2. 금융정책의 효과비교

가. 변동환율제의 경우

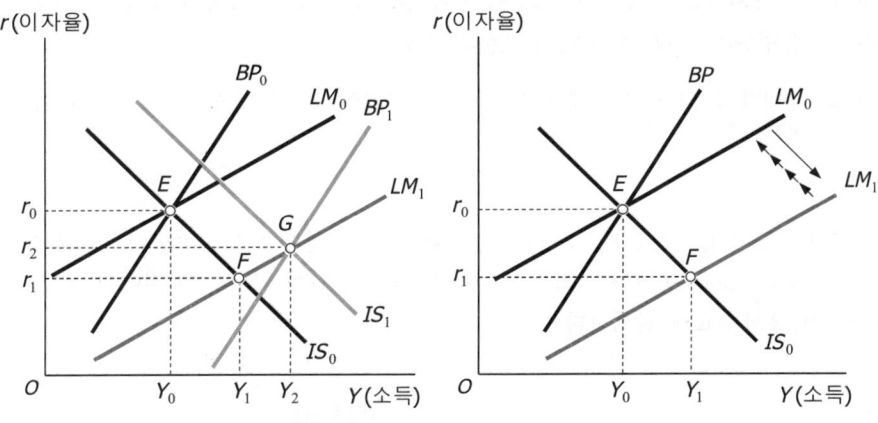

〈그림 3〉 확장적 금융정책 : 변동환율   〈그림 4〉 확장적 금융정책 : 고정환율

- 〈그림 3〉에서 확장적 금융정책으로 인해 LM곡선이 우측으로 이동하면 새로운 대내균형점은 F가 된다. 이때 국제수지적자요인이 발생함에 따라 환율이 상승하면 IS곡선과 BP곡선이 모두 우측으로 이동하여 새로운 균형은 G점에서 성립한다.

나. 고정환율제의 경우

- 〈그림 4〉에서 확장적 금융정책으로 인해 LM곡선이 우측으로 이동하면 새로운 대내균형점은 F가 된다. 이때 국제수지적자가 발생함에 따라 LM곡선이 좌측으로 이동하기 시작하면서 정책의 효과는 서서히 감소되고 결국 시간이 지나면 다시 E점으로 돌아오게 되어 정책의 효과는 모두 상쇄된다.

다. 평가

- 자본이동이 제한적인 개방경제에서 금융정책은 고정환율제의 경우에 비해 변동환율제의 경우에 총소득에 더 큰 영향을 미친다.

문제 575

최근 미국의 금융위기로 미국, 일본, 유럽 등 선진국 경제가 악화되고 있다. 이러한 선진국의 경기침체가 우리나라와 같은 소국 개방경제에 대해 미치는 영향에 대해서는 많은 논란이 있다. 현재 우리나라는 자본이동이 상당히 자유롭다고 할 때 아래 명제의 타당성을 고정환율제의 경우와 비교하여 설명하라. (2008년 외무고시 기출문제 응용)

"변동환율제를 채택하고 있는 소국개방경제에서는 해외의 경기변동이 국내로 파급되지 않는다."

- 최초 균형이 〈그림 1〉 및 〈그림 2〉의 E점이며 선진국 불황으로 순수출이 감소하여 IS곡선 및 BP곡선이 좌측으로 이동한다고 하자. 이 경우 IS와 LM이 만나는 A점에서 국제수지적자요인 즉 외환시장 초과수요가 발생한다.

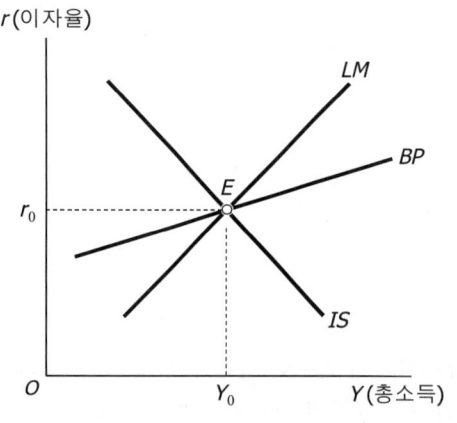

〈그림 1〉 변동환율제의 경우

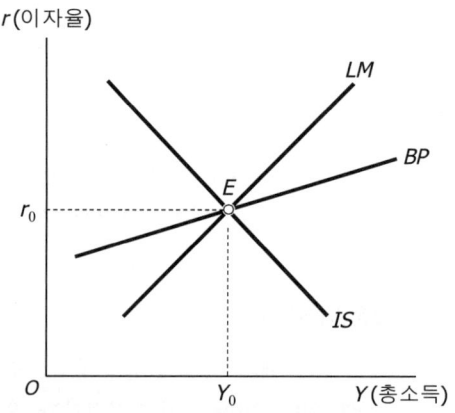

〈그림 2〉 고정환율제의 경우

- 변동환율제의 경우 외환시장 초과수요로 인해 환율이 상승하며 IS곡선과 BP곡선이 우측으로 이동하여 최초균형과 동일한 B점에서 균형이 이루어진다.
- 즉 변동환율제도 하에서는 해외의 경기변동이 국내로 파급되지 않는다. 이는 환율의 변동이 해외 경기변동의 영향을 차단(insulation)해주는 효과가 있기 때문이다.

- 고정환율제의 경우 외환시장에 초과수요가 있을 때 외환당국이 외환을 매도함에 따라 통화량이 감소하고 이에 따라 LM곡선이 좌측으로 이동하여 B점에서 새로운 균형이 이루어진다.
- 즉 고정환율제도 하에서는 해외의 경기변동이 국내로 매우 강하게 파급된다.

문제 576

전통적 IS-LM모형에 국제수지균형조건인 BP곡선을 추가한 먼델-플레밍모형을 사용하여 다음 물음에 답하라.

(1) 완전한 자본이동과 완전한 변동환율제도를 가정할 때 정부구매 증가가 총소득 및 환율에 미치는 영향을 설명하라. 이 나라의 국제수지표 구성항목에는 어떤 변화가 나타나는가? [단, 국제수지표는 단순히 경상수지, 자본 및 금융수지, 준비자산의 증감으로 구성된다고 가정한다.]

(2) 완전한 자본이동과 완전한 변동환율제도를 가정할 때 중앙은행이 공개시장개입을 통해 국공채를 매입한 경우 이러한 정책이 총소득 및 환율에 미치는 영향을 설명하라. 이 나라의 국제수지표 구성항목에는 어떤 변화가 나타나는가?

(3) 완전한 자본통제와 완전한 고정환율제를 가정할 때 중앙은행이 공개시장개입을 통해 국공채를 매입한 경우 이러한 정책이 총소득에 미치는 영향을 설명하라. 이 나라의 국제수지표 구성항목에는 어떤 변화가 나타나는가? 단, 중앙은행이 완전한 중화정책을 실시한다고 가정한다.

---

(1) 완전한 자본이동과 완전한 변동환율제도를 가정할 때 정부구매 증가가 총소득 및 환율에 미치는 영향을 설명하라. 이 나라의 국제수지표 구성항목에는 어떤 변화가 나타나는가?

1. 기본모형 : 먼델-플레밍모형

- 재화시장균형 IS : $Y = C(Y-T) + I(r) + G + NX(\frac{eP^*}{P}, Y, Y^*)$

  화폐시장균형 LM : $\frac{M}{P} = L(Y, r)$

  외환시장균형 BP : $NX(\frac{eP^*}{P}, Y, Y^*) + CF(r - r^*) = 0$

- 단, NX는 순수출(경상수지), CF는 자본 및 금융수지(준비자산증감제외), $\frac{M}{P}$는 실질통화량, $\frac{eP^*}{P}$는 실질환율을 의미한다.

2. 정부구매 증가의 효과

- 〈그림 1〉에서 완전한 자본이동을 가정할 경우 BP곡선은 수평이 되며 정책이전 균형점은 E점이다. 이때 정부구매가 증가하면 IS곡선이 우측으로 이동하는데 A점에서 재화시장 및 화폐시장은 균형이지만 외환시장에서 초과공급이 발생한다. 이로 인해 환율이 하락하면 다시 IS곡선이 좌측으로 이동하여 새로운 동시균형은 E점에서 성립한다. 즉 재정정책에도 불구하고 총소득은 불변인데 이는 재정정책으로 인한 환율하락으로 순수출이 구축(경상수지악화)되는 효과가 나타났기 때문이다.

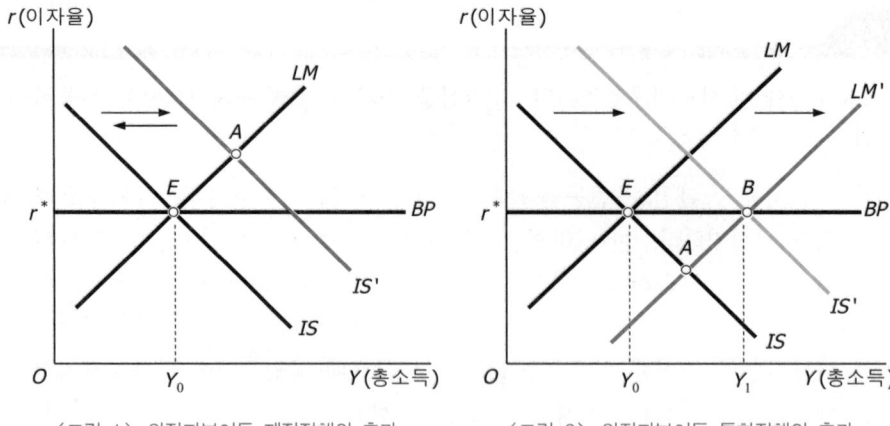

〈그림 1〉 완전자본이동 재정정책의 효과   〈그림 2〉 완전자본이동 통화정책의 효과

3. 국제수지표에 미치는 영향

- 새로운 균형에서 경상수지는 악화된다. 새로운 균형 역시 BP곡선상에서 달성되므로 자본 및 금융수지는 개선된다. 완전한 변동환율제를 가정하므로 준비자산증감은 0으로 불변이다.

(2) 완전한 자본이동과 완전한 변동환율제도를 가정할 때 중앙은행이 공개시장개입을 통해 국공채를 매입한 경우 이러한 정책이 총소득 및 환율에 미치는 영향을 설명하라. 이 나라의 국제수지표 구성항목에는 어떤 변화가 나타나는가?

1. 공개시장개입의 효과

- 〈그림 2〉에서 정책이전 균형점은 E점이다. 중앙은행이 국공채를 매입하면 동일한 크기로 본원통화가 증가하며 LM곡선이 우측으로 이동한다. 이때 A점에서 재화시장과 화폐시장은 균형이지만 외환시장에서 초과수요가 발생한다. 이로 인해 환율이 상승하면 IS곡선이 우측으로 이동하여 새로운 동시균형은 B점에서 성립한다. 즉 공개시장개입의 결과 총소득은 크게 증가했으며 환율은 상승한다.

2. 국제수지표에 미치는 영향

- 새로운 균형에서 경상수지는 개선된다. 새로운 균형 역시 BP곡선상에서 달성되므로 자본 및 금융수지는 악화된다. 완전한 변동환율제를 가정하므로 준비자산증감은 0으로 불변이다.

(3) 완전한 자본통제와 완전한 고정환율제를 가정할 때 중앙은행이 공개시장개입을 통해 국공채를 매입한 경우 이러한 정책이 총소득에 미치는 영향을 설명하라. 이 나라의 국제수지표 구성항목에는 어떤 변화가 나타나는가? 단, 중앙은행이 완전한 중화정책을 실시한다고 가정한다.

1. 공개시장개입의 효과

- 〈그림 3〉에서 완전한 자본통제를 가정할 경우 BP곡선은 수직이 되며 정책이전 균형점은 E점이다. 중앙은행이 국공채를 매입하면 동일한 크기로 본원통화가 증가하며 LM곡선이 우측으로 이동한다. 이 때 A점에서 재화시장 및 화폐시장은 균형이지만 외환시장에서 초과수요가 발생한다. 이때 환율의 변화를 막기 위해 초과수요되는 만큼 외환을 매도해야 하므로 직접적으로 통화공급이 감소하며 이는 LM곡선을 좌측으로 이동시킬 것이다.
- 그러나 만약 중화정책이 실시된다면 공개시장조작을 통해 민간이 보유한 채권을 매입하거나 만기 채권을 상환하여 통화공급을 원래대로 유지할 것이므로 LM곡선은 현재의 상태를 유지한다. 따라서 중화정책이 시행되는 동안 A점의 상태가 유지된다. 즉 총소득은 증가한 상태를 유지한다.

2. 국제수지표에 미치는 영향

- 새로운 균형에서 경상수지는 악화된다. 국제적 자본이동이 불가능하므로 자본 및 금융수지는 0으로 불변이다. 대신 준비자산증감이 증가하는데 이는 외환의 매도결과 중앙은행이 보유한 준비자산이 감소하였음을 의미한다.

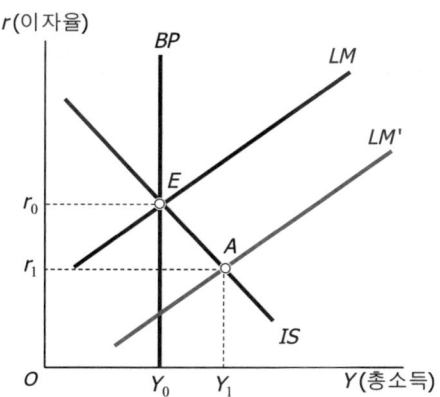

〈그림 3〉 안전자본통제 통화정책의 효과

문제 577

다음은 어느 가상 국가 중앙은행의 대차대조표(재무상태표)를 요약한 것이다. 가상국가에서 정부구매증가가 이루어진 경우를 가정하자.

자 산	부 채
외화자산 (a)	외화부채 (c)
국내자산 (b)	국내부채 (d)*
	본원통화 (e)

* 단 국내부채는 본원통화를 제외한 것을 의미

(1) 완전한 자본이동과 완전한 변동환율제도를 가정할 때 정부구매 증가가 총소득 및 환율에 미치는 영향을 설명하라. 중앙은행 대차대조표에는 어떤 변화가 나타나는가?
(2) 완전한 자본이동과 완전한 고정환율제도를 가정할 때 정부구매 증가가 총소득에 미치는 영향을 설명하라. 중앙은행 대차대조표에는 어떤 변화가 나타나는가? 단, 중앙은행은 중화정책을 실시하지 않는다.
(3) 완전한 자본통제와 완전한 고정환율제를 가정할 때 정부구매 증가가 총소득에 미치는 영향을 설명하라. 중앙은행 대차대조표에는 어떤 변화가 나타나는가? 단, 중앙은행이 완전한 중화정책을 실시한다고 가정한다.

---

(1) 완전한 자본이동과 완전한 변동환율제도를 가정할 때 정부구매 증가가 총소득 및 환율에 미치는 영향을 설명하라. 중앙은행 대차대조표에는 어떤 변화가 나타나는가?

1. 기본모형 : 먼델-플레밍모형

- 재화시장균형 IS : $Y = C(Y-T) + I(r) + G + NX(\frac{eP^*}{P}, Y, Y^*)$

  화폐시장균형 LM : $\frac{M}{P} = L(Y, r)$

  외환시장균형 BP : $NX(\frac{eP^*}{P}, Y, Y^*) + CF(r-r^*) = 0$

- 단, NX는 순수출(경상수지), CF는 준비자산증감을 제외한 자본금융수지, $\frac{M}{P}$는 실질통화량, $\frac{eP^*}{P}$는 실질환율을 의미한다.

2. 정부구매 증가의 효과

- 〈그림 1〉에서 완전한 자본이동을 가정할 경우 BP곡선은 수평이 되며 정책이전 균형점은 E점이

다. 이때 정부구매가 증가하면 IS곡선이 우측으로 이동하는데 A점에서 재화시장 및 화폐시장은 균형이지만 외환시장에서 초과공급이 발생한다. 이로 인해 환율이 하락하면 다시 IS곡선이 좌측으로 이동하여 새로운 동시균형은 E점에서 성립한다. 즉 재정정책에도 불구하고 총소득은 불변인데 이는 재정정책으로 인한 환율하락으로 순수출이 구축(경상수지악화)되는 효과가 나타났기 때문이다.

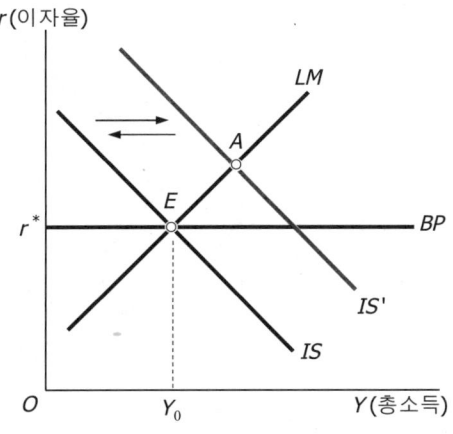

〈그림 1〉 완전자본이동, 변동환율제

3. 중앙은행 대차대조표에 미치는 영향

- 완전한 변동환율제도의 경우 중앙은행이 외환시장에 개입하지 않기 때문에 중앙은행 대차대조표에 직접적 변화는 발생하지 않는다. 단 환율이 하락하는 과정에서 원화로 환산된 외화자산(a) 및 외화부채(c)의 규모가 감소했을 수 있다.

(2) 완전한 자본이동과 완전한 고정환율제도를 가정할 때 정부구매 증가가 총소득에 미치는 영향을 설명하라. 중앙은행 대차대조표에는 어떤 변화가 나타나는가? 단, 중앙은행은 중화정책을 실시하지 않는다.

1. 정부구매 증가의 효과

- 〈그림 2〉에서 정책이전 균형점은 E점이다. 이때 정부구매가 증가하면 IS곡선이 우측으로 이동하는데 A점에서 재화시장 및 화폐시장은 균형이지만 외환시장에서 초과공급이 발생한다. 이때 환율의 변화를 막기 위해 초과공급된 외환을 매입해야 하므로 통화공급이 증가한다. 이로 인해 LM곡선이 우측으로 이동하여 새로운 동시균형은 B점에서 성립한다. 즉 총소득은 큰 폭으로 증가하는데 이는 통화공급의 증가로 재정정책의 투자에 대한 구축효과가 제거되기 때문이다.

2. 중앙은행 대차대조표에 미치는 영향
- 이상의 과정에서 중앙은행이 외환을 매입하였으므로 중앙은행 대차대조표의 외화자산(a)이 증가한다. 또한 이 과정에서 본원통화(e)가 증가한다.

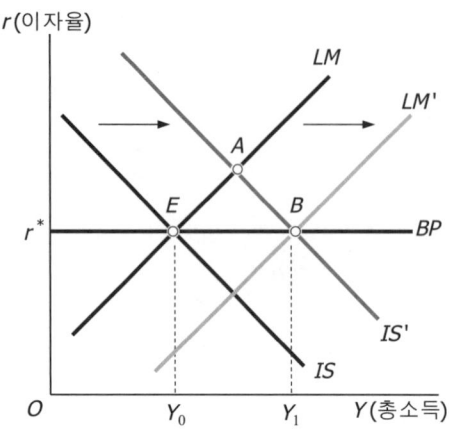

〈그림 2〉 완전자본이동, 고정환율제

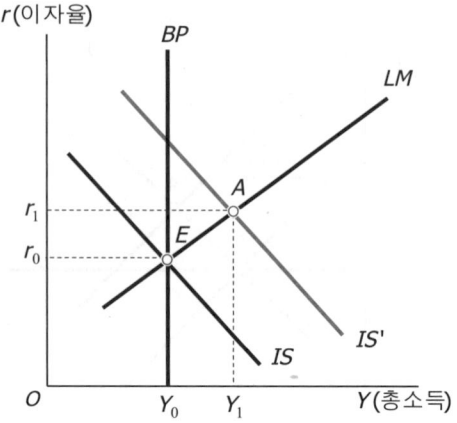

〈그림 3〉 자본통제, 고정환율제

(3) 완전한 자본통제와 완전한 고정환율제를 가정할 때 정부구매 증가가 총소득에 미치는 영향을 설명하라. 중앙은행 대차대조표에는 어떤 변화가 나타나는가? 단, 중앙은행이 완전한 중화정책을 실시한다고 가정한다.

1. 정부구매 증가의 효과
- 완전한 자본통제를 가정할 경우 BP곡선은 수직이 된다. 〈그림 3〉에서 정책이전 균형점은 E점이다. 이때 정부구매가 증가하면 IS곡선이 우측으로 이동하는데 A점에서 재화시장 및 화폐시장은 균형이지만 외환시장에서 초과수요가 발생한다. 이때 환율의 변화를 막기 위해 초과수요되는 만큼 외환을 매도해야 하므로 직접적으로 통화공급이 감소하며 이는 LM곡선을 좌측으로 이동시킬 것이다.
- 그러나 만약 중화정책이 실시된다면 공개시장조작을 통해 민간이 보유한 채권을 매입하거나 만기 채권을 상환하여 통화공급을 원래대로 유지할 것이므로 LM곡선은 현재의 상태를 유지한다. 따라서 중화정책이 시행되는 동안 A점의 상태가 유지된다.

2. 중앙은행 대차대조표에 미치는 영향
- 이상의 과정에서 중앙은행이 외환을 매도하였으므로 중앙은행 대차대조표의 외화자산(a)이 감소한다. 중화정책이 시행되었으므로 본원통화(e)는 변하지 않았으며 대신 국내자산(b)의 증가, 또는 국내부채(d)의 감소가 나타날 것이다.

문제 578

환율이 수입물가에 미치는 영향을 반영한 화폐시장균형조건은 다음과 같다.

> ○ 화폐시장 : $M/P = L(r, Y)$
> ○ 일반물가 : $P = \lambda P_d + (1-\lambda)eP_f$

매개변수 λ는 물가지수 P를 구성하는 국내 상품의 비율이다. 국내 상품가격 P_d와 외국통화로 측정된 외국상품 가격 P_f는 고정되어 있다고 가정한다. (Mankiw 저 연습문제 응용)

(1) 통상적인 경우처럼 P가 일정하다고 두는 대신 P_d와 P_f가 일정하다고 두는 경우 LM^*곡선이 수직이 아니라 우하향함을 보여라.
(2) 새로운 모형을 사용하여 변동환율제 하에서 팽창적 재정정책의 영향을 설명하시오.
(3) 정치적 불안정으로 인해 국가 위험할증이 증가되어 이자율이 상승하는 경우를 가상하여 보자. 새로운 모형에서 환율, 물가수준, 총소득에 어떤 영향을 미치는가? 일반적인 먼델-플레밍모형과 비교하시오.
(4) 새로운 모형을 사용하여 다음 명제를 평가하시오.

"자본이동이 완전하고 변동환율제를 채택하고 있는 소국개방경제에서는 해외의 경기변동이 국내로 파급되지 않는다."

(1) 통상적인 경우처럼 P가 일정하다고 두는 대신 P_d와 P_f가 일정하다고 두는 경우 LM^*곡선이 수직이 아니라 우하향함을 보여라.

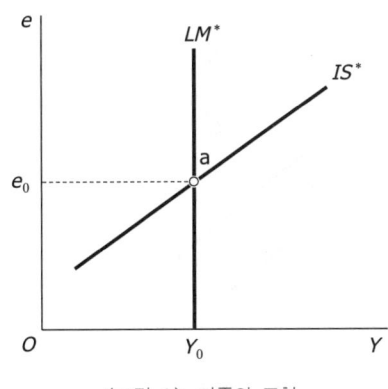

〈그림 1〉 기존의 모형

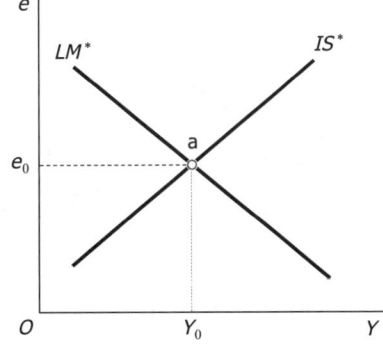

〈그림 2〉 물가전가효과를 반영한 모형

- 이 모형에서 환율하락시 수입물가의 하락으로 인해 실질잔고가 증가하는데, 화폐시장의 균형을 위해서는 소득이 증가해야 한다. 즉 화폐시장의 균형을 나타내는 LM^*곡선은 우하향한다.

(2) 새로운 모형을 사용하여 변동환율제 하에서 팽창적 재정정책의 영향을 설명하시오.

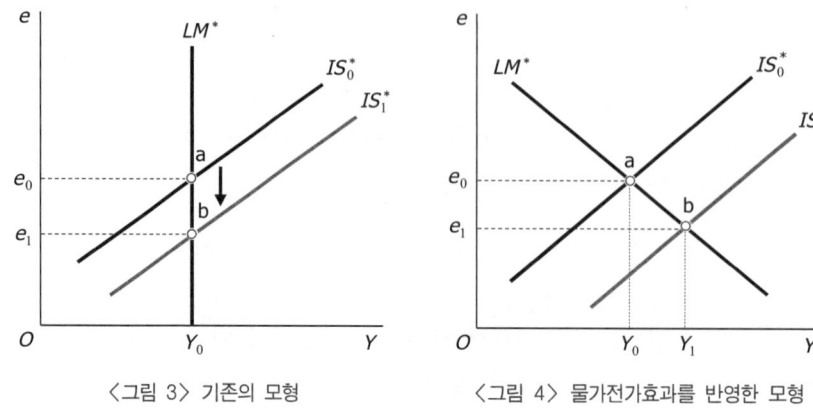

〈그림 3〉 기존의 모형   〈그림 4〉 물가전가효과를 반영한 모형

- 기존의 모형에서 재정정책은 소득에 영향을 미치지 못한다. 이는 재정지출의 증가가 전부 환율하락과 순수출 감소에 의해 상쇄되기 때문이다.
- 그러나 물가전가효과를 반영한 모형에서는 환율하락폭이 감소하여 재정정책이 소득에 영향을 미칠 수 있다.

(3) 정치적 불안정으로 인해 국가 위험할증이 증가되어 이자율이 상승하는 경우를 가상하여 보자. 새로운 모형에서 환율, 물가수준, 총소득에 어떤 영향을 미치는가? 일반적인 먼델-플레밍모형과 비교하시오.

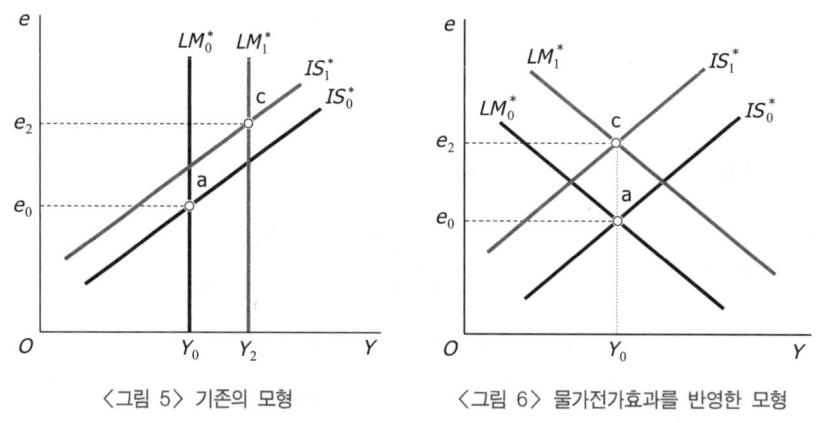

〈그림 5〉 기존의 모형   〈그림 6〉 물가전가효과를 반영한 모형

- 기존의 모형에서 위험할증이 증가하는 경우에 환율의 급격한 상승(원화가치의 급락)으로 인한 순수출 증가에 의해 소득이 증가한다.
- 그러나 물가전가효과를 반영한 모형에서는 환율상승폭이 감소하여 소득증가 여부가 불명확하다.

(4) 새로운 모형을 사용하여 다음 명제를 평가하시오.

"자본이동이 완전하고 변동환율제를 채택하고 있는 소국개방경제에서는 해외의 경기변동이 국내로 파급되지 않는다."

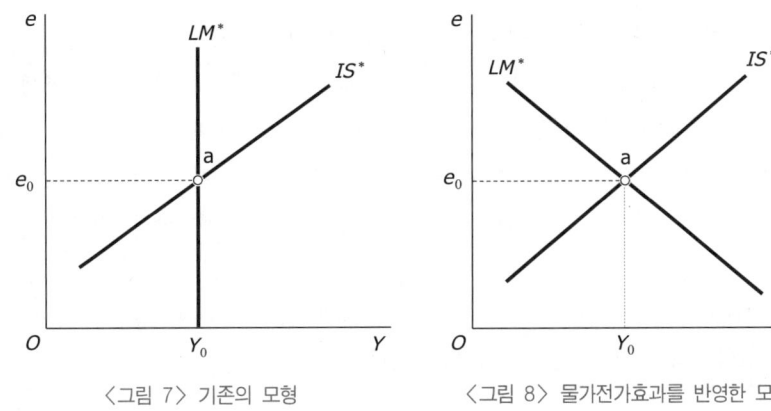

〈그림 7〉 기존의 모형　　　〈그림 8〉 물가전가효과를 반영한 모형

- 기존의 모형에서는 해외의 경기후퇴가 환율상승에 의해 완전히 차단(insulation)되어 해외 경기변동이 국내로 파급되지 않는다.
- 그러나 물가전가효과를 반영한 모형에서는 환율상승폭이 감소하여 해외경기후퇴의 영향이 완전히 차단되지 않고 국내경기후퇴를 유발한다.

문제 579

다음 조건을 만족하는 가상의 경제를 전제한다.

> ○ 가정 1 : 중앙은행은 외환시장에 개입하지 않는다.
> ○ 가정 2 : 국가간 자본이동에 아무런 제도적, 현실적 장벽이 없다.
> ○ 가정 3 : 이 경제가 전 세계에서 차지하는 비중이 매우 작아서 이 국가에서 발생한 변화는 국제이자율, 세계물가 등에 영향을 미치지 못한다.
> ○ 가정 4 : 단기에 물가는 완전히 경직적이어서 총공급곡선은 수평이 된다.
> ○ 가정 5 : 장기에 물가는 완전히 신축적이어서 총공급곡선은 잠재생산량 수준에서 수직이 된다.
> ○ 가정 6 : 잠재생산량은 고려기간 동안 일정하게 주어져 있어서 어떤 종류의 통화정책, 조세정책, 정부구입의 변화에도 영향받지 않는다.

(1) 정부구매를 증가시키는 재정정책 경우 단기효과와 장기효과를 비교하라. 재정정책은 중립적인가?

(2) 통화공급량을 증가시키는 통화정책의 경우 단기효과와 장기효과를 비교하라. 통화정책은 중립적인가?

[주의사항 : 각 문항에 답할 때 실질환율과 경상수지의 변화를 반드시 언급할 것]

(1) 정부구매를 증가시키는 재정정책 경우 단기효과와 장기효과를 비교하라. 재정정책은 중립적인가?

1. 재정정책의 단기효과
   - 〈그림 1〉의 (a)에서 정부구매를 증가시킬 경우 IS곡선이 우측으로 이동한다. 이 경우 A점은 재화시장 및 화폐시장은 균형이지만 외환시장에서 초과공급이 발생한다. 이로 인해 환율이 하락하면 다시 IS곡선이 좌측으로 이동하여 새로운 동시균형은 E점에서 성립한다.
   - 따라서 총수요곡선은 이동하지 않고 총소득도 불변이다. 그러나 이러한 과정에서 실질환율이 하락했으며 경상수지는 악화되었다. 이처럼 변동환율제를 채택한 소규모 경제에서 재정정책의 구축효과(crowding out effect)는 순수출을 감소시키는 경로로 나타난다.

2. 재정정책의 장기효과
   - 총수요의 규모가 변하지 않았으므로 장기에 물가조정이 이루어질 필요가 없다. 따라서 장기균형도 동일하게 E점이 되며 총수요구성도 단기와 마찬가지로 정부구매는 증가하고 경상수지는 악화된 것으로 나타난다. 이러한 의미에서 재정정책은 단기적으로나 장기적으로나 중립적이지 않다.

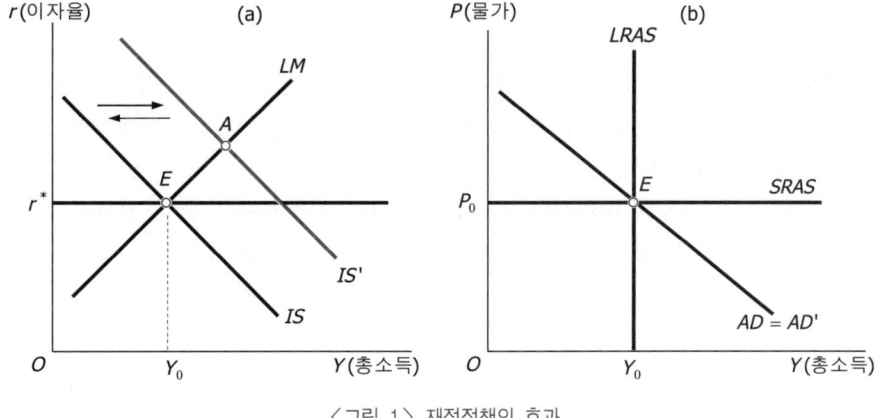

〈그림 1〉 재정정책의 효과

(2) 통화공급량을 증가시키는 통화정책의 경우 단기효과와 장기효과를 비교하라. 통화정책은 중립적인가?

1. 통화정책의 단기효과
   - 〈그림 2〉의 (a)에서 통화공급량을 증가시킬 경우 LM곡선이 우측으로 이동한다. 이 경우 A점은 재화시장 및 화폐시장은 균형이지만 외환시장의 초과수요가 발생한다. 이로 인해 환율이 상승하면 IS곡선이 우측으로 이동하여 새로운 동시균형은 B점에서 이루어진다. 따라서 (b)에서 총수요곡선이 우측으로 이동하며 새로운 균형은 수평의 총공급곡선상의 B점이 된다.
   - 이 과정에서 실질환율이 상승하였으며 순수출이 증가한다. 이처럼 변동환율제도를 채택한 소규모 경제에서 통화정책의 전달경로(propagation mechanism)는 순수출을 증가시키는 환율경로이다.

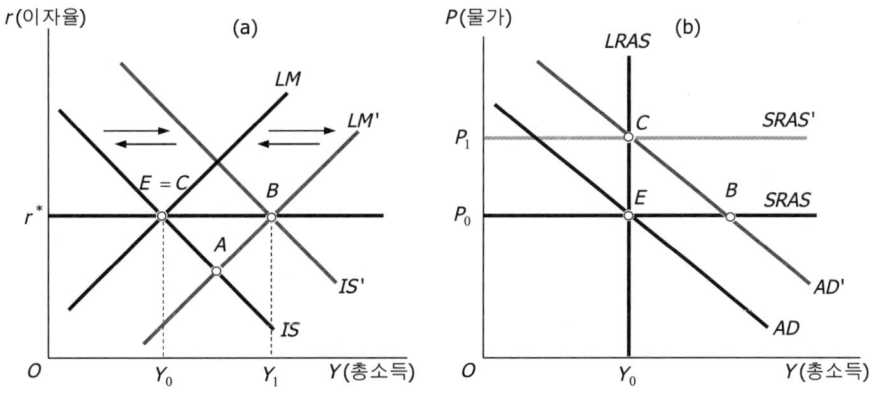

〈그림 2〉 통화정책의 효과

2. 통화정책의 장기효과
 - 장기에는 총생산이 잠재생산량수준으로 돌아가야 하므로 물가가 상승할 것이다. 이 과정에서 실질통화량이 감소하며 LM곡선이 좌측으로 이동하고, 단기에 상승했던 실질환율이 원래수준으로 하락하면서 IS곡선도 좌측으로 이동할 것이다.
 - 그 결과 장기균형은 C점에서 성립한다. 이 경우 물가만 상승하였을 뿐 총생산의 규모는 불변이다. 뿐만 아니라 이자율과 실질환율도 원상회복되었으므로 총지출의 구성도 불변이다.[15]
 - 즉, 개방경제에서도 통화정책은 단기적으로 비중립적이지만 장기적으로 중립적이다.

---

15) 실질통화량도 불변이다.

PART 2 국제금융론

문제 580

최근 미국의 경기회복세가 뚜렷해지면서 미국경제의 금리인상시기 및 금리인상의 효과에 대한 논의가 활발히 진행되고 있다. 만약 예상보다 빠른 시기에 미국이 금리를 인상한다면 많은 국가가 영향을 받게 될 것이다. (시사응용문제)

(1) 소규모 개방경제의 총수요곡선을 도출하라. 총수요곡선이 우하향하는 이유는 무엇인가? 단 자본이동이 자유롭지만 완전하지 않은 변동환율제도의 경우를 가정한다.
(2) 미국의 금리인상이 우리나라의 총생산, 물가, 이자율, 환율, 고용, 실질임금 등에 미치게 될 단기 효과를 설명하라.

---

(1) 소규모 개방경제의 총수요곡선을 도출하라. 총수요곡선이 우하향하는 이유는 무엇인가? 단 자본이동이 자유롭지만 완전하지 않은 변동환율제도의 경우를 가정한다.

1. 기본모형

- 재화시장의 균형 IS : $Y = C(Y-T) + I(r) + G + NX(\frac{eP^f}{P}, Y, Y^f)$

    화폐시장의 균형 LM : $\frac{M}{P} = L(Y, r)$

    외환시장의 균형 BP : $BP = NX(\frac{eP^f}{P}, Y, Y^f) + CF(r - r^*) = 0$

    노동시장의 균형 : $L^d(\frac{W}{P}) = L^s(\frac{W}{P^e})$

단 NX는 순수출 또는 경상수지, CF는 자본금융수지를 의미한다. 자본이동이 자유롭지만 완전하지 않으므로 BP곡선은 우상향하지만 LM보다는 완만하다. 총공급을 결정하는 노동시장에서는 편의상 노동자오인모형(worker misperception model)을 사용한다.

2. 총수요곡선의 도출

- P_0의 가격수준하에서 총수요균형이 〈그림 1〉의 a점과 같다고 하자. 이 경우 균형소득은 Y_0이다. 만약 물가수준이 P_1으로 하락한다면 실질환율이 상승하며 순수출이 증가한다. 따라서 IS곡선 및 BP곡선이 우측으로 이동한다. 또한 실질통화공급이 증가하면서 LM곡선도 우측으로 이동하여 최종균형은 b점이 된다. 이를 연결하면 〈그림 2〉의 우하향하는 총수요곡선을 도출할 수 있다.

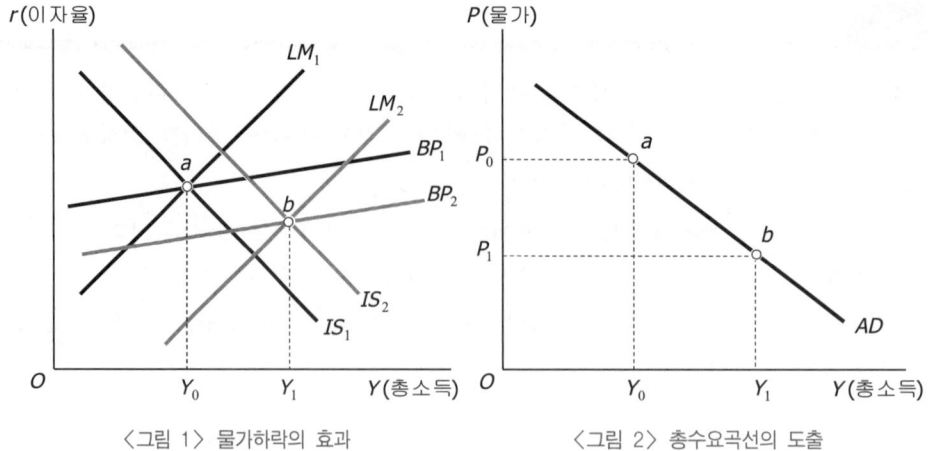

〈그림 1〉 물가하락의 효과   〈그림 2〉 총수요곡선의 도출

3. 총수요곡선이 우하향하는 이유
   - 이상의 분석에서 총수요곡선은 두 가지 이유로 인해 우하향한다. 첫째, 물가가 하락할 때 이자율이 하락하며 투자가 증가하는데 이를 이자율효과 또는 케인즈효과(Keynes effet)라고 한다. 둘째, 물가가 하락할 때 실질환율이 상승하며 순수출이 증가하는데 이를 실질환율효과 또는 먼델-플레밍효과(Mundell-Flemming effect)라고 한다.

(2) 미국의 금리인상이 우리나라의 총생산, 물가, 이자율, 환율, 고용, 실질임금 등에 미치게 될 단기 효과를 설명하라.

1. 총수요곡선의 이동 : 주어진 물가수준하의 분석
   - 〈그림 3〉에서 최초균형을 a점이라고 하자. 미국이 금리를 인상하면 BP곡선이 BP_2로 상방이동하며 a점에서 국제수지적자요인, 즉 외환시장의 초과수요가 유발되며 환율이 상승한다.
   - 환율이 상승하면 순수출이 증가하며 IS곡선과 BP곡선이 IS_2 및 BP_3으로 우측이동한다. 그 결과 총수요측 균형점은 b점이 되며 이는 〈그림 4〉에서 총수요곡선을 우측으로 이동시킨다.

2. 물가변화의 효과
   - 〈그림 4〉에서 총수요곡선이 우측으로 이동하고 주어진 물가수준에서 초과수요가 발생함에 따라 물가가 상승한다.
   - 물가가 상승하면 〈그림 3〉에서 실질환율하락을 반영하여 IS곡선 및 BP곡선이 IS_3 및 BP_4로 좌측이동한다. 또한 LM곡선역시 실질통화감소를 반영하여 LM_2로 좌측이동한다.
   - 물가가 상승하면 〈그림 5〉에서 명목임금상승을 실질임금상승으로 착각한 노동자들이 노동공급을 증가시킨다. 결과적으로 물가변화를 고려한 총수요-총공급의 단기균형은 〈그림 3〉, 〈그림 4〉, 〈그림 5〉의 c점이 된다.

3. 주요변수의 변화
- 미국의 금리인상결과 총생산은 증가, 물가는 상승, 이자율은 상승, 환율은 상승, 고용은 증가, 실질임금은 하락한다.
- 단 총공급모형으로 노동자오인모형이 아닌 다른 모형을 사용한 경우 실질임금에 미치는 영향은 달라질 수 있다. 예를 들어 새고전학파의 생산자오인모형이나 새케인즈학파의 가격경직성모형(메뉴비용모형)을 사용했다면 실질임금은 상승한다.

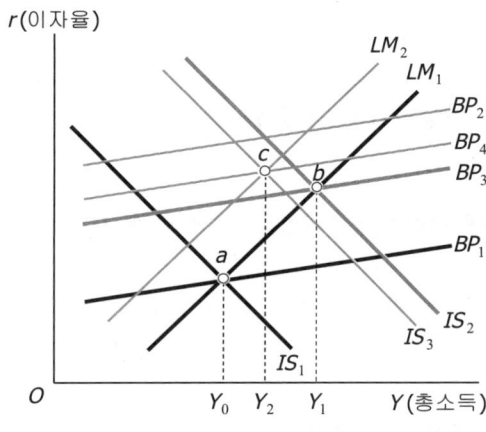

〈그림 3〉 IS-LM-BP모형

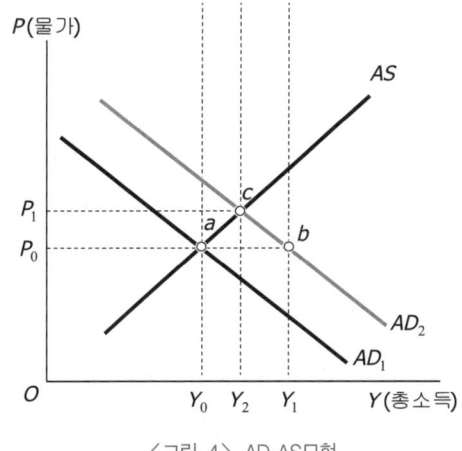

〈그림 4〉 AD-AS모형

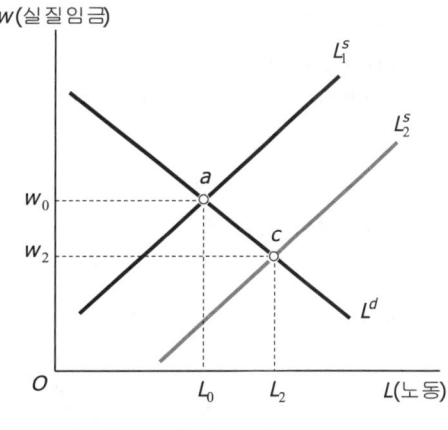

〈그림 5〉 노동시장의 균형

참고문항

(3) 이상의 분석에 의하면 미국의 금리인상결과 우리나라의 총소득은 증가하고 경기는 호전된다. 그럼에도 불구하고 많은 경제분석가들이 미국의 금리인상을 우려하는 이유는 무엇인가?

문제 581

총수요-총공급모형을 사용하여 아래 물음에 답하라.

(1) 환율의 상승이 총수요곡선을 우상방으로 이동시키고 총공급곡선을 좌상방으로 이동시킨다면 그 이유를 설명하라.

(2) (1)의 조건이 만족될 경우 변동환율제도하에서 정부구매증가정책과 통화량증가정책을 설명하라. [단, 정부구매증가는 환율을 하락시키고, 통화량증가정책은 환율을 상승시킨다.]

(1) 환율의 상승이 총수요곡선을 우상방으로 이동시키고 총공급곡선을 좌상방으로 이동시킨다면 그 이유를 설명하라.

- 마샬-러너조건이 성립할 때 환율이 상승하면 순수출이 증가한다. 이에 따라 총수요곡선이 우상방으로 이동한다.
- 환율이 상승하면 수입품의 국내가격이 상승하며 원자재가격 및 수송비가 상승한다. 이때 각각의 생산량에 대응되는 물가수준이 상승하므로 총공급곡선이 좌상방으로 이동한다.

(2) (1)의 조건이 만족될 경우 변동환율제도하에서 정부구매증가정책과 통화량증가정책을 설명하라.

- 〈그림 1〉에서 재정정책의 직접적 효과로 AD곡선이 우측으로 이동한다. 이 경우 환율하락으로 AD곡선이 좌측, AS곡선이 우측으로 이동하면 새로운 균형은 B점이 된다. 만약 환율하락시 AD곡선의 이동 폭이 더 크다면 개방경제에서 재정정책의 효과는 약화된다.
- 〈그림 2〉에서 통화정책의 직접적 효과로 AD곡선이 우측으로 이동한다. 이 경우 환율상승으로 AD곡선이 우측, AS곡선이 좌측으로 이동하면 새로운 균형은 B점이 된다. 만약 환율상승시 AD곡선의 이동 폭이 더 크다면 개방경제에서 통화정책의 효과는 강화된다.

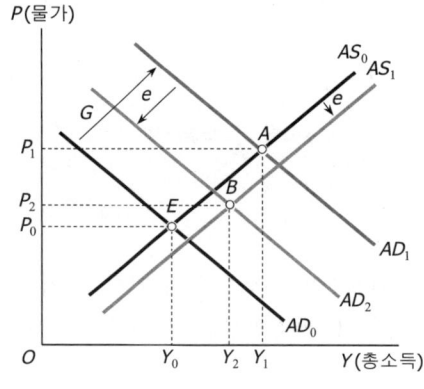

〈그림 1〉 변동환율, 재정정책

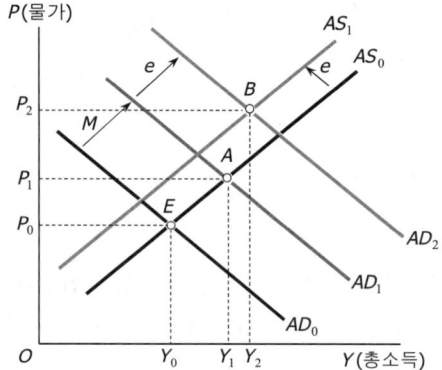

〈그림 2〉 변동환율, 통화정책

문제 582

2008년 9월 발생한 Lehman Brothers 파산 직후 국제금융시장은 1920년대 말의 대공황 이래 가장 심각한 위기국면에 있었다고 할 수 있다. 이와 같은 위기에 대응하여 세계경제의 주요국들은 G-20 등을 중심으로 거시경제 정책을 공조해 오고 있다. 각국의 자본시장은 완전히 개방되어 있고 환율도 완전한 변동환율제를 따르고 있을 경우, 통화정책과 재정정책 중 각국의 정책공조가 더욱 필요한 정책은 무엇인지 논하시오. (2010년 입법고시 경제학 문제 중 발췌)

1. 기본모형 : 2국 $IS-LM$모형

- 세계는 본국과 외국으로 이루어져 있으며, 양국 모두 국제이자율에 영향을 미칠 수 있는 대국(large economy)이다. 양국은 현재 경기침체가 심각하기 때문에 국민소득의 증가가 바람직하다고 생각한다.
- 본국의 재화, 화폐시장의 균형식을 IS, LM으로 나타낸다. 외국의 재화, 화폐시장 균형식을 IS^*, LM^*으로 나타낸다.
- 국가간의 자본이동이 자유롭기 때문에 양국의 이자율이 일치하는 것($i=i^*$)이 균형조건이 된다. 변동환율제를 가정하였으므로 양국의 이자율이 일치할 때 까지 환율의 조정이 이루어진다.

2. 확장적 재정정책의 효과

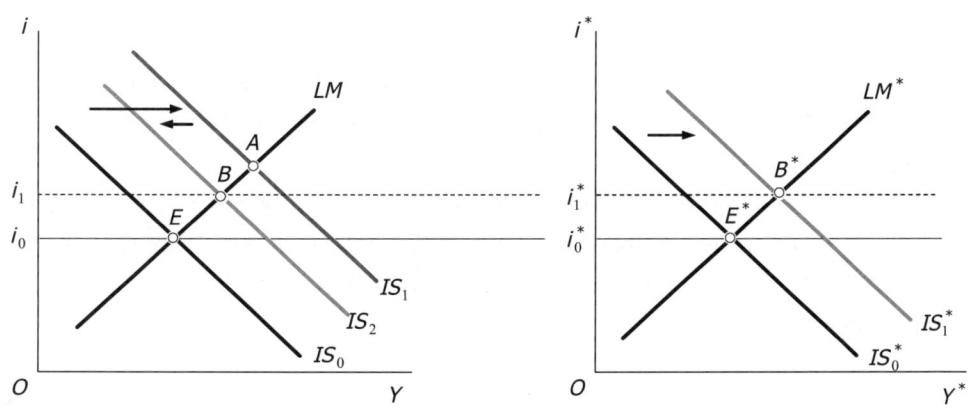

〈그림 1〉 확장적 재정정책의 효과

- 정책실시 이전 각국의 균형을 E점과 E^*점이라고 하자. 본국에서 확장적 재정정책을 실시했을 때 〈그림 1〉에서 IS곡선을 우측으로 이동시키며 A점으로 균형이 이동한다.
- 이 경우 본국의 이자율이 외국보다 높기 때문에 자본이 유입되며 환율이 하락한다. 이러한 환율하락은 IS곡선을 좌측으로, IS^*곡선을 우측으로 이동시키고, 각국은 B점과 B^*점에서 새로운 균형을 맞게 된다.

3. 확장적 금융정책의 효과

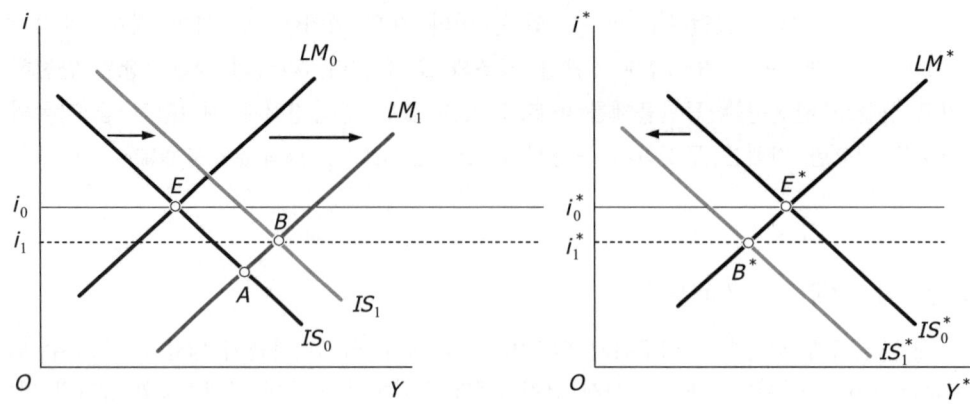

〈그림 2〉 확장적 금융정책의 효과

- 본국에서 확장적 금융정책을 실시했을 때 〈그림 2〉에서 LM곡선을 우측으로 이동시키며 A점으로 균형이 이동한다.
- 이 경우 본국의 이자율이 외국보다 낮기 때문에 자본이 유출되며 환율이 상승한다. 이러한 환율 상승은 IS곡선을 우측으로, IS^*곡선을 좌측으로 이동시키고, 각국은 B점과 B^*점에서 새로운 균형을 맞게 된다.

4. 평가
- 주어진 모형에서 확장적 재정정책은 본국의 국민소득을 증가시킬 뿐만 아니라 외국의 국민소득도 증가시킨다. 따라서 양국이 모두 국민소득의 증가를 바라는 상황이라면 재정정책은 큰 갈등을 유발하지 않는다.
- 반면 확장적 금융정책은 본국의 국민소득을 크게 증가시키지만 외국의 국민소득을 감소시키는 인근궁핍화정책(beggar thy neighbor policy)의 성격을 갖는다. 따라서 상호영향이 큰 국가간에 있어 재정정책에 비해 금융정책이 더 큰 갈등을 유발할 가능성이 있으며 정책공조(policy cooperation)의 필요성도 더욱 크다.

문제 583

독일이 통독 후 동독의 경기부양을 위해 팽창적인 재정정책을 추구하면서 인플레이션에 대한 걱정으로 긴축금융정책을 사용하였다. EU 국가간에는 고정환율제도(실은 상하 2.25% 변동가능)이고 자본의 이동은 완전하다고 하자. (1999년 행정고시 응용)

(1) 독일의 재정, 금융정책은 여타 EU국가에 어떤 영향을 미쳤겠는가? 이 경우 여타 EU국가들은 어떤 갈등(dilemma)에 직면하게 되는가?

(2) 독일의 재정, 금융정책은 EU국가외의 국가(예를 들어 미국)등에는 어떤 영향을 미쳤겠는가? 이러한 차이가 발생된 원인은 무엇인가?

(1) 독일의 재정, 금융정책은 여타 EU국가에 어떤 영향을 미쳤겠는가? 이 경우 여타 EU국가들은 어떤 갈등(dilemma)에 직면하게 되는가?

1. 독일 재정, 금융정책의 직접적 효과

- 독일의 확장재정, 긴축금융정책은 〈그림 1〉에서 독일의 IS곡선과 LM곡선을 각각 우측과 좌측으로 이동시켜 1점에서 새로운 대내균형이 성립한다. 이 때 독일의 소득은 증가하고 이자율은 상승한다.
- 이때 1점에서 독일의 이자율이 외국의 이자율에 비해 높은($i_1 > i_0^*$) 대외불균형이 발생된다.

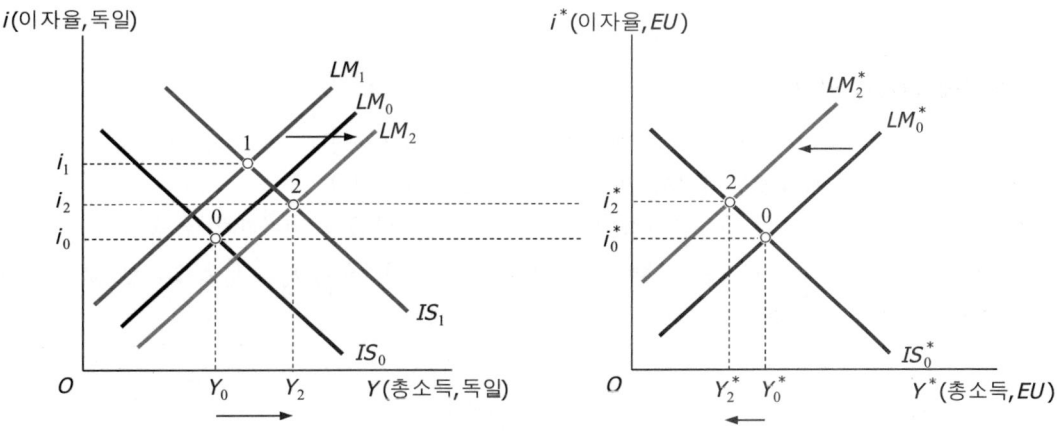

〈그림 1〉 독일의 정책이 여타 EU 국가에 미치는 효과

2. 여타 EU 국가에 미치는 효과

- 정책의 직접적 효과로 $i > i^*$가 성립하였을 때 기타 유럽국가로부터 독일로 자본이 이동하게 된다.[16] 이 과정에서 독일의 통화량은 증가하고 여타국가의 통화량은 감소하게 되는데 이는 LM을

우측으로, LM^*를 좌측으로 이동시키게 되고 양국 이자율이 $i_2 = i_2^*$로 일치한 각 2점에서 새로운 균형을 맞게 된다.

3. 여타 EU 국가들의 딜레마

- 이 경우 여타 EU 국가들은 고정환율제를 유지할 경우 심각한 경기침체를 겪게 된다. 그러나 독일 이자율 상승에도 불구하고 경기를 안정되게 유지하기 위해서는 고정환율제를 포기해야 한다.
- 이처럼 유럽 국가들은 고정환율과 경기안정이라는 2가지 목표사이에 딜레마를 겪게 되고 고정환율을 포기하고 평가하락을 허용함으로써 얻는 이익이 고정환율제를 유지하는 이익보다 크다고 생각될 경우 고정환율제를 포기할 것이라고 예상한 투기자금(hot money)의 공격을 받을 수 있다.
- 실제로 독일 통일을 전후하여 EU 국가들에 상당한 실업이 유발되었는데 실제로 영국과 스페인 등의 국가화폐에 대한 투기적 공격이 발생하였으며 이 과정에서 여러 국가가 ERM에서 탈퇴하는 결과로 이어졌다.[17]

(2) 독일의 재정, 금융정책은 EU국가외의 국가(예를 들어 미국)등에는 어떤 영향을 미쳤겠는가? 이러한 차이가 발생된 원인은 무엇인가?

1. 가정

- 독일과 미국간의 자본이동은 자유로우며 양국화폐의 환율은 시장에서 자유롭게 변동한다.
- 이 경우 역시 양국의 이자율이 일치하는 것($i = i^*$)이 균형조건이 되며, 변동환율제 하에서는 양국의 이자율이 일치할 때까지 환율의 변화를 통해 조정이 이루어진다.

2. 미국에 미치는 영향

- 〈그림 2〉에서 독일이 정책으로 인해 1점으로 이동한 경우 독일의 경우 자본유입요인이 발생하므로 환율이 하락(평가상승)하면서 IS곡선이 좌측으로 이동한다.
- 반면 미국의 경우 자금 유출요인이 발생하며 이는 환율의 상승(평가하락)을 통해 조정이 이루어지는데 이는 IS^*를 우측으로 이동시킨다. 결국 양국의 이자율이 $i_2 = i_2^*$로 일치한 각 2점에서 최종균형을 이루게 된다.

---

16) 쉽게 생각하면 외국의 투자자들이 독일의 금융자산을 구매하려한다고 생각하면 된다.
17) 이러한 배경과 과정에서 이른바 제2세대 외환위기(M. Obstfeld)가 발생하였다. 그러나 이때 결과적으로 ERM에서 탈퇴한 국가들의 실업은 극적으로 감소하게 되지만 ERM에 잔류한 국가들은 여전히 고실업을 겪게 되었다. 이러한 상황을 적절한 모형을 통해 설명할 수 있겠는가?

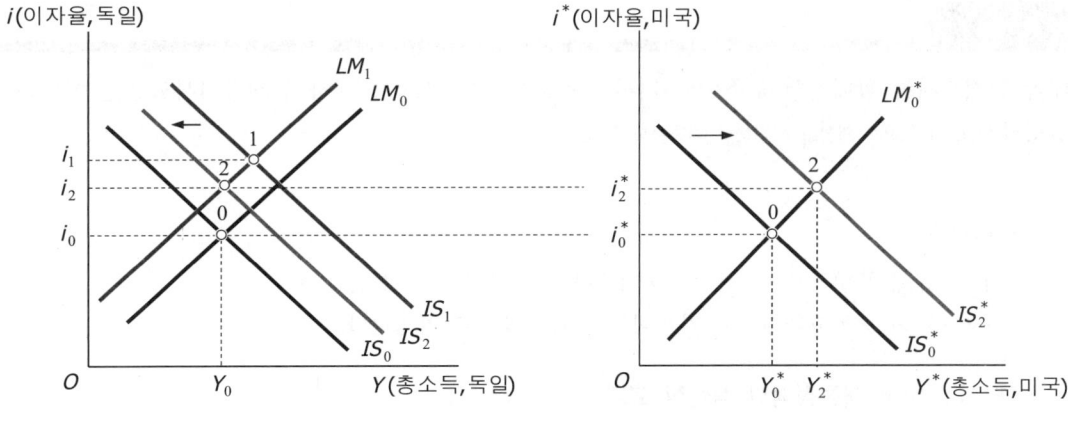

<그림 2> 독일의 정책이 미국에 미치는 효과

3. 평 가

- 이상의 분석에서 여타 EU국가들의 소득은 감소하였으나 미국의 소득은 오히려 증가하였다. 이러한 분석은 대외 충격이 발생하였을 때 각국이 채택한 환율제도가 상이함에 따라 경제에 미치는 영향이 상이함을 의미한다.

문제 584

대국의 정부지출 확대정책이 소국의 거시경제에 미치는 효과에 대하여 개방거시모형을 이용하여 설명하시오. (2009년 행정고시 일행직 기출문제 응용)

1. 기본가정
   - 세계경제에서 미국은 대국이며 우리나라는 소국이라고 하자.
   - 환율제도는 변동환율제이며 자본이동은 자유롭다고 가정한다.

2. 1단계 : 미국 재정정책의 직접적 효과

   가. 기본모형 : 대국개방경제모형
   - IS곡선 : $Y = C(Y-T) + I(r) + G + CF(r)$
     LM곡선 : $\dfrac{M}{P} = L(Y, r)$
   - 위 모형에서 IS곡선은 재화시장균형조건에 외환시장균형조건인 $NX(e) = CF(r)$을 대입한 것이다. 단 $CF(r)$은 미국의 순자본유출을 의미한다.

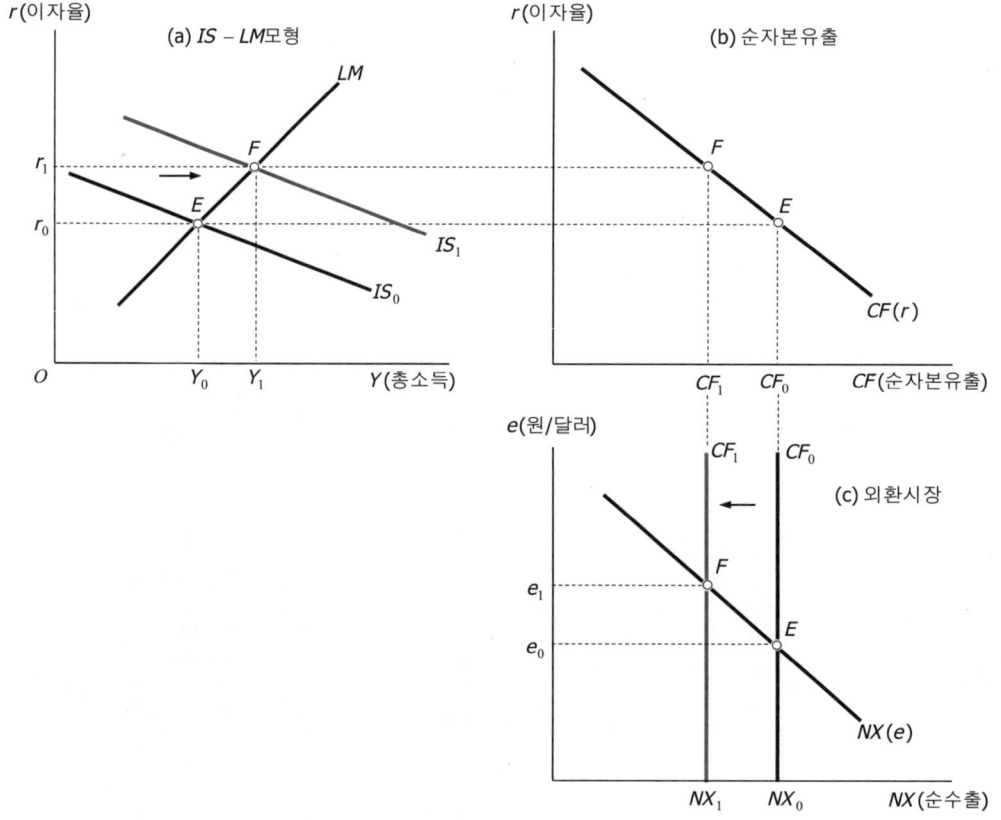

〈그림 1〉 미국 재정정책의 직접적 효과

나. 확장적 재정정책의 효과

- 미국의 정부지출 확대정책은 〈그림 1〉에서 IS곡선을 우측으로 이동시킨다. 이는 미국의 총소득을 증가시키고 세계이자율을 상승시킨다.
- 이러한 과정에서 미국의 순자본유출이 감소하며 미화의 강세(환율의 상승)를 유발하고 경상수지가 악화된다.

3. 2단계 : 한국경제에 미치는 효과

가. 기본모형 : 소규모개방경제모형

- 재화시장균형 IS : $Y = C(Y-T) + I(r) + G + NX(\frac{eP_f}{P}, Y, Y_f)$

  화폐시장균형 LM : $\frac{M}{P} = L(Y, r)$

  외환시장균형 BP : $r = r_f$

나. 한국경제에 미치는 효과

- 세계이자율의 상승은 소규모경제의 BP곡선을 상방이동시킨다. 이때 E점에서 외환시장 초과수요가 유발되며 이를 해소하기 위해 환율이 상승한다. 이는 1단계에서 나타난 미국의 소득증대, 달러화 강세등과 함께 IS곡선 및 AD곡선을 우측으로 이동시킨다. 최종균형은 〈그림 2〉와 〈그림 3〉의 G점이 된다.
- 정리하면 미국의 정부지출이 확대되면 우리나라의 총소득 증가, 물가상승, 이자율상승, 고용증가, 환율상승, 경상수지는 개선된다.

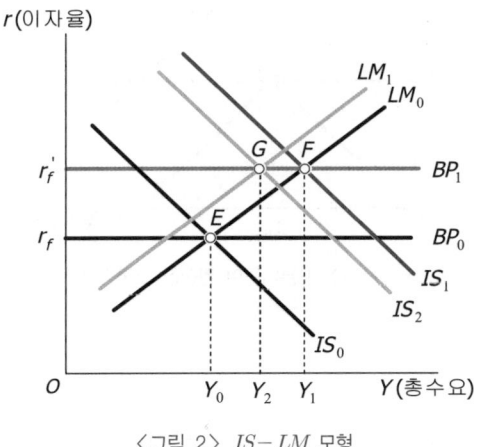

〈그림 2〉 $IS-LM$ 모형

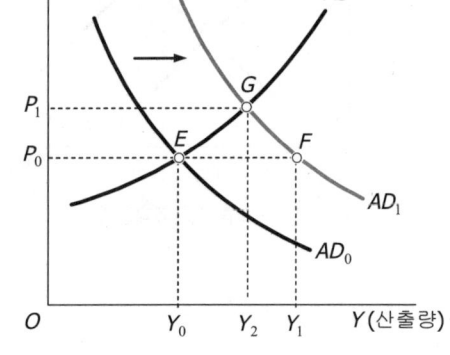

〈그림 3〉 $AD-AS$ 모형

문제 585

구축효과란 좁게는 정부구매의 증가가 이자율 상승을 통해 민간투자를 감소시키는 효과를 말한다. 그러나 넓게는 재정정책의 효과로 비정부부문지출이 감소하는 다양한 효과를 포함한다. 구축효과의 크기 및 경로는 상품시장의 개방도, 자본시장의 개방도, 물가의 조정가능성, 국가의 규모 등 다양한 요인에 영향을 받는다. 다음 각각의 경우 정부구매증가의 구축효과가 어떤 경로를 통해 나타나는지 설명하시오. 단 표준적인 $IS-LM$모형 또는 $IS-LM-BP$모형을 사용하되 변동환율제도와 경직적 물가를 가정한다.

(1) 폐쇄경제
(2) 자본이동이 완전한 소국경제
(3) 자본이동이 불가능한 소국경제
(4) 자본이동이 가능한 대국경제

(1) 폐쇄경제

- 〈그림 1〉에서 정부구매 증가로 IS곡선이 우측으로 이동하는 경우 새로운 균형은 B점이 된다. 이 중 E점에서 A점까지 효과가 승수효과를 반영하며 A점에서 B점까지의 효과가 구축효과를 반영한다. 즉 폐쇄경제에서의 구축효과는 투자를 감소시키는 효과로 나타난다.

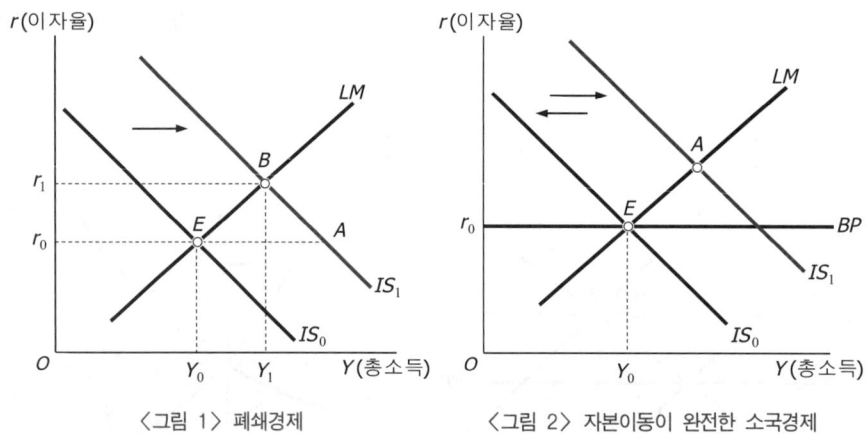

〈그림 1〉 폐쇄경제   〈그림 2〉 자본이동이 완전한 소국경제

(2) 자본이동이 완전한 소국경제

- 자본이동이 완전하다면 주어진 이자율하에서 자본이 얼마든지 유출입할 수 있으므로 BP곡선은 수평이 된다.
- 〈그림 2〉에서 정부구매 증가로 IS곡선이 우측으로 이동하는 경우 IS곡선과 LM곡선이 만나는 A점에서는 외환시장 초과공급이 유발되므로 환율이 하락한다. 이에 따라 IS곡선이 다시

좌측으로 이동하여 최종균형은 E점으로 복귀한다. 이 경우 총소득, 소비, 투자는 불변이지만 정부구매는 증가하였으며 환율의 하락을 반영하여 순수출이 감소한다. 즉 자본이동이 완전한 소국경제에서 구축효과는 순수출을 감소시키는 효과로 나타난다.

(3) 자본이동이 불가능한 소국경제

- 자본이동이 불가능하다면 국제수지가 경상수지에 의해서만 결정되며 이자율과 무관하므로 BP곡선은 수직이 된다.
- 〈그림 3〉에서 정부구매 증가로 IS곡선이 우측으로 이동하는 경우 IS곡선과 LM곡선이 만나는 A점에서 외환시장 초과수요가 유발되므로 환율이 상승한다. 이에 따라 IS곡선과 BP곡선이 우측으로 이동하여 최종균형은 B점이 된다. 이 경우 총소득과 소비는 증가하고, 이자율의 상승으로 투자가 감소하며, 자본이동이 불가능하므로 순수출은 0으로 불변이다. 즉 자본이동이 불가능한 소국경제에서 구축효과는 투자를 감소시키는 효과로 나타난다.

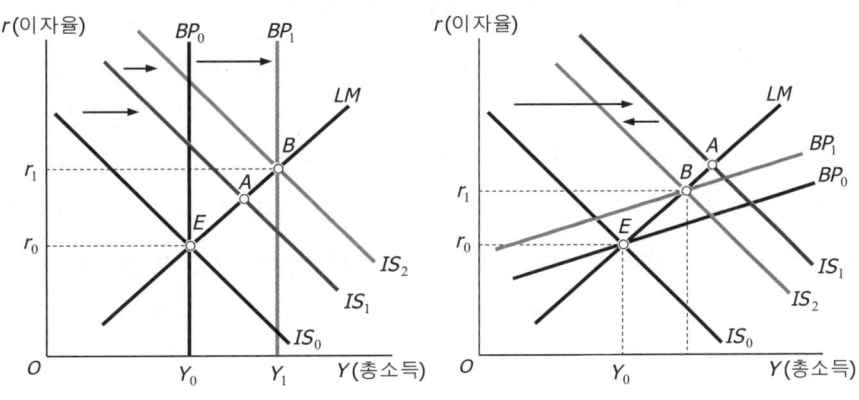

〈그림 3〉 자본이동이 불가능한 소국경제   〈그림 4〉 자본이동이 가능한 대국경제

(4) 자본이동이 가능한 대국경제

- 대국모형의 경우 자국 소득증가로 경상수지가 악화되고 해외차입이 이루어질 때 국제이자율이 상승할 수 있으므로 BP곡선이 우상향한다. 편의상 BP곡선이 우상향하지만 LM곡선보다는 완만한 경우를 가정한다.
- 〈그림 4〉에서 정부구매 증가로 IS곡선이 우측으로 이동하는 경우 IS곡선과 LM곡선이 만나는 A점에서 외환시장 초과공급이 유발되므로 환율이 하락한다. 이에 따라 IS곡선과 BP곡선이 좌측으로 이동하여 최종균형은 B점이 된다. 이 경우 총소득과 소비는 증가하지만 투자와 순수출은 감소한다. 즉 대국모형의 경우 구축효과는 투자와 순수출을 동시에 감소시키는 형태로 나타난다.

문제 586

2008년 미국발 글로벌 금융위기로 세계경제의 심각한 경기침체가 초래되었고 이를 극복하기 위해 많은 국가들은 여러 가지 정책을 실시하였다.

생산물시장 : $Y = C(Y-T) + I(r) + G + NX(\frac{eP^*}{P}, Y, Y^*)$

화폐시장 : $\frac{M^S}{P} = L(Y, r)$

외환시장 : $r = r^* + \frac{e^e_{+1} - e}{e}$

Y는 국민소득, C는 소비, I는 투자, G는 정부지출, NX는 순수출, e는 환율, e^e_{+1}는 다음기 환율에 대한 기대치, r은 이자율, P는 물가, M^S는 화폐공급, L은 실질 화폐수요 그리고 *표시 있는 변수는 외국의 해당 변수를 나타낸다.
(국가 간 자본의 이동은 자유롭고 자유변동환율제도를 가정한다.)

(1) 경기침체에 대한 대책으로 정부지출을 증가시킨 경우의 효과를 국민소득, 이자율, 원-달러환율을 중심으로 설명하시오. 단 환율에 대한 기대 e^e_{+1}는 일정하게 주어져 있다고 가정한다.

(2) 경기침체로 인한 미국물가의 하락이 한국경제에 미치는 영향을 국민소득, 이자율, 원-달러 환율을 중심으로 설명하시오. 단 환율에 대한 기대 e^e_{+1}는 일정하게 주어져 있다고 가정한다.

(3) 자국화폐가치에 대한 신뢰가 하락하여 미래 환율에 대한 기대 e^e_{+1}가 상승한 것이 국내경제에 미치는 영향을 국민소득, 이자율, 원-달러환율을 중심으로 설명하시오.

(1) 경기침체에 대한 대책으로 정부지출을 증가시킨 경우의 효과를 국민소득, 이자율, 원-달러환율을 중심으로 설명하시오. 단 환율에 대한 기대 e^e_{+1}는 일정하게 주어져 있다고 가정한다.

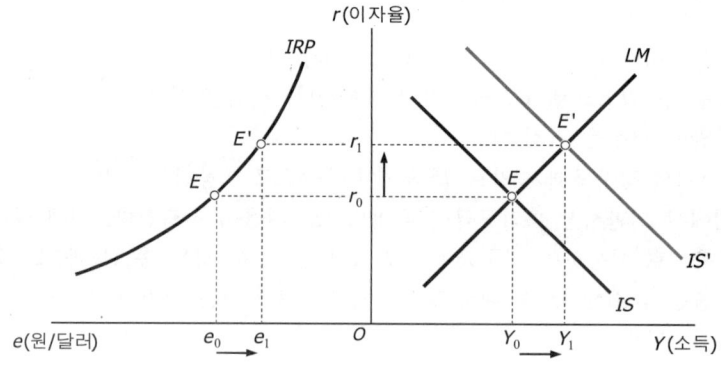

〈그림 1〉 재정정책의 효과

- 정부지출이 증가하면 IS곡선이 우측으로 이동한다. 이 경우 균형이 〈그림 1〉의 E점에서 E'점으로 이동한다.
- 이때 국민소득은 증가, 이자율은 상승, 원-달러환율은 하락한다. 이 경우 재정정책으로 민간투자가 감소하고 경상수지는 악화된다.

(2) 경기침체로 인한 미국물가의 하락이 한국경제에 미치는 영향을 국민소득, 이자율, 원-달러환율을 중심으로 설명하시오. 단 환율에 대한 기대 e^e_{+1}는 일정하게 주어져 있다고 가정한다.

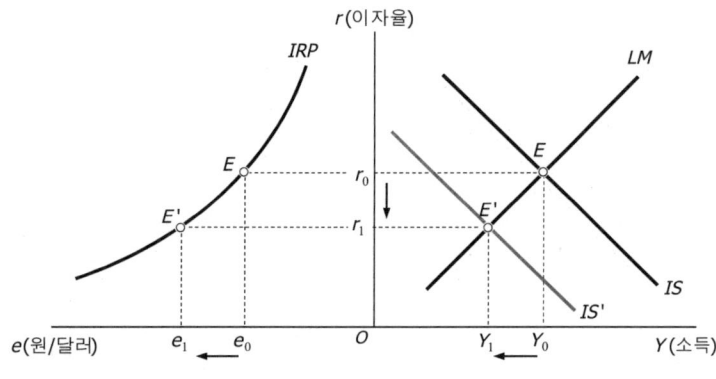

〈그림 2〉 외국물가하락의 효과

- 미국물가의 하락은 실질환율을 하락시킨다. 즉 우리나라상품보다 외국상품을 값싸게 만들어서 수출이 감소하고 수입이 증가할 것이다. 즉 미국물가의 하락은 IS곡선을 좌측으로 이동시킬 것이다.
- 이 경우 〈그림 2〉에서 균형이 E점에서 E'점으로 이동하여 국민소득은 감소, 이자율은 하락, 원-달러환율은 상승한다. 이 경우 민간투자는 일부 증가하지만 경상수지는 악화된다.

(3) 자국화폐가치에 대한 신뢰가 하락하여 미래 환율에 대한 기대 e^e_{+1}가 상승한 것이 국내경제에 미치는 영향을 국민소득, 이자율, 원-달러환율을 중심으로 설명하시오.

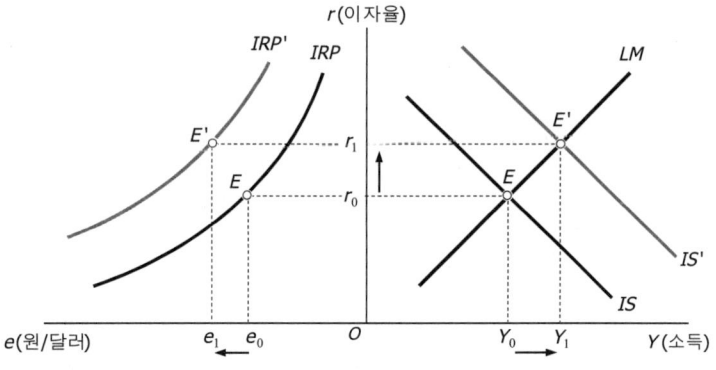

〈그림 3〉 환율기대 상승의 효과

- 환율기대가 상승하면 〈그림 3〉에서 IRP곡선을 바깥(좌측)으로 이동시킨다. 동시에 IS곡선을 우측으로 이동시키는데 이는 환율기대가 자기실현적으로 실제환율상승을 유발하여 순수출을 증가시키는 효과를 반영한 것이다.
- 이 경우 균형이 〈그림 3〉의 E점에서 E'점으로 이동하여 국민소득은 증가, 이자율은 상승, 원-달러환율은 상승한다. 이 경우 민간투자는 일부감소하지만 경상수지는 개선된다.

문제 587

최근 우리는 "미국 경기가 호황국면에 돌입하면 한국의 대미 수출이 크게 증가할 것이다."라는 기사를 접한다. 이와 같은 전망을 토대로 다음 물음에 답하시오. (2007년 행정고시 경제학 재경직 기출문제 응용)

(1) 한국이 자유변동환율제도를 채택하고 있는 경우, 대미 수출의 증가가 단기에 있어서 원/달러 환율(₩/$)에 미치는 효과를 화폐시장과 외환시장의 균형조건을 이용하여 분석하시오. (단, 미국과 한국의 통화량은 변동하지 않는다고 가정한다.)

(2) 이와 같은 대미 수출의 증가가 한국의 국민소득에 미치는 효과는 환율이 고정될수록 커지겠는가? 그렇다면(또는 그렇지 않다면) 그 이유를 설명하시오. (단, 중앙은행은 불태화정책을 실시하지 않는다고 가정한다.)

(1) 한국이 자유변동환율제도를 채택하고 있는 경우, 대미 수출의 증가가 단기에 있어서 원/달러 환율(₩/$)에 미치는 효과를 화폐시장과 외환시장의 균형조건을 이용하여 분석하시오. (단, 미국과 한국의 통화량은 변동하지 않는다고 가정한다.)

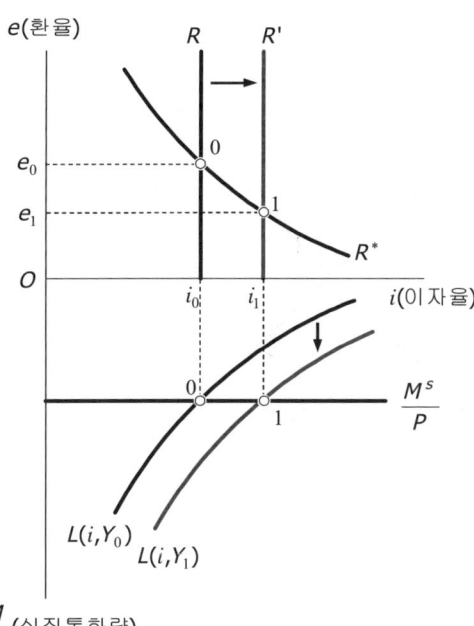

화폐시장의 균형조건 : $\dfrac{M}{P} = L(Y, i)$

외환시장의 균형조건 : $i = i^* + \dfrac{e^e_{+1} - e}{e}$

〈그림 1〉 화폐시장과 외환시장의 동시균형

- 국가 간 자본이동이 완전하며 단기에 물가는 고정이라고 가정한다. 〈그림 1〉에서 대미 수출이 증가하기 전 화폐시장과 외환시장의 동시균형이 0점이라고 하자.
- 다른 조건이 일정할 때 대미 수출이 증가하며 총소득이 증가한다고 하자. 총소득의 증가는 〈그림 1〉의 하단에서 화폐수요를 증가시키며 이자율이 상승할 것이다. 이자율 상승은 자국자산의 수익률상승을 의미하므로 자본유입이 이루어지며 환율이 하락할 것이다. 새로운 균형을 나타내면 1점과 같다.

(2) 이와 같은 대미 수출의 증가가 한국의 국민소득에 미치는 효과는 환율이 고정될수록 커지겠는가? 그렇다면(또는 그렇지 않다면) 그 이유를 설명하시오. (단, 중앙은행은 불태화정책을 실시하지 않는다고 가정한다.)

- 편의상 이 모형에서 환율기대는 불변이라고 가정한다. 〈그림 2〉에서 최초균형이 0점이라고 하자. 순수출의 증가로 IS곡선이 우측으로 이동할 때 중앙은행이 환율변동을 방치하는 경우 균형은 1점이 된다. 반면 중앙은행이 환율을 고정시키기 위해 개입한다면 LM곡선이 우측으로 이동하여 균형은 2점이 된다.
- 정리하면 대미수출증가와 같은 해외의 충격이 있을 때 환율을 고정시킬수록 국민소득의 변동이 커진다. 이는 변동환율제도의 경우 환율이 변화하며 외부충격의 효과를 일부 흡수해주기 때문이다.

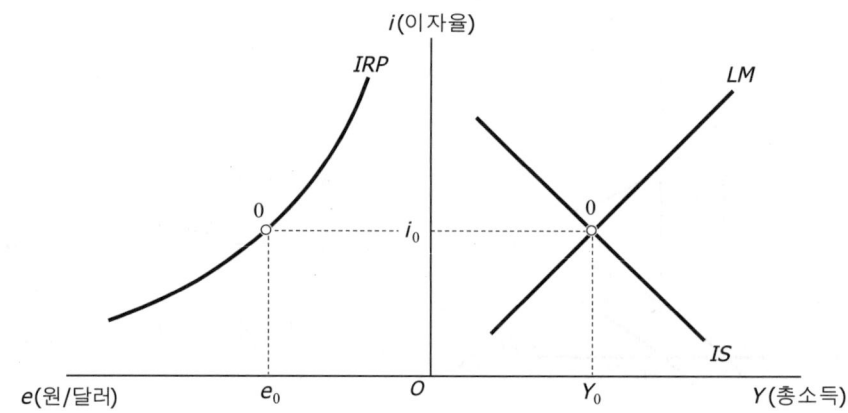

문제 588

자국화폐가치에 대한 신뢰가 하락하여 미래 환율에 대한 기대 e^e_{+1}가 상승했다고 하자. DD-AA 모형을 활용하여 다음 물음에 답하라.

(1) 만약 정부가 아무런 대응을 하지 않는다면 국민소득과 원-달러환율에 어떤 변화가 있을 것인가?
(2) 만약 통화당국이 환율을 일정하게 유지하려고 한다면 국민소득과 원-달러환율에 어떤 변화가 있을 것인가?

(1) 만약 정부가 아무런 대응을 하지 않는다면 국민소득과 원-달러환율에 어떤 변화가 있을 것인가?

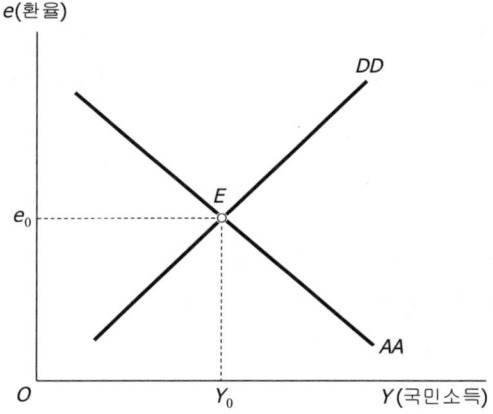

- 미래 환율에 대한 기대 e^e_{+1}가 상승하면 AA곡선이 상방이동한다. 따라서 새로운 균형은 A점이 된다.

(2) 만약 통화당국이 환율을 일정하게 유지하려고 한다면 국민소득과 원-달러환율에 어떤 변화가 있을 것인가?

- 환율의 인상을 막기 위해 중앙은행은 달러를 매도해야 한다. 이는 AA곡선을 좌하방으로 이동시키며 새로운 균형은 $B(=E)$점이 된다.

문제 589

최근 거시경제 환경의 불확실성이 증가하면서 환율제도가 경제안정화에 미치는 영향에 대해 많은 논의가 진행되고 있는데, 경기변동을 완화시키기 위해서는 고정환율제를 도입하는 것이 바람직하다는 주장과 오히려 변동환율제를 도입하는 것이 바람직하다는 주장이 대립하고 있다. (2009년 행시, Krugman 저 본문에서 재구성)

(1) DD-AA모형의 균형식을 제시하고 한 경제의 충격이 투자수요 불안정성과 같은 실물적인 요인에서 비롯하는 경우 총소득의 안정화를 위해 어떤 환율제도를 채택하는 것이 바람직한지를 설명해 보아라.

(2) 반대로 한 경제의 충격이 화폐수요 불안정성과 같은 화폐적인 요인에서 비롯하는 경우 총소득의 안정화를 위해 어떤 환율제도를 채택하는 것이 바람직한지 같은 모형을 사용하여 설명해 보아라.

---

(1) DD-AA모형의 균형식을 제시하고 한 경제의 충격이 투자수요 불안정성과 같은 실물적인 요인에서 비롯하는 경우 총소득의 안정화를 위해 어떤 환율제도를 채택하는 것이 바람직한지를 설명해 보아라.

1. 변동환율제도하에서의 분석

   - 투자수요의 불안정성은 DD곡선의 이동을 유발한다. 〈그림 3〉에서 일시적인 투자수요 불안정성이 발생한 경우 DD곡선은 DD' 또는 DD''와 같이 이동한다. 이 경우 중앙은행이 환율의 변동에 대해 개입하지 않는다면 균형은 A점 또는 B점으로 이동하여 소득은 Y_1에서 Y_2까지의 변동을 보인다.

2. 고정환율제도하에서의 분석

   - 반면 고정환율제도하에서는 DD곡선의 이동이 나타났을 때 중앙은행이 외환시장에 개입하여 환율을 원래수준으로 회복시켜야 한다. 따라서 각각의 경우에 중앙은행이 AA곡선을 AA'와 AA''까지 이동시켜야 하며 그 결과 균형점은 A'점 또는 B'점으로 이동하고 소득은 Y_1'에서 Y_2'까지의 변동을 보인다.

3. 소결

   - 이상의 분석에서 실물부문의 불안정성이 존재하는 경우 변동환율제도를 채택한 경우보다 고정환율제도를 채택한 경우에 소득변동폭이 더 크다는 것을 알 수 있다. 따라서 만약 총소득을 안정화시키는 것이 목표라면 실물부문의 불안정성이 큰 국가는 변동환율제도를 채택하는 것이 낫다.

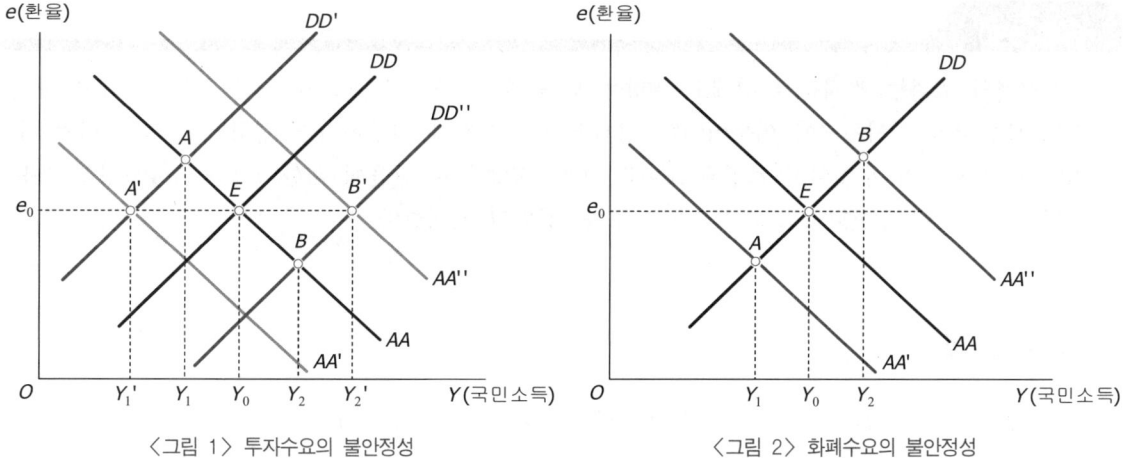

〈그림 1〉 투자수요의 불안정성　　　　〈그림 2〉 화폐수요의 불안정성

(2) 반대로 한 경제의 충격이 화폐수요 불안정성과 같은 화폐적인 요인에서 비롯하는 경우 총소득의 안정화를 위해 어떤 환율제도를 채택하는 것이 바람직한지 같은 모형을 사용하여 설명해 보아라.

1. 변동환율제도하에서의 분석

- 화폐수요의 불안정성은 AA곡선의 이동을 유발한다. 〈그림 2〉에서 일시적인 화폐수요 불안정성이 발생한 경우 AA곡선은 AA'또는 AA''와 같이 이동한다. 이 경우 중앙은행이 환율의 변동에 대해 개입하지 않는다면 균형은 A점 또는 B점으로 이동하여 소득은 Y_1에서 Y_2까지의 변동을 보인다.

2. 고정환율제도하에서의 분석

- 반면 고정환율제도하에서는 AA곡선의 이동이 나타났을 때 중앙은행이 외환시장에 개입하여 환율을 원래수준으로 회복시켜야 한다. 따라서 각각의 경우에 중앙은행이 AA곡선을 원래의 수준으로 되돌려 놓아야 하며 그 결과 균형점은 E점이 되어 소득은 Y_0에서 안정화된다.

3. 소결

- 이상의 분석에서 화폐부문의 불안정성이 존재하는 경우 변동환율제도를 채택한 경우보다 고정환율제도를 채택한 경우에 소득변동폭이 더 작다는 것을 알 수 있다. 따라서 만약 총소득을 안정화시키는 것이 목표라면 화폐부문의 불안정성이 큰 국가는 고정환율제도를 채택하는 것이 낫다.

문제 590

재정정책의 효과는 정치적 환경에도 영향을 받을 수 있다. 예를 들어 동일한 정책이라고 하더라도 대통령의 임기초기에 이루어지는 정책과 임기말기에 이루어지는 정책의 효과가 다를 수 있다면 그 이유가 무엇일지 설명해 보아라. 단 국민소득과 환율에 대한 $DD-AA$ 모형을 사용하되 DD 곡선이 우상향하고 AA 곡선이 우하향한다고 가정한다.

1. 기본모형

- 생산물시장(DD) : $Y = A(Y, I, G) + CA(\frac{eP^*}{P}, Y)$

  외환시장 및 화폐시장(AA) : $r = r^* + \frac{e^e - e}{e}$, $\frac{M^S}{P} = L(Y, r)$

- 생산물시장의 균형을 위해 총소득과 환율이 동일한 방향으로 움직여야 하므로 DD 곡선은 우상향한다. 반면 자산시장의 균형을 위해 총소득과 환율이 반대방향으로 움직여야 하므로 AA 곡선은 우하향한다. 이하 단기적으로 물가는 경직적이며 정책 이전에 잠재생산량 수준에 있었다고 가정한다. 〈그림 1〉에서 최초균형은 각 E점에 해당한다.

2. 임기말기 정책의 효과

- 만약 임기말기와 임기초기의 재정정책이 효과가 달랐다면 그것은 '정책의 지속성'에 대한 민간의 기대가 상이했기 때문일 수 있다. 임기초기에 이루어지는 정책은 상대적으로 정책의 지속성이 있다고 생각하겠지만 임기말기에 이루어지는 정책은 정책의 지속성을 확신할 수 없기 때문이다.
- 예를 들어 확장적 재정정책은 DD 곡선을 우측으로 이동시킨다. 그러나 임기말기에 이루어지는 정책을 지속성이 없는 일시적 재정확대정책으로 인식한다면 환율기대에 영향을 미치지 않을 것이므로 AA 곡선은 이동하지 않는다. 이에 따라 새로운 균형은 〈그림 1〉의 각 F점이 된다. 이 경우 국민소득이 증가하면서 화폐수요를 증가시키고 이에 따라 이자율이 상승하고 환율이 하락한다.

3. 임기초기 정책의 효과

- 이 경우에도 정부구매의 증가로 DD 곡선이 우측으로 이동하며 환율이 하락한다. 그런데 지속적 정책의 효과는 현재 뿐만 아니라 미래에도 발생할 것이므로 기대환율이 하락한다. 이에 따라 외환시장에서 환율기대를 반영하는 R^* 곡선이 하방으로 이동한다. 이에 따라 AA 곡선이 하방으로 이동하여 새로운 균형은 G점이 된다. 결과적으로 환율은 더 큰 폭으로 하락하지만, 국민소득과 이자율은 불변이다.

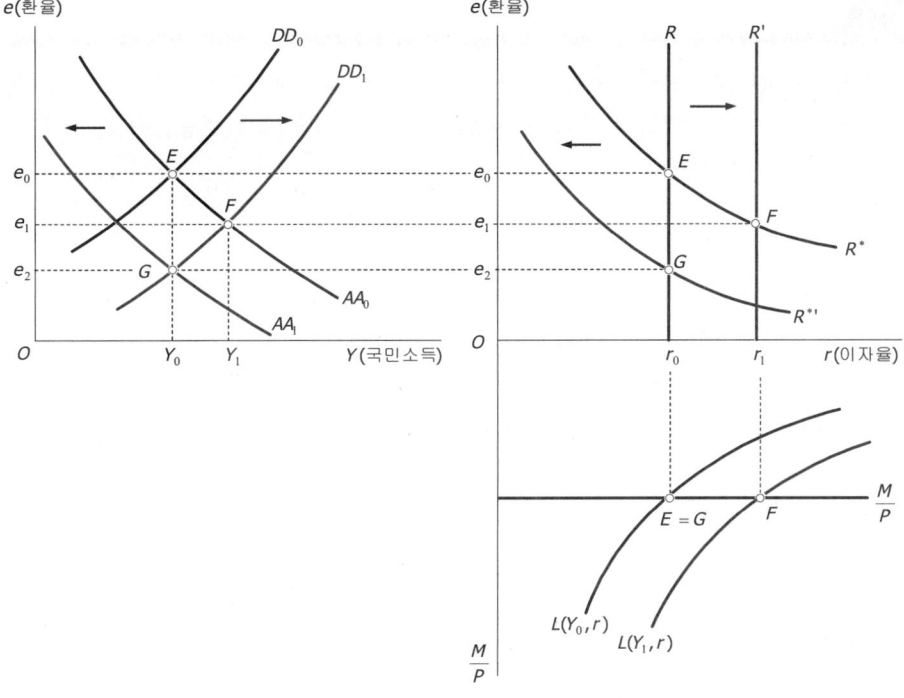

<그림 1> 재정정책효과의 비교

4. 비교, 평가

- 일시적인 **팽창적** 재정정책은 국민소득을 증대시킬 수 있지만, 항구적으로 실시되는 재정정책은 국민소득을 증가시키지 못한다. 즉 이 모형에서 항구적 재정정책의 효과는 완전히 구축(crowding out)된다.
- 이는 재정정책이 항구적으로 실시되는 경우에는 재정정책의 효과가 기대환율하락으로 인한 효과와 서로 상쇄되기 때문이다.

문제 591

물가가 신축적이며 환율은 양국간의 상대적 화폐공급과 수요에 의해 결정된다. 이 때 자국의 국민소득이 증가하는 경우, 외국의 금리가 상승하는 경우, 자국의 화폐공급이 증가하는 경우 환율에 미치는 영향을 설명하라.

1. 가 정
   - 총소득, 통화공급, 이자율은 외생변수이다.
   - 물가는 내생변수이며 물가의 신축적 조정으로 화폐시장은 신속히 균형을 이룬다.
   - 완전한 차익거래가 이루어져 구매력평가설이 성립한다.

2. 화폐시장의 균형식
   - 자국 화폐시장의 균형조건 : $\dfrac{M}{P} = L(Y, i)$ 또는 $P = \dfrac{M}{L(Y, i)}$
   - 외국 화폐시장의 균형조건 : $\dfrac{M^*}{P^*} = L^*(Y^*, i^*)$ 또는 $P^* = \dfrac{M^*}{L^*(Y^*, i^*)}$

   단 화폐수요는 소득의 증가함수이고 이자율의 감소함수이다.

3. 화폐시장의 균형식을 포함한 구매력평가설
   - 구매력평가설에 각국 화폐시장의 균형식을 대입하면 다음과 같다.

   환율결정식 : $E = \dfrac{P}{P^*} = \dfrac{M}{M^*} \dfrac{L^*(Y^*, i^*)}{L(Y, i)}$

4. 자국 국민소득 증가의 효과
   - 자국 국민소득이 상승하면 자국화폐에 대한 수요가 증가한다. 따라서 자국화폐가치가 상승하며 이는 환율의 하락으로 이어질 것이다.

5. 외국 금리상승의 효과
   - 외국 금리가 상승하면 외국화폐에 대한 수요가 감소하므로 외국화폐가치가 하락하며 이는 환율의 하락으로 이어질 것이다.

6. 자국통화공급 증가의 효과
   - 자국 통화공급이 증가하면 자국화폐에 대한 초과공급이 유발되면서 자국화폐가치가 하락하며 환율의 상승으로 이어질 것이다.

문제 592

양국의 화폐수요함수가 다음과 같이 주어져 있다고 가정하자. 양국은 자국과 외국(*표시), P는 물가, Y는 국민소득, i는 이자율, ϕ와 λ는 각각 파라미터를 표시한다. *는 모두 외국 경제변수를 표시하며 e는 자연로그의 밑이 되는 자연상수이다. (2019년 입법고시 기출문제 응용)

$$(M/P) = Y^\phi e^{(-\lambda i)} \quad \text{----- ①}$$
$$(M^*/P^*) = (Y^*)^\phi e^{(-\lambda i^*)} \quad \text{----- ②}$$

(1) 이 때 ①식과 ②식을 활용하고 구매력평가설($S = P/P^*$)을 이용하여 환율(S)을 양국의 통화량과 국민소득, 그리고 물가수준으로 나타내도록 도출하시오(이자율을 제외한 변수들은 로그를 취하여 소문자로 나타낼 것).

(2) 명목이자율이 상승할 때 환율에 미치는 효과를 이자율평가모형과 비교하여 그 차이점을 설명하시오.

---

(1) 이 때 ①식과 ②식을 활용하고 구매력평가설($S = P/P^*$)을 이용하여 환율(S)을 양국의 통화량과 국민소득, 그리고 물가수준으로 나타내도록 도출하시오(이자율을 제외한 변수들은 로그를 취하여 소문자로 나타낼 것).

1. 양국화폐시장 균형식

- ①식과 ②식은 양국화폐시장 균형을 나타낸다. 양변에 자연로그를 취해서 정리하면 다음과 같다.

$$m - p = \phi y - \lambda i \quad \text{----- 식 1}$$
$$m^* - p^* = \phi y^* - \lambda i^* \quad \text{----- 식 2}$$

2. 환율의 통화접근모형

- 구매력평가설을 자연로그를 취하여 정리하면 다음과 같다.

$$s = p - p^* \quad \text{----- 식 3}$$

- 식 3에 식 1, 식 2를 대입하면 다음과 같다.

$$s = (m - m^*) - \phi(y - y^*) + \lambda(i - i^*) \quad \text{----- 식 4}$$

- 양국 화폐시장균형식 및 구매력평가조건을 결합한 식 4를 신축가격 통화모형이라고 한다.

(2) 명목이자율이 상승할 때 환율에 미치는 효과를 이자율평가모형과 비교하여 그 차이점을 설명하시오.

1. 신축가격 통화모형의 경우
   - 신축가격 통화모형에서는 명목이자율이 상승하면 자국화폐에 대한 수요가 감소하면서 자국화폐의 가치하락 즉 환율상승이 나타난다.

2. 이자율평가모형의 경우
   - 단순한 이자율평가조건을 다음과 같이 나타내어 보자.

   $$i = i^* + \frac{S^e_{+1} - S}{S} = i^* + E(\Delta s)$$

   - 이 경우 균형을 나타내면 〈그림 1〉의 a점과 같다. 이 경우 이자율이 상승하면 자국자산의 수익률을 나타내는 R곡선이 우측으로 이동하며 금융자본의 유입을 유발한다. 이러한 과정에서 환율이 하락하여 새로운 균형은 b점이 된다.

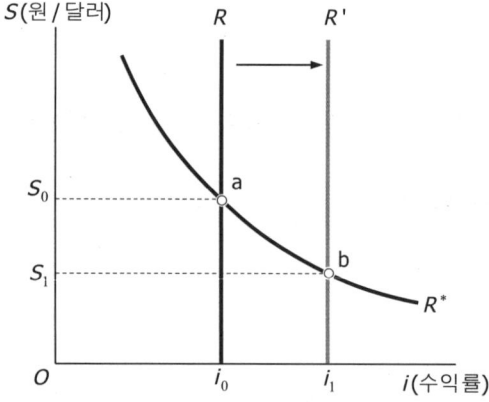

〈그림 2〉 이자율평가모형의 경우

3. 차이의 원인
   - 식 4의 신축가격통화모형의 경우 양국화폐시장에 미치는 영향을 통해 환율의 변화를 설명하고 있으며 상대적으로 화폐시장의 조정이 강조된다.
   - 반면 이자율평가모형의 경우 국가간 금융자본 이동에 미치는 영향을 통해 환율의 변화를 설명한다. 두 모형이 강조하는 조정경로가 상이하기 때문에 서로 다른 예측을 하게 된 것으로 볼 수 있다.

문제 593

통화공급이 1회적 영구적으로 증가(once and for all increase)할 때 외환시장에서 오버슈팅이 발생하는 과정을 설명하고 이자율, 물가수준, 환율의 시간경로를 묘사하시오.

1. 환율의 급변성과 오버슈팅이론
   - 환율의 오버슈팅(overshooting)이란 단기적으로 환율이 큰 폭으로 변화하였다가 장기균형으로 서서히 수렴하는 현상을 의미한다.
   - 외환시장에서 단기적으로 환율은 매우 높은 변동성(volatility)을 보이는데 이를 설명할 수 있는 이론이 오버슈팅이론이다.

2. 가 정
   - 1. (양국)화폐시장은 항상 균형을 이룬다.
   - 2. 총소득은 외생변수로 일정하게 주어져 있다.
   - 3. 단기적으로 물가는 경직적이며 구매력평가가 성립하지 않는다.
   - 4. 장기적으로 물가는 신축적이며 구매력평가가 성립한다.
   - 5. 장기와 단기 모두 유위험 이자율평가가 성립한다.
   - 6. 경제주체들의 합리적 기대를 가정한다.

3. 1회적 · 영구적 통화증가의 분석 : 화폐 - 외환시장의 동시균형과 환율의 오버슈팅

   가. 단기적 효과
   - 〈그림 1〉에서 최초 균형점은 자국자산 수익률을 나타내는 R과 외국자산 수익률을 나타내는 R^*가 만나는 0점이며 국내 이자율이 i_0, 환율이 e_0이다.
   - 단기에 통화량이 증가하면 국내이자율이 i_1으로 하락한다. 이는 R곡선을 좌측으로 이동시킨다. 또한 합리적 투자자들은 장기적으로 물가와 환율이 상승할 것을 예상할 것이므로 환율에 대한 예상치가 상승한다. 이는 R^*곡선을 우측으로 이동시킨다.
   - 이러한 변화로 외국자산의 수익률이 높아짐에 따라 급격한 자본유출이 발생하며 균형은 2점으로 이동하고 환율은 e_2까지 큰 폭으로 상승한다.

   나. 장기적 효과
   - 장기적으로 국내통화량 증가와 동일한 비율로 물가가 상승할 것이므로 실질통화량과 국내이자율이 원래의 수준으로 돌아온다. 따라서 R곡선도 원래 위치로 돌아온다.
   - 최종적으로 화폐시장 및 자산시장은 3점에서 균형을 이루게 되며 환율은 e_3가 된다. 즉, 환율은 단기적으로 장기균형에 비해 훨씬 더 크게 변화한 후 장기균형으로 수렴하게 되는데 이를 환율의 오버슈팅이라고 한다.

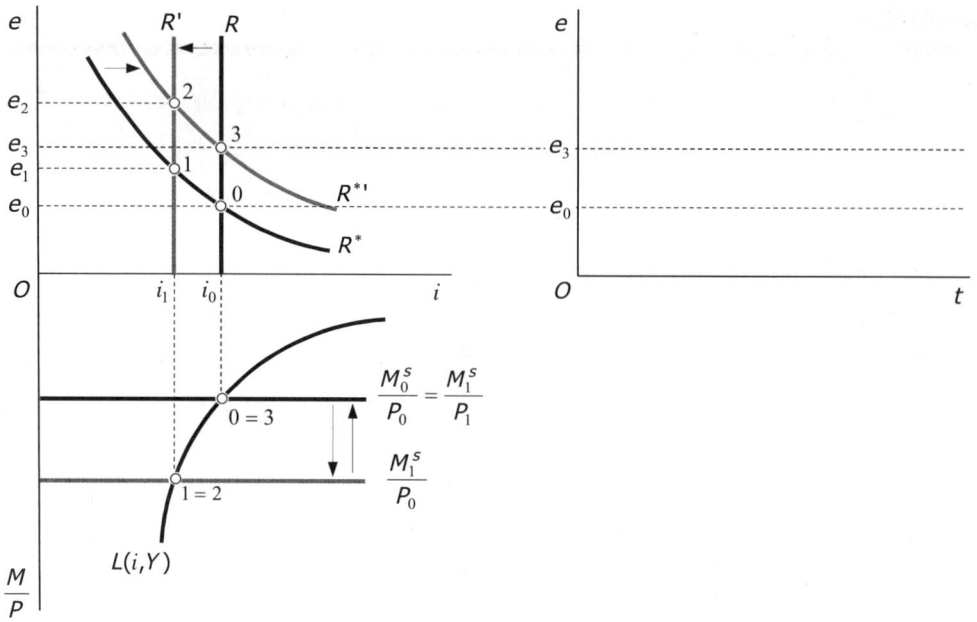

〈그림 1〉 통화량증가와 환율의 오버슈팅

4. 주요변수의 시간경로

- 이러한 과정에서 주요변수의 변화를 나타내면 다음과 같다.

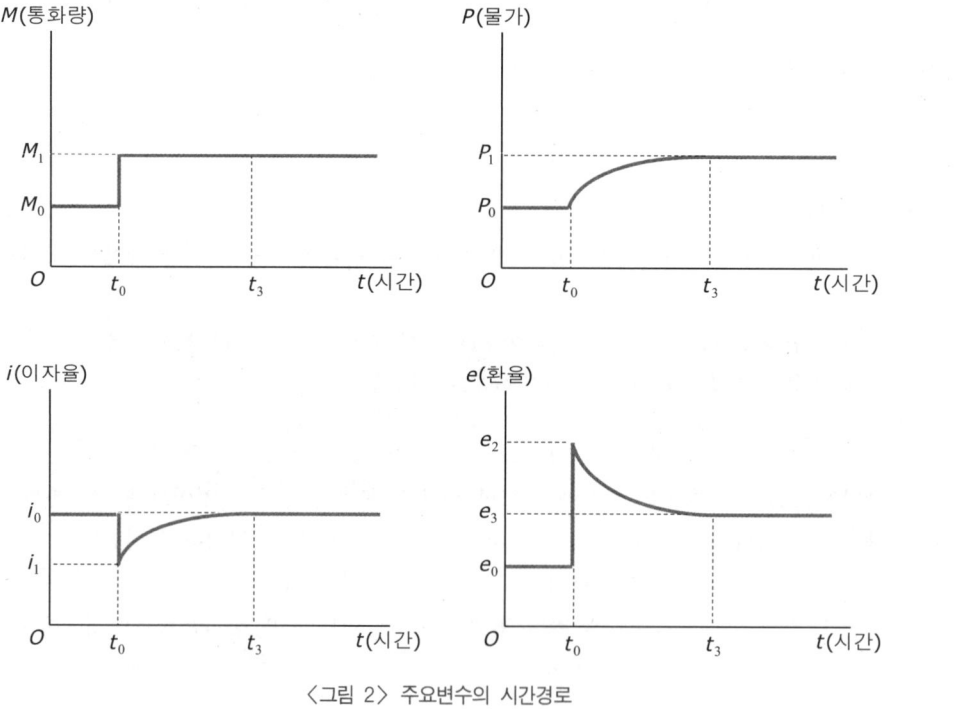

〈그림 2〉 주요변수의 시간경로

문제 594

환율에 대한 통화접근모형을 구성하는 식들을 나타내면 다음과 같다. 양국은 자국과 외국(*표시), P는 물가, Y는 국민소득(외생), i는 이자율, S는 현물환율, ϕ와 λ는 양(+)의 계수이다. 이자율을 제외한 변수들은 로그를 취하여 소문자로 나타내었으므로 그 변화분이 원래 변수의 변화율이 된다. 또한 여기서 Δ는 차이, E는 기대치, α는 현행 환율과 장기균형환율 간 조정계수, 변수에 밑줄 친 값은 장기균형값을 나타낸다. (2019년 입법고시 국제경제학 기출문제)

○ $m - p = \phi y - \lambda i$ ---- 식 1
○ $m^* - p^* = \phi y^* - \lambda i^*$ ---- 식 2
○ $s = p - p^*$ ---- 식 3
○ $i - i^* = E(\Delta s)$ ---- 식 4
○ $E(\Delta s) = -\alpha(s - \underline{s}), \ 0 < \alpha < 1$ ---- 식 5

이 모형에서 자국 국민소득과 외국의 모든 변수들은 외생변수이며 자국 물가는 단기에 경직적이지만 장기에는 신축적이라고 가정한다. 또한 이자율평가는 단기와 장기 무관히 성립하지만 구매력평가는 장기에 성립하지만 단기에는 성립하지 않을 수도 있다.

(1) 주어진 각 식의 의미를 설명하라.
(2) 식 1, 식 4, 식 5를 사용하여 장기균형물가($\underline{p}$)를 나타내는 식을 구하라. 통화의 증가는 장기균형물가에 어떤 영향을 미치는가? [단 장기균형물가를 자국통화, 자국소득, 외국이자율의 함수로 나타낼 것]
(3) (2)의 결과를 사용하여 물가(p), 환율(s), 장기물가($\underline{p}$), 장기환율($\underline{s}$)을 모두 포함하는 자산시장균형식, 또는 물가환율관계식을 도출하라.
(4) (3)의 결과식을 사용하여 자국이 통화량을 일회적 영구적으로 증가시켰을 때 환율의 오버슈팅(overshooting)이 발생할 수 있음을 수식으로 증명하고 이를 그림으로 나타내시오.

(1) 주어진 각 식의 의미를 설명하라.

- 식 1과 2는 양국 화폐시장 균형식이다. 이 식에 의하면 양국 화폐수요는 모두 소득의 증가함수이며 이자율의 감소함수이다.
- 식 3은 구매력평가조건이다. 이 식에 의하면 장기 환율은 양국 물가수준에 의해 결정된다.
- 식 4는 이자율평가조건이다. 이 식에 의하면 양국 명목이자율의 차이는 예상환율변화율과 일치한다.
- 식 5는 회귀적 기대(regressive expectation)를 나타낸다. 이 식에 의하면 현재환율이 장기환율보다 높으면 환율하락을, 현재환율이 장기환율보다 낮으면 환율상승을 예상한다.

(2) 식 1, 식 4, 식 5를 사용하여 장기균형물가($\underline{p}$)를 나타내는 식을 구하라. 통화의 증가는 장기균형물가에 어떤 영향을 미치는가? [단 장기균형물가를 자국통화, 자국소득, 외국이자율의 함수로 나타낼 것]

1. 장기균형물가의 도출
   - 식 5에서 장기에는 정의상 $s = \underline{s}$가 성립할 것이므로 $E(\Delta s) = 0$이 된다. 이를 식 4에 대입하면 $i = i^*$가 된다. 이를 식 1에 대입하면 다음과 같다.

   $\underline{p} = m - \phi y + \lambda i^*$ -------- 식 6

2. 장기물가의 변화
   - 식 6을 미분하면 $\dfrac{d\underline{p}}{dm} = 1$이 성립한다. 즉 다른 조건이 일정하다면 통화량 증가와 동일한 비율로 장기물가가 상승한다.

(3) (2)의 결과를 사용하여 물가(p), 환율(s), 장기물가($\underline{p}$), 장기환율($\underline{s}$)을 모두 포함하는 자산시장균형식, 또는 물가환율관계식을 도출하라.

   - 식 1과 식 4 및 식 5를 대입하여 정리하면 다음과 같다.

   $m - p = \phi y - \lambda[i^* + E(\Delta s)] \Rightarrow p = m - \phi y + \lambda i^* - \lambda \alpha (s - \underline{s})$

   - 위 식에 식 6을 대입하면 다음과 같다.

   물가환율관계식 : $p = \underline{p} - \lambda \alpha (s - \underline{s})$ 또는 $s = \underline{s} - \dfrac{1}{\lambda \alpha}(p - \underline{p})$

(4) (3)의 결과식을 사용하여 자국이 통화량을 일회적 영구적으로 증가시켰을 때 환율의 오버슈팅(overshooting)이 발생할 수 있음을 수식으로 증명하고 이를 그림으로 나타내시오.

1. 오버슈팅의 의미
   - 오버슈팅(overshooting)이란 경제변수가 단기적으로 장기균형보다 더 큰 변화를 보인 후 장기균형으로 수렴하는 현상을 말한다. 환율의 오버슈팅은 환율의 급변성(volatility)을 설명하는 대표적인 이론이며 가격변수의 경직성 및 시장별 조정속도의 차이와 밀접히 관련되어 있다.

2. 오버슈팅의 발생조건

- 물가환율관계식을 m으로 미분하면 다음과 같다.

$$\frac{ds}{dm} = \frac{d\underline{s}}{dm} - \frac{1}{\lambda\alpha}\left(\frac{dp}{dm} - \frac{d\underline{p}}{dm}\right) \qquad \text{------- 식 7}$$

- 식 7에서 $\frac{ds}{dm} > \frac{d\underline{s}}{dm}$인 경우 오버슈팅이 발생한다. 즉 단기적으로 환율이 장기균형보다 크게 변화한다.
- 예를 들어 단기에 물가가 완전히 경직적이고 장기에 물가가 완전히 신축적이어서 $\frac{dp}{dm} = 0$, $\frac{d\underline{p}}{dm} = 1$일 경우 $\frac{ds}{dm} = \frac{d\underline{s}}{dm} + \frac{1}{\lambda\alpha} > \frac{d\underline{s}}{dm} = 1$이 성립함을 알 수 있다.

3. 오버슈팅의 도해

- 주어진 물가환율관계식 환율-물가평면에 나타내면 〈그림 1〉의 기울기 $-\lambda\alpha$인 직선이 된다. 또한 장기균형에는 $\underline{s} = \underline{p} - \underline{p}^*$이 성립할 것인데 이를 나타내면 기울기 1의 우상향하는 직선이 된다. 이제 최초균형은 두 선이 만나는 A점이라고 하자.
- 식 6에서 통화공급이 일회적 영구적으로(once and for all) 증가하면 장기 물가수준 $\underline{p}$ 및 장기환율수준 $\underline{s}$가 상승하며 물가환율관계식을 우측으로 이동시킨다. 이 경우 물가가 경직적 단기에 환율은 B점에 이를 때까지 상승한다. 반면 장기적으로 물가가 상승하여 장기균형에 돌아왔을 때의 균형은 C점에서 이루어진다. 이 경우 오버슈팅의 크기는 s_2와 $\underline{s_1}$의 차이에 해당한다. 이러한 과정을 이자율 평가를 중심으로 나타내면 〈그림 2〉와 같다.[18]

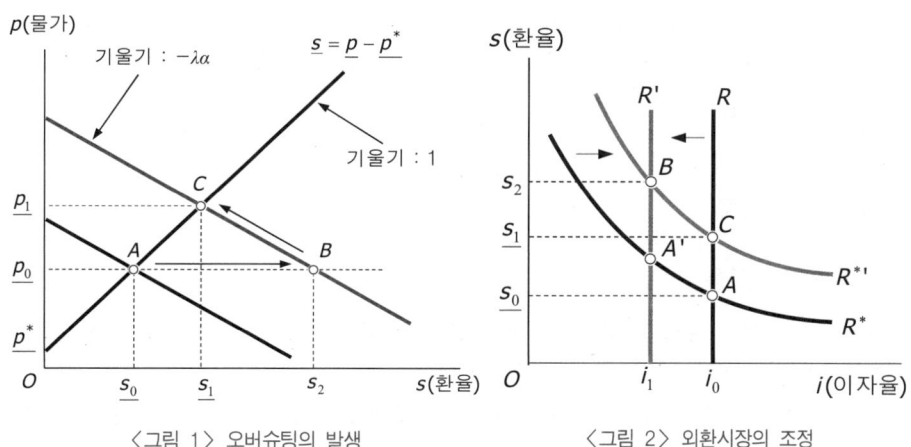

〈그림 1〉 오버슈팅의 발생 　　　　　〈그림 2〉 외환시장의 조정

---

18) 이 문제에서 〈그림 2〉는 생략해도 무방하다.

문제 595

현실의 각국 외환당국은 정도 차이는 있지만 어느 정도 외환시장에 개입을 하고 있다. 다음은 가상 국가의 중앙은행의 대차대조표를 단순하게 나타낸 것이다. (2005년 행시, 2003년 외시, 2000년 외시 응용)

자 산	부 채
외화자산	외화부채
국내자산	국내부채
	본원통화

(1) 일반적으로 외환당국이 외환시장에 개입하는 경우의 목적을 3가지 이상 제시해 보아라.
(2) 이 국가가 환율의 지나친 하락을 막기 위해 외환시장에 개입한다고 하자. 이 때 정부가 비중화개입(non-sterilized intervention)을 한다고 할 때 위 대차대조표에 어떤 항목에 영향을 미치는지 설명하라.
(3) 이번에는 이 국가가 동일한 목적으로 외환시장에 개입하되 중화개입(sterilized intervention)을 실시한다고 할 때 위 대차대조표에 어떤 항목에 영향을 미치는지 설명하라. (단 중화개입은 기존의 채권을 거래하여 이루어질 수도 있고 신규 채권을 발행할 수도 있다.)
(4) 비중화개입방식과 중화개입방식의 효과 및 장단점을 설명하라.

---

(1) 일반적으로 외환당국이 외환시장에 개입하는 경우의 목적을 3가지 이상 제시해 보아라.

1. 외환시장개입의 의미

- 좁은 의미로 외환시장개입은 외환당국이 '환율'이나 '외환보유고'에 영향을 줄 의도로 행사는 외화표시자산의 거래 및 외환시장에서의 공시 등을 말한다.
- 그러나 넓은 의미로는 환율에 직, 간접적인 영향을 미칠 수 있는 제반경제정책을 망라하는 것으로 이해할 수도 있다.

2. 외환시장개입의 목적

가. 환율의 안정적 운용

- 환율의 과도한 급등락은 실물경제에 부정적인 영향을 미치므로 환율의 안정적 운용을 위해서 외환시장에 개입한다.
- 이러한 경우의 외환시장의 개입은 환율의 변동방향과 반대되도록 개입하는 역풍방식의 개입(leaning against the wind)을 하게 된다.

나. 적정환율(또는 균형환율)로의 회복

- 외환당국은 일국 거시경제의 내적목표인 완전고용, 물가안정이나 외적목표인 국제수지 균형 등을 달성할 수 있는 적정한 수준으로 환율을 조정하는 것을 의미한다.
- 이러한 개입은 1. 정부가 민간보다 우월한 정보를 가지고 있고, 2. 시장에 의한 조정보다 정부에 의한 개입이 더 빨리 이루어질 수 있다는 가정하에서만 정당화될 수 있다는 한계가 있다.

다. 외환보유고의 규모나 구성의 변화

- 안정적인 경제운영을 위해서는 적정한 수준의 외환보유고를 보유하여야 한다. 이를 위해 외환시장에서 외화자산을 매입 또는 매각하는 거래를 한다.

(2) 이 국가가 환율의 지나친 하락을 막기 위해 외환시장에 개입한다고 하자. 이 때 정부가 비중화개입(non-sterilized intervention)을 한다고 할 때 위 대차대조표에 어떤 항목에 영향을 미치는지 설명하라.

1. 비중화개입의 방향

- 지나친 환율하락을 막고 환율을 상승시키기 위해서는 외화자산을 매입하여 자국화폐의 평가를 상대적으로 하락시키는 방식의 개입이 필요하다. 이 경우 발생하는 본원통화의 증가에 대해서는 별다른 조치를 취하지 않는다.

비중화개입 : $\Delta NFA + \Delta DA = \Delta H$
　　　　　　　　(+)　　　 (·)　　　(+)

2. 대차대조표상의 변화

- 비중화개입이 이루어지는 경우 중앙은행이 보유한 외화자산이 증가하며, 동시에 본원통화가 증가할 것이다.

자 산	부 채
외화자산 ↑	외화부채
국내자산	국내부채
	본원통화 ↑

(3) 이번에는 이 국가가 동일한 목적으로 외환시장에 개입하되, 중화개입(sterilized intervention)을 실시한다고 할 때 위 대차대조표에 어떤 항목에 영향을 미치는지 설명하라.

1. 중화개입의 의미
   - 중화개입이란 외환당국의 외환시장개입에 의한 외환변화가 유발하는 본원통화의 변화를 국내자산이나 부채의 거래를 통해 완전히 상쇄시키는 것을 의미한다.

2. 중화개입의 형태
   - 환율하락을 막기 외화자산을 매입하는 경우 자국 본원통화가 증가한다. 이때 이를 상쇄시키기 위해서는 순국내자산을 감소시켜야 한다.

   중화개입 : $\Delta NFA + \Delta DA = \Delta H$
   　　　　　　(+)　　　(−)　　　(·)

3. 대차대조표의 변화

   가. 국내자산을 감소시키는 경우
   - 중앙은행이 보유한 국내자산을 매각하는 방법으로 중화개입한 경우의 변화는 다음과 같다.

자 산	부 채
외화자산 ↑	외화부채
국내자산 ↓	국내부채
	본원통화

   나. 국내부채를 증가시키는 경우
   - 중앙은행이 국내부채를 증가시키는 방법으로 중화개입한 경우의 변화는 다음과 같다.

자 산	부 채
외화자산 ↑	외화부채
국내자산	국내부채 ↑
	본원통화

   - 우리나라의 경우 주로 후자의 방법, 즉 통화안정증권을 발행하는 방식의 개입을 주로 사용해 왔다.

(4) 비중화개입방식과 중화개입방식의 효과 및 장단점을 설명하라.

- 비중화개입의 경우 통화량의 변동을 수반하기 때문에 그 효과가 상대적으로 강하다는 장점이 있다. 그러나 자본이동이 자유로운 경제에서는 환율정책과 금융정책이 밀접하게 연관되어 있으므로 환율목표를 달성할 경우 물가나 국내경기 같은 다른 국내정책과의 상충이 발생할 수 있다.
- 반면 중화개입의 경우 통화량의 변동을 수반하지 않기 때문에 국내정책목표와 독립될 수 있다는 장점이 있다. 그러나 비중화개입에 비해 상대적으로 그 효과가 제한된다는 단점이 있다.

문제 596

개방경제 하에서 거시경제정책 목표로는 통화정책의 독립성, 국가 간 자유로운 자본이동 그리고 환율안정이 있다. 이 세 가지 목표 중 단지 두 가지만 동시에 달성할 수 있다는 것이 소위 Trilemma 문제이다. 이와 관련하여 다음의 물음에 답하시오. (2012년 GS-3순환 제8회 모의고사, 2010년 행정고시 기출문제 응용)

(1) Trilemma를 구성하는 세 가지 원칙들이 거시경제가 추구하는 목표가 되는 이유가 무엇인지 간단히 서술하라.
(2) Trilemma 문제를 이용하여 중화 외환시장개입(sterilization intervention)의 효과를 설명하시오.

---

(1) Trilemma를 구성하는 세 가지 원칙들이 거시경제가 추구하는 목표가 되는 이유가 무엇인지 간단히 서술하라.

1. 통화정책의 독립성
   - 거시경제는 다양한 내, 외적 충격으로 인해 지속적으로 변동하며, 이로 인해 내적 불균형인 실업, 인플레이션이나 외적 불균형인 국제수지불균형을 겪게 된다. 틴버겐에 의하면 n개의 목표를 달성하기 위해서는 n개의 수단이 있어야 한다. 따라서 통화정책이란 독자적 정책을 갖게 된다는 것은 더 많은 정책목표를 달성할 수 있게 됨을 의미한다.

2. 자유로운 자본이동
   - 국가간 자본이동이 자유로워지면 각국의 저축이 보다 효율적으로 사용될 수 있게 된다. 구체적으로 각국은 국가간 수익률 격차가 존재할 경우 차익거래를 통한 이익을 거둘 수 있다. 또한 총소득의 변동에도 불구하고 소비를 평준화할 수 있으며, 포트폴리오를 다양화하여 위험을 감소시키는 효과도 얻을 수 있다. 또한 다양한 목표의 직접투자도 자원배분을 개선시키는 하나의 이유가 된다.

3. 안정적 환율운용
   - 환율이 안정된다면 무역 또는 투자를 결정하는 기업이나 소비자가 직면하는 위험이 감소한다. 따라서 직접적으로 위험기피자들의 후생이 개선될 것이다.
   - 또한 환율이 안정적으로 운용된다면 무역과 투자에서의 위험이 감소하기 때문에 무역과 투자의 규모가 증가할 것이다. 이는 다양한 무역 및 국제투자의 이익을 증가시킨다.

(2) Trilemma 문제를 이용하여 중화 외환시장개입(sterilization intervention)의 효과를 설명하시오.

1. 중화개입의 의미
   - 중화개입이란 외환당국의 외환시장개입에 의한 외환변화가 유발하는 본원통화의 변화를 국내자산이나 부채의 거래를 통해 완전히 상쇄시키는 것을 의미한다.

2. 국가간 자산의 완전한 대체성을 가정하는 경우

   가. 균형조건
   - 국가간 자산이 완전 대체적이며 제도적 규제가 없다면 유위험 이자율평가(uncovered interest rate parity)가 성립할 것이다.

   외환시장 균형조건 : $i = i^* + \dfrac{e^e_{+1} - e}{e}$ 또는 $R = R^*$

   화폐시장 균형조건 : $\dfrac{M}{P} = L(Y, i)$

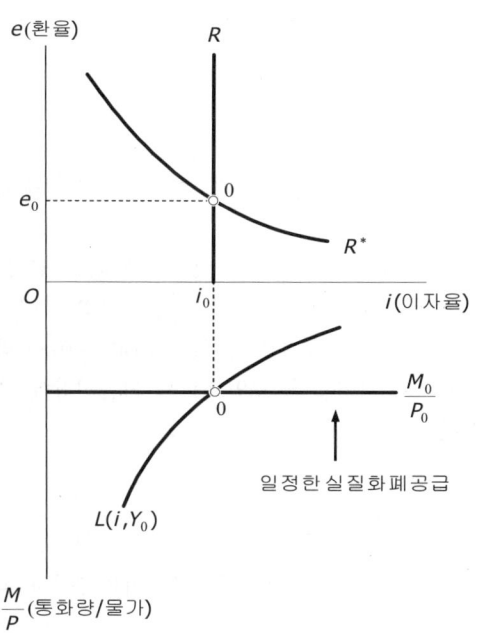

〈그림 1〉 국가간 자산이 완전대체적인 경우

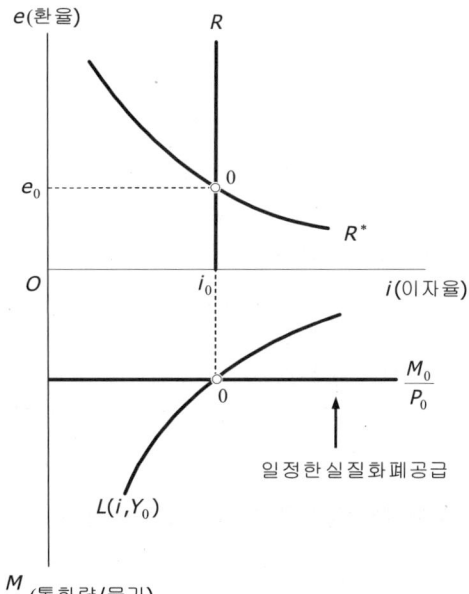

〈그림 2〉 국가간 자산이 불완전대체적인 경우

나. 중화외환시장개입의 효과

- 〈그림 1〉에서 환율을 상승시키기 위해 외환을 매입했다고 하자. 이 때 본원통화가 증가하는데 중화개입의 경우에는 순국내자산의 감소 즉 국내자산의 매각 또는 국내부채의 증가[19]를 통해 본원통화증가를 상쇄시킨다. 그 결과 통화공급은 불변이며 이자율도 불변이어서 환율의 변화도 발생하지 않는다.
- 이처럼 국가간 자산의 완전한 대체성을 가정하는 경우 일시적인 외환시장효과는 발생할 수 있으나 통화효과는 나타나지 않아 그 효과가 지속될 수 없다.

3. 국가간 자산의 불완전한 대체성을 가정하는 경우

가. 균형조건

- 국가간 자산은 불완전대체재이며 사람들은 위험기피적이라면 비록 제도적 규제가 없다고 하더라도 국가간 자본이동은 제한된다. 이 경우 외환시장 균형조건은 다음과 같다.

$$\text{외환시장 균형조건} : i = i^* + \frac{e^e_{+1} - e}{e} + \rho, \quad \rho = \rho(B - A)$$

- 단 ρ는 국내채권에 대한 위험프리미엄, B는 국내채권의 총량, A는 국내채권 중 중앙은행 보유량, $B-A$는 국내채권 중 민간 보유량이다. $B-A$가 증가하면 국내자산에 대한 위험프리미엄이 상승하며, 외환시장의 균형은 국가간 자산의 '위험이 조정된 수익률이 일치'할 때 이루어진다.[20]

나. 중화외환시장개입의 효과

- 〈그림 2〉에서 환율을 상승시키기 위해 외환을 매입했다고 하자. 이 경우 역시 중화개입이 이루어진다면 통화공급은 불변이며 이자율도 불변이다.
- 그러나 이 경우 민간이 보유한 국내순자산이 증가하고 이는 국내자산에 대한 위험프리미엄을 상승시킬 것이다. 이는 위험이 조정된 외화자산수익률을 상승시키고, 통화량과 이자율의 변동 없이도 환율을 상승시키게 된다. 이러한 효과를 포트폴리오 효과(portfolio effect)라고 하는데 이는 통화효과와 독립적인 외환시장개입효과가 존재함을 보임으로써 외환시장에 대한 중화개입도 여전히 유효할 수 있음을 보인 점에 의의가 있다.

4. 삼원 불가능성정리에 근거한 평가

- 국가간 자산이 완전대체적인 경우 중화개입은 무력하다. 즉 완전한 자본이동하에서 독자적 통화정책을 하려고 한다면 환율의 안정을 얻을 수 없다.
- 국가간 자산이 불완전대체적인 경우 중화개입은 유효하다. 즉 자본이동이 불완전한 경우에는 독자적 통화정책과 환율의 안정을 동시에 얻을 수 있다.

---

19) 여신제공이나 통화안정증권의 추가발행 등이 이에 해당하겠다.
20) 크루그먼 저에서는 외환시장 균형조건의 우변을 '위험이 조정된 국내통화기준 외국통화예금 수익률'이라고 표현하고 있다. 보다 간단히 '국내자산에 요구되는 수익률'이라고 파악하면 보다 이해하기 쉽다.

문제 597

다음의 조건이 성립하는 가상경제를 고려해보자.

> ○ 가정 1 : 국내투자자들이 포트폴리오를 구성함에 있어서 투자할 수 있는 금융자산은 국내화폐(M), 국내채권(B), 해외채권(F)이다.
> ○ 가정 2 : 국내채권과 해외채권의 국내공급은 고정되어 있다.
> ○ 가정 3 : 금융자산들은 서로 불완전한 대체재이다.
> ○ 가정 4 : 투자자들은 위험기피성향을 가진다.
> ○ 가정 5 : 소규모 경제를 가정하므로 해외이자율은 주어져 있다. 이 경우 해외채권의 외화표시가격은 고정된다.

이상의 가정하에 자산의 총공급은 $W = M + B + SF$ (S : 환율)이 된다. M과 B의 국내공급은 고정되어 있지만 중앙은행의 거래에 의해 투자자들에게 공급된 총량이 변하게 된다. 예를 들어 중앙은행이 국내채권을 매입하면 M이 증가하는 대신 B가 감소한다. 이 가상경제는 아래와 같은 3개의 방정식으로 나타낼 수 있으므로 3개의 미지수 즉 국내이자율, 국제이자율, 환율을 설명할 수 있으나 만약 국제이자율이 주어진 상태라면 모형이 포함하는 미지수는 국내이자율과 환율의 2가지가 된다.

> ○ 국내화폐 : $M = m(i, i^*)W$ $m_i < 0$, $m_{i^*} < 0$
> ○ 국내채권 : $B = b(i, i^*)W$ $b_i > 0$, $b_{i^*} < 0$
> ○ 해외채권 : $SF = f(i, i^*)W$ $f_i < 0$, $f_{i^*} > 0$

위 식에서 $m(\cdot)$, $b(\cdot)$, $f(\cdot)$는 각각 총부 중 각 자산을 보유하는 비율을 나타낸다. 이상의 가정하에 다음 물음에 답하시오. (2015년 행정고시 경제학 기출응용)

(1) 중앙은행이 공개시장을 통하여 국내채권을 매입하는 경우 국내이자율과 국내채권가격, 그리고 환율에 미치는 영향을 설명하시오.

(2) 중앙은행이 공개시장을 통하여 해외채권을 매입하는 경우 국내이자율과 해외채권의 자국통화표시가격, 그리고 환율에 미치는 영향을 설명하시오. 이 결과는 (1)의 결과와 어떤 점에서 동일한가? 또한 어떤 점에서 상이한가? 그 이유는?

(3) 환율상승을 바라는 중앙은행이 통화량을 일정하게 유지하려고 한다고 하자. 이 경우 국내이자율과 해외채권의 자국통화표시가격, 그리고 환율에 미치는 영향을 설명하시오.

(1) 중앙은행이 공개시장을 통하여 국내채권을 매입하는 경우 국내이자율과 국내채권가격, 그리고 환율에 미치는 영향을 설명하시오.

1. 포트폴리오 밸런스모형

- 〈그림 1〉은 각 시장별 균형을 나타내고 있다. 국내화폐시장의 균형식에서 S가 상승하여 W증가하면 i가 상승해야 한다. 따라서 MM곡선은 우상향한다.
- 국내채권시장의 균형식에서 S가 상승하여 W가 상승하면 i가 하락해야 한다. 따라서 BB곡선은 우하향한다.
- 해외채권시장의 균형식에서 S가 상승하면 W가 상승하지만 SF의 상승이 더 크다. 따라서 i는 하락해야 한다. 따라서 FF곡선은 우하향한다.

단 국내채권의 국내이자율에 대한 탄력성이 해외채권의 국내이자율에 대한 탄력성보다 크다는 점을 고려하여 BB곡선이 FF곡선보다 가파르게 그렸다. 세 가지 곡선이 모두 만나는 A와 같은 점이 자산시장의 동시균형점이 된다.

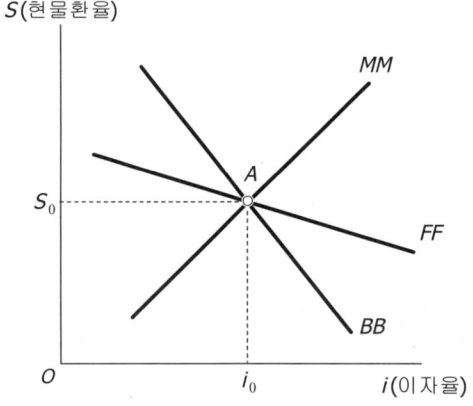

〈그림 1〉 포트폴리오 밸런스모형의 균형

2. 중앙은행이 국내채권을 구매하는 공개시장조작($\Delta M = -\Delta B$)

- 중앙은행이 국내채권을 매입하면 〈그림 2〉에서 통화량이 증가하며 MM곡선이 좌측으로 이동한다. 또한 국내채권이 감소하면서 BB곡선도 좌측으로 이동하여 새로운 균형은 B점이 된다.
- 이 경우 국내이자율은 하락한다. 이는 이와 역의 관계에 있는 국내채권가격이 상승했음을 의미한다. 또한 환율은 상승한다. 이는 국내채권과 대체관계에 있는 해외채권의 국내화폐표시가격이 상승했음을 의미한다.

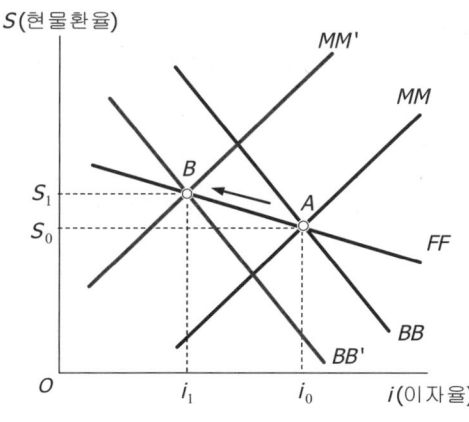
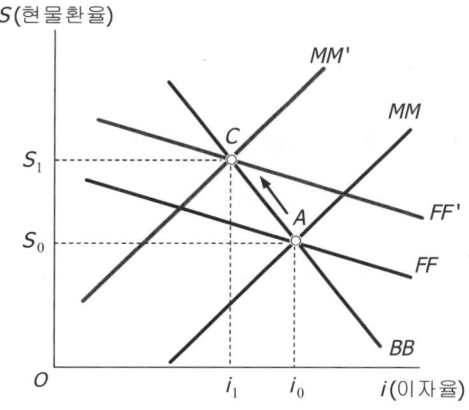

〈그림 2〉 국내채권을 매입하는 공개시장조작   〈그림 3〉 외국채권을 매입하는 공개시장조작

(2) 중앙은행이 공개시장을 통하여 해외채권을 매입하는 경우 국내이자율과 해외채권의 자국 통화표시가격, 그리고 환율에 미치는 영향을 설명하시오. 이 결과는 (1)의 결과와 어떤 점에서 동일한가? 또한 어떤 점에서 상이한가? 그 이유는?

1. 중앙은행이 외국채권을 매입하는 공개시장조작($\Delta M = -S\Delta F$)

 - 중앙은행이 외국채권을 매입하면 〈그림 3〉에서 통화량이 증가하며 MM곡선이 좌측으로 이동한다. 또한 외국채권이 감소하면서 FF곡선이 우측으로 이동하여 새로운 균형은 C점이 된다.
 - 이 경우 국내이자율은 하락한다. 이는 이와 역의 관계에 있는 국내채권가격이 상승했음을 의미한다. 또한 환율은 상승한다. 이는 국내채권과 대체관계에 있는 해외채권의 국내화폐표시가격이 상승했음을 의미한다.

2. 평가

 - 위 두 가지 경우 모두 균형환율은 상승하고 이자율은 하락한다. 그러나 국내채권을 매입한 경우에 비해 외국채권을 매입한 경우에 환율의 상승폭은 증가하며 이자율의 하락폭은 감소한다.
 - 이러한 차이가 발생하는 것은 양국 채권의 불완전 대체성을 가정하기 때문이다. 즉 중앙은행이 국내채권을 매입하는 경우에는 직접적으로 국내채권가격이 상승하며 이에 따라 국내이자율이 하락한다. 국내채권가격이 상승하면 상대적으로 값싼 외국채권에 대한 수요가 늘어남에 따라 외국채권의 국내가격이 상승하게 되는데 이에 따라 환율이 상승한다.
 - 반면 중앙은행이 외국자산을 매입하는 경우에는 직접적으로 외국채권의 국내가격이 상승한다. 외국채권의 해외가격이 주어져 있으므로 실제로는 환율이 상승한다. 외국채권의 국내가격이 상승하면 상대적으로 값싼 국내채권에 대한 수요가 늘어남에 따라 국내채권의 가격이 상승하게 되는데 이에 따라 이자율이 하락한다.
 - 이상의 분석에서 직접적인 영향을 받는 변수의 변화가 더 클 것이므로 국내채권매입의 경우 해외채권매입의 경우보다 이자율변화가 더 크고 환율변화가 더 작다.

(3) 환율상승을 바라는 중앙은행이 통화량을 일정하게 유지하려고 한다고 하자. 이 경우 국내이자율과 해외채권의 자국통화표시가격, 그리고 환율에 미치는 영향을 설명하시오.

1. 불태화 외환개입의 의미 및 형태

- 불태화 외환개입(sterilized intervention)이란 외환시장개입에 의한 본원통화의 변화를 국내자산이나 부채의 거래를 통해 완전히 상쇄시키는 것을 의미한다.
- 예를 들어 중앙은행이 외국채권을 매입하는 경우 자국 본원통화가 증가되는 효과가 발생하므로 이를 불태화시키기 위해서는 국내채권을 매각하여 본원통화증가를 상쇄시키는 거래를 해야 한다.

2. 외국채권매입과 동시에 국내채권을 매각하는 공개시장조작($\Delta B = -S\Delta F$)

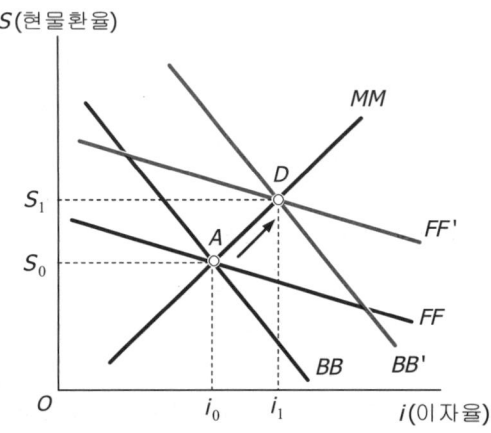

〈그림 4〉 불태화 외환시장개입의 효과

- 중앙은행이 외국채권을 매입하면 〈그림 4〉에서 FF곡선이 우측으로 이동한다. 또한 국내채권을 매각한 경우 BB곡선도 우측으로 이동하게 된다. 반면 불태화정책에 의해 통화량은 불변이므로 MM곡선은 이동하지 않으므로 새로운 균형은 D점이 된다.
- 이 경우 국내이자율은 상승한다. 이는 중앙은행이 국내채권을 매각했으므로 국내채권가격이 하락했음을 의미한다. 또한 환율은 상승한다. 이는 중앙은행이 해외채권을 매입했으므로 해외채권의 원화표시가격이 상승했음을 반영한다.

3. 평가

- 자산의 완전한 대체성을 가정하는 경우 불태화 외환시장개입은 환율에 영향을 미치지 못한다. 반면 자산의 불완전한 대체성을 가정한 경우에는 비록 불태화 외환시장개입이라 하더라도 환율에 영향을 미칠 수 있다.

문제 598

다음 〈그림〉은 각각의 공동통화를 사용하고 있는 A지역과 B지역의 주요 경제 지표를 나타낸 것이다.

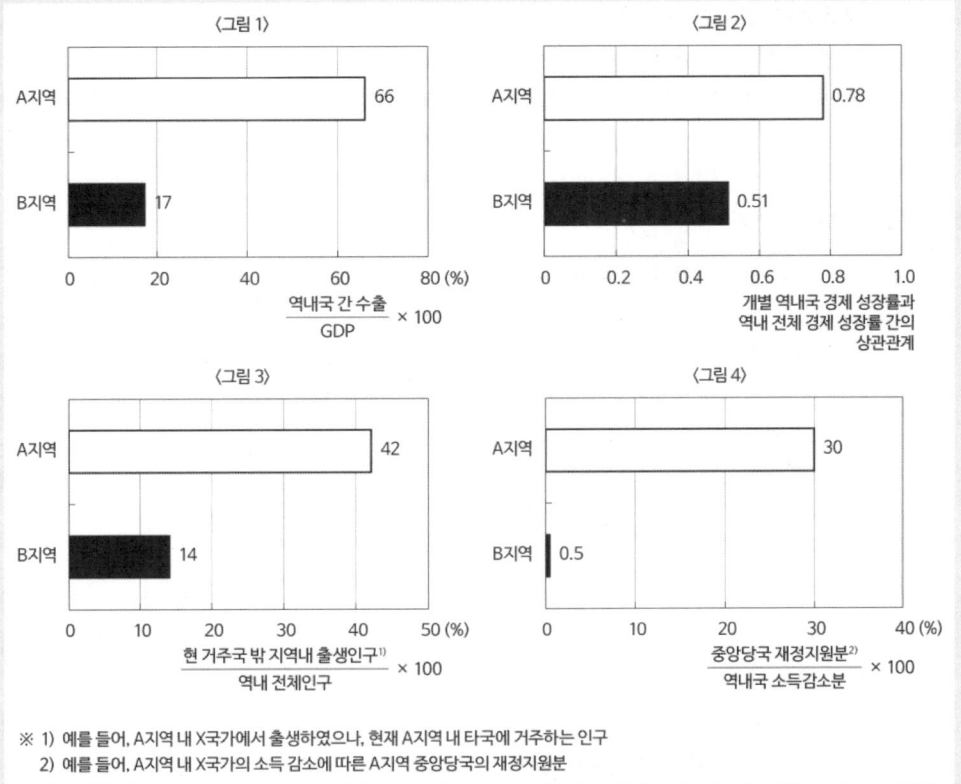

※ 1) 예를 들어, A지역 내 X국가에서 출생하였으나, 현재 A지역 내 타국에 거주하는 인구
  2) 예를 들어, A지역 내 X국가의 소득 감소에 따른 A지역 중앙당국의 재정지원분

위 그림을 참고하여 최적통화지역 형성에 따른 효율성 이익을 확대하고 안정화 손실을 줄일 수 있는 조건과 유럽의 통화동맹 수립으로 인하여 유로존(Eurozone) 회원국에게 발생할 수 있는 경제적 비용을 설명하시오. (2018년 국립외교원 통합논술 기출문제 응용)

1. 통화동맹의 일반적 성공조건

- 해당국가의 경제여건에 따라서는 통화동맹에 참여하는 것의 편익이 비용을 능가할 수도 있고 그렇지 않을 수도 있다. 통화동맹의 편익과 비용에 영향을 미치는 조건으로 다음과 같은 사항들이 제시되고 있다.
- 첫째, 시장간 연계성이 높을수록 통화동맹의 편익이 크고 비용이 작다. 시장간 연계성이란 역내 무역, 역내 노동 및 자본이동의 정도를 의미한다. 시장간 연계성이 높을수록 거래비용이 감소하고 외부충격에 대한 조정이 용이하다. 생산요소 특히 노동의 이동이 자유로울수록 통화동맹이 성공할 가능성이 커진다.
- 둘째, 참여국의 경제구조가 유사할수록 외부충격이 참여국에 미치는 효과가 대칭적으로 나타날 가능성이 커진다. 충격의 효과가 대칭적일수록 독자적인 정책을 사용해야 하는 경우가 줄어든다.

따라서 외부충격시 공동으로 대처할 수 있는 여지가 크기 때문에 통화동맹으로 인한 경제의 안정성이 약화될 가능성이 줄어든다.
- 셋째, 가격과 임금의 유연성이 클수록 충격이 시장에 의해 흡수될 가능성이 크기 때문에 경제안정화 비용이 적게 들고 통화동맹의 순편익이 커진다.
- 넷째, 재정통합이 견고할수록 참여국 간에 비대칭적 충격이 발생할 경우 재정이전이나 공동조세 부과 등을 통해 보다 효과적으로 대응할 수 있다.
- 다섯째, 참여국 간의 효율적인 정책협조와 정책수렴을 이끌어내기 위한 정치통합의 수준이 중요하다.

2. 해당지역에 대한 평가

- 첫째, 〈그림 1〉에서 A지역은 해당국가들의 역내무역이 많은 반면 B지역은 그렇지 않다. 따라서 A지역이 공동통화를 사용하는 효율성 이익이 크다.
- 둘째, 〈그림 2〉에서 A국은 상대적으로 다른 국가의 성장률과 양(+)의 상관관계가 높은 반면 B국은 A국 보다는 상관관계가 낮다. A국의 경우 공통 통화정책을 채택할 경우 이해관계가 상충하는 일이 덜 발생하기 때문에 안정화 손실이 작다.
- 셋째, 〈그림 3〉에서 A국은 인구의 이동성이 높지만 B국은 인구의 이동성이 낮다. 인구의 이동성이 높을수록 비대칭적 충격에 대해 내생적으로 인구이동을 통한 조정가능성이 크기 때문에 안정화 손실이 작다.
- 넷째, 〈그림 4〉에서 A지역은 중앙당국의 지원이 높지만 B지역은 그렇지 않다. 이는 A지역의 경우 재정통합의 정도가 높지만 B지역의 경우 그렇지 않음을 의미한다. 이러한 경우 A지역은 비대칭적 충격을 재정정책을 통해 평준화 시킬 수 있기 때문에 안정화 손실이 작다.
- 평가하건데 A지역은 통화통합을 위한 충분한 조건을 갖추고 있다고 볼 수 있지만 B지역은 상대적으로 충분한 조건을 갖추고 있지 못한 것으로 보인다. 〈그림 5〉는 통합의 강도에 따른 이익(GG)과 손실(LL)을 나타내고 있는 데 A국은 두 곡선이 만나는 점보다 오른쪽에 위치하는 반면 B국은 두 곡선이 만나는 점보다 왼쪽에 위치할 것으로 보인다.

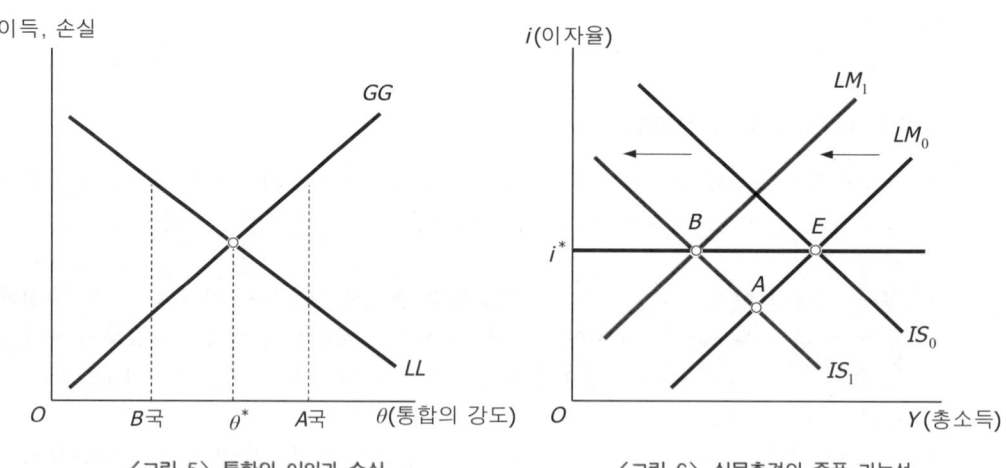

〈그림 5〉 통합의 이익과 손실   〈그림 6〉 실물충격의 증폭 가능성

3. 단일화폐를 채택하는 것의 경제적 비용

- 단일화폐를 사용하는 것은 거시경제적으로 사실상 완전한 고정환율제하에 있는 것과 같다. 다음과 같은 먼델-플레밍모형을 가정한다.

재화시장균형 $IS\ :\ Y = C(Y-T) + I(r) + G + NX(\frac{eP^*}{P}, Y, Y^*)$

화폐시장균형 $LM\ :\ \frac{M}{P} = L(Y, r)$

외환시장균형 $BP\ :\ NX(\frac{eP^*}{P}, Y, Y^*) + CF(r - r^*) = 0$

- 〈그림 6〉와 같이 IS곡선은 우하향하며 LM곡선은 우상향한다고 가정한다. 편의상 자본이동이 가능한 경우는 완전한 자본이동을 가정한다.
- 이제 해당국가에서 국지적으로 독립적 소비 또는 독립적 투자의 불안정성으로 IS곡선이 좌측으로 이동했다고 하자. 이 경우 A점에서 외환시장 초과수요가 발생하면서 통화감소가 이루어지고 최종균형이 B점에서 이루어진다.
- 즉 통화통합 내에 있는 국가는 급격한 경기침체를 겪을 수 있다. 이러한 충격은 확장적 재정정책을 시행하거나 변동환율을 채택한 국가라면 상쇄시킬 수 있는 충격이지만 통화통합 내에 있는 국가는 이러한 충격에 잘 대응하기 어렵다.

문제 599

"이자율 차이를 목적으로 하는 전통적 자본이동은 세계자본의 효율적 재분배를 가져온다."라는 명제를 유도하고, 또한 단기적인 국제자본이동이 발생시킬 수 있는 부정적인 효과에 대하여 설명하시오. (2012년 행정5급 국제경제학 기출)

1. 부분균형모형

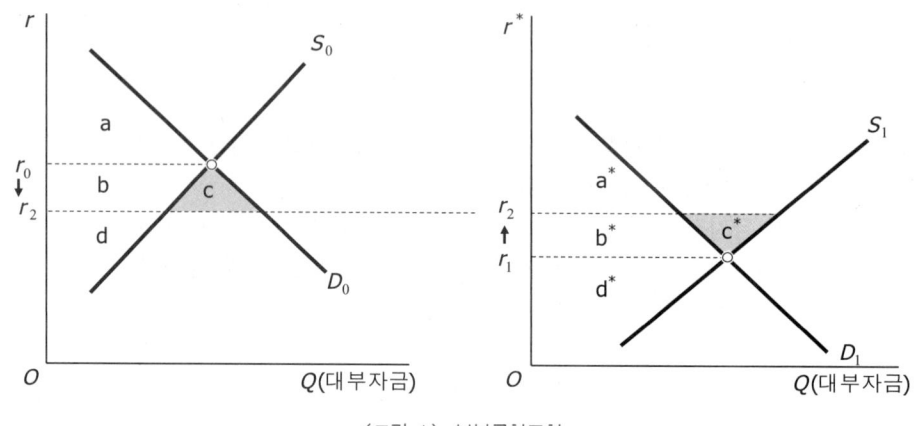

〈그림 1〉 부분균형모형

2. 일반균형모형

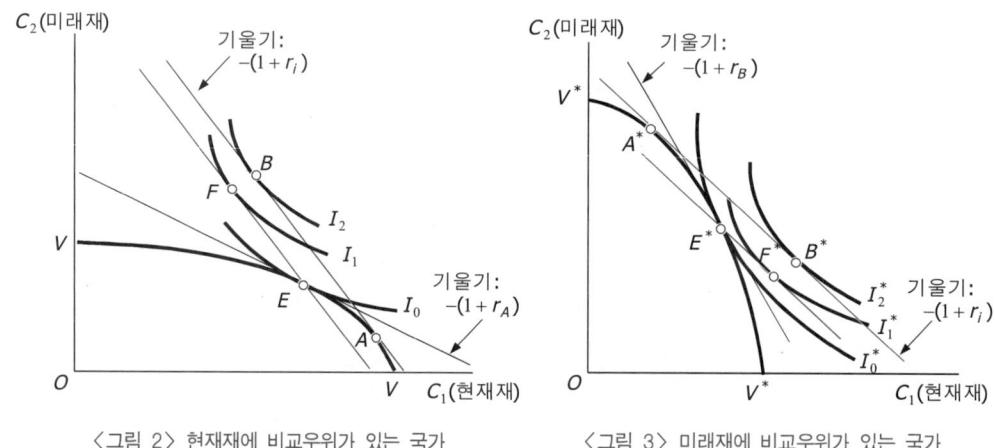

〈그림 2〉 현재재에 비교우위가 있는 국가   〈그림 3〉 미래재에 비교우위가 있는 국가

- 〈그림 2〉와 같이 현재재에 비교우위가 있는 국가는 폐쇄경제에서 이자율이 낮다. 반면 〈그림 3〉과 같이 미래재에 비교우위가 있는 국가는 폐쇄경제에서 이자율이 높다. 두 국가가 기간 교역을 하게 된다면 국제 이자율은 두 국가의 폐쇄경제 이자율 사이에서 결정되며 양국은 모두 특화의 이익 및 교환의 이익을 얻게 된다.

3. 자본시장 자유화의 부정적 효과

가. 실질절상과 산업구조 왜곡가능성 : 문제 600 참고

나. 과잉유동성으로 인한 문제 : 문제 600 참고

다. 외환, 금융위기의 발생가능성
- 자본유입은 외환시장의 초과공급을 발생시켜 자국 화폐의 강세를 유발한다. 이는 자본유입국의 경상수지를 악화시키는데 일시적으로는 경상수지의 적자를 자본의 유입으로 메워 외환시장의 균형이 성립할 수 있으나 장기적으로는 지속될 수는 없다. 어느 순간 더 이상 이 국가가 경상수지의 적자로 인해 누적된 대외채무를 상환할 능력이 없다고 판단될 때 외국의 자본이 급격하게 유출되는 과정에서 외환위기가 발생할 수 있다.

라. 위험의 증가 : 환율 변동성의 심화 및 투기 자본에의 노출
- 준비되지 않은 자본시장의 개방은 헤지펀드 등 단기차익을 노리는 투기성 자본(hot money)에 자국의 시장을 무방비로 노출시키는 문제를 야기한다.
- 이와 같이 자국의 외환, 통화시장이 투기자본에 노출되는 경우 환율의 변동성(volatility)이 심화되어 실물 거래의 위험도를 높이게 된다. EU 국가들의 외환위기 사례에서 볼 수 있듯이, 투기적 자금의 급속한 유입은 건전한 경제 환경을 유지하는 국가조차 외환위기에 빠지게 할 수 있다는 점에 유의해야 할 것이다.

마. 통화관리의 제약 및 자국 경제정책 효과의 제한
- 자본시장이 급격하게 개방되고 급격한 자본유입이 나타나는 경우 자국의 통화량을 관리하기가 어려워진다.
- 또한 외국의 경제여건변화에 의해 좀 더 직접적으로 영향을 받게 되는 반면, 자국의 경제정책의 효과는 제약되는 경우도 발생할 수 있다.

4. 평 가
- 전 세계적으로 자본자유화는 매우 급격히 진행되고 있으며, 국가 간 자본거래의 규모는 매년 급속히 확대되고 있다.
- 자본자유화는 투자촉진과 기간 간 교역의 이익 등 많은 긍정적인 효과를 가지고 있으나 남미, 유럽 등 여러 국가의 예에서처럼 부정적인 영향을 미치기도 하므로, 자본시장의 개방에는 그 부작용을 최소화시키려는 정부의 노력이 병행되어야 한다.

문제 600

1980년대 말부터 중남미, 아시아 국가들을 중심으로 막대한 규모의 자본이 선진국으로부터 유입되기 시작하였으며, 투자대상국이 된 개발도상국들을 신흥시장경제(emerging market economy)라는 신조어로 일컫고 있다.

(1) 국제금융의 투자대상국은 자본유입으로부터 어떤 긍정적 영향을 예상할 수 있는가?
(2) 선진국에서 개발도상국으로의 급격한 자본유입이 긍정적 영향을 미치기 보다는 부정적 영향을 미치는 것을 자본유입의 문제(capital inflow problem)이라고 한다. 자본유입의 문제 중 중요한 하나는 자본유입이 교역재와 비교역재간의 상대가격의 변화 즉 실질절상을 유발하여 국내 산업구조를 왜곡시킬 수 있다는 것이다. 이를 설명하라.
(3) 급격한 자본유입은 과도한 유동성증가로 이어지기도 한다. 과도한 유동성 증가로 인한 부작용을 설명하라.

---

(1) 국제금융의 투자대상국은 자본유입으로부터 어떤 긍정적 영향을 예상할 수 있는가?

1. 시장기능의 회복(효율적 자원배분)과 투자의 증대
   - 개도국의 경우 유망한 투자기회가 있음에도 불구하고 저축이 부족해 투자가 이루어지지 못하는 경우가 많다. 해외자본이 유입되면 더 많은 투자안에 대한 투자가 가능하므로 경제성장의 촉진을 기대할 수 있을 것이다.

2. 소비평준화와 기간교역의 이득(gains from intertemporal trade)
   - 자본자유화가 이루어지면 자국은 국가 간의 자금의 대차를 통해 자국이 생산한 것보다 많은 양을 소비하거나(경상수지 적자), 자국이 생산한 것보다 적게 소비함으로써(경상수지의 흑자) 소비평준화(consumption smoothing)를 이룰 수 있다.
   - 이와 같은 국가 간 자금의 대차는 각국이 현재재(C_1)과 미래재(C_2) 간의 무역거래를 하는 것과 같은 원리로 이해할 수 있다. 즉 현재재에 비교우위를 가진 선진국들이 미래재에 비교우위를 갖는 개발도상국에 자금을 대여해 주는 경우 양국은 모두 이익을 얻을 수 있게 된다.

3. 위험분산과 포트폴리오 효과(portfolio effect)
   - 자본시장의 자유화가 이루어지면 투자의 다변화(diversification)를 통해 동일한 수익률 수준에서 더 낮은 수준의 위험률을 가진 포트폴리오 운영을 가능케 하는 위험분산(risk spreading)효과를 얻을 수 있다.

4. 그 외의 효과
- 자본유입의 많은 부분은 주식취득과 함께 경영에도 참가하는 직접투자(direct investment)의 형태로 이루어진다. 이 경우 투자유치국은 투자국의 앞선 생산기술, 경영 및 관리기법 등의 지식을 습득할 수 있다.
- 금융기관의 입장에서는 선진 금융기술을 받아들일 수 있는 기회가 되며 전반적인 국제규범(global standard)에 빠르게 적응할 수 있다는 점에서도 바람직하다.

(2) 선진국에서 개발도상국으로의 급격한 자본유입이 긍정적 영향을 미치기 보다는 부정적 영향을 미치는 것을 자본유입의 문제(capital inflow problem)이라고 한다. 자본유입의 문제 중 중요한 하나는 자본유입이 교역재와 비교역재간의 상대가격의 변화 즉 실질절상을 유발하여 국내 산업구조를 왜곡시킬 수 있다는 것이다. 이를 설명하라.

1. 자본유입이 상대가격에 미치는 영향
- 자본이 유입되면 자국의 교역재 및 비교역재에 대한 수요가 모두 증가한다. 교역재의 경우에는 수요증가에 해당하는 부분을 해외에서 수입을 통해 조달할 수 있기 때문에 가격이 크게 상승하지 않는다.
- 반면 비교역재는 국내에서 생산될 수밖에 없기 때문에 수요의 증가는 가격의 상승으로 이어지게 된다. 이러한 변화로 인해 자본유입이 지속적으로 이루어지는 경우 교역재에 대한 비교역재의 상대가격을 상승시킨다. 이는 $\left(\dfrac{P_T}{P_N}\right)$의 하락으로 나타낼 수 있다.

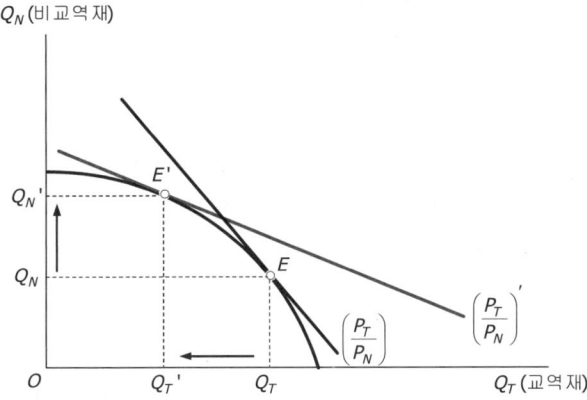

〈그림 1〉 자본유입이 산업구조에 미치는 영향

2. 산업구조에 미치는 영향
- 〈그림 1〉은 교역재와 비교역재로 이루어진 생산가능곡선을 나타내고 있다. 자본유입이전 균형을

E점이라 할 때 자본유입으로 $\left(\dfrac{P_T}{P_N}\right)$이 하락한 이후의 균형은 E'점에 해당한다. 즉 자본유입의 결과 비교역재 부문의 생산은 증가하는 반면 교역재부문의 생산은 감소한다. 이처럼 교역재 부문이 위축되면 장기적으로 경상수지 적자는 더욱 확대되고 외채규모가 증가하는 불균형이 나타나게 된다.

(3) 급격한 자본유입은 과도한 유동성증가로 이어지기도 한다. 과도한 유동성 증가로 인한 부작용을 설명하라.

1. 자본유입의 직접적 효과
   - 급격한 자본유입이 이루어진 경우 동일한 규모의 경상수지 적자가 발생하거나 중앙은행에 의해 불태화되지 않는 경우라면 본원통화의 증가로 이어진다. 이 경우 시중은행들의 대출이 증가하면서 유동성공급이 크게 증가할 수 있다.

2. 유동성 증가의 문제점
   - 첫째, 이러한 단기 유동성의 급격한 증가는 실물투자를 촉진하기보다는 주식시장이나 부동산시장 등에 투자되어 자국의 자산가격의 지나친 상승으로 거품(bubble)을 유발시킬 수 있다.
   - 둘째, 시중 유동성이 급격히 증가하면 투자에 대한 엄격한 심사가 이루어지지 않을 가능성이 크기 때문에 부실한 투자안에 대한 대출이 이루어질 가능성이 크다.
   - 셋째, 또한 이러한 급격한 자본유입은 자국 화폐의 강세를 유발한다. 이러한 화폐의 강세는 경상수지를 악화시키게 된다. 이러한 경우 일시적으로는 경상수지의 적자를 자본의 유입으로 메워 외환시장의 균형이 성립할 수 있으나 이러한 상황은 장기적으로는 지속될 수 없으므로 더 이상 이 국가가 경상수지의 적자로 인해 누적된 대외채무를 상환할 능력이 없다고 판단될 때 외국의 자본이 급격하게 유출되는 과정에서 경제에 심각한 피해를 미칠 수 있다.
   - 이처럼 자본자유화가 급속히 이루어진 개발도상국에서 유입된 자본이 경제성장을 촉진하는 등 긍정적인 요인으로 작용하기보다는 과도한 경상수지 적자와 버블의 형성 등 부정적인 요인으로 작용하는 것을 스페니쉬 질병(Spanish disease)이라 한다.[21]

3. 유동성 증가에 대한 대책
   - 직접적 방법은 유동성 증가요인을 중앙은행이 불태화(sterilization)하는 것이다. 그러나 중앙은행의 매각가능한 보유자산 규모 또는 채권발행능력이 제한되며 이자부담 등이 문제가 되기 때문에 유동성의 증가를 모두 흡수할 수는 없다.

---

[21] 이러한 문제점 외에도 준비되지 않은 자본시장의 개방은 헤지펀드 등 단기차익을 노리는 투기성 자본(hot money)에 자국의 시장을 무방비로 노출시킨다는 점, 자국의 통화량 관리가 어려워진다는 점 등을 들 수 있다.

- 따라서 일부국가들은 연기금 등을 동원하여 민간 유동성증가를 흡수하는 광의의 불태화정책을 쓰기도 한다.
- 그러나 이러한 거시적 접근만으로 유동성 증가의 문제를 모두 해결할 수는 없기 때문에 금융기관의 심사기능을 강화하기 위해 인적자원의 확보 및 정보의 제공이 이루어져야 하며 금융당국 입장에서도 건전한 감독 및 규제가 이루어져야 한다.

국제경제학
실전문제집 |제4판|

초판발행 2018년 01월 05일
초판2쇄발행 2018년 11월 09일
2판발행 2020년 01월 13일
3판발행 2022년 01월 14일
4판발행 2024년 09월 30일

지 은 이 김진욱
편 집 배은정
디 자 인 이나영
발 행 처 주식회사 필통북스
등 록 제2019-000085호
주 소 서울특별시 관악구 신림로59길 23, 1201호(신림동)
전 화 1544-1967
팩 스 02-6499-0839
homepage http://www.feeltongbooks.com/

ISBN 979-11-6792-182-6 [13320]

정가 14,000

| 이 책은 저자와의 협의 하에 인지를 생략합니다.
| 이 책은 저작권법에 의해 보호를 받는 저작물이므로 주식회사 필통북스의 허락 없는 무단전제 및 복제를 금합니다.